Entwicklung und Sozialisation von Jugendlichen vor und nach der Vereinigung Deutschlands

Beiträge zu den Berichten der Kommission für die Erforschung des sozialen und politischen Wandels in den neuen Bundesländern e.V. (KSPW)

Herausgegeben vom Vorstand der KSPW:
Hans Bertram, Hildegard Maria Nickel,
Oskar Niedermayer, Gisela Trommsdorff

Beiträge zum Bericht 4
„Individuelle Entwicklung, Bildung und Berufsverläufe"

Band 4.2

Die Veröffentlichungen der Kommission zur Erforschung des sozialen und politischen Wandels in den neuen Bundesländern (KSPW) umfassen folgende drei Reihen:

- Berichte zum sozialen und politischen Wandel in Ostdeutschland
- Beiträge zu den Berichten
- Reihe „Transformationsprozesse"

Hubert Sydow (Hrsg.)

Entwicklung und Sozialisation von Jugendlichen vor und nach der Vereinigung Deutschlands

Leske + Budrich, Opladen 1997

Die Deutsche Bibliothek – CIP-Einheitsaufnahme

Entwicklung und Sozialisation von Jugendlichen vor und nach der Vereinigung Deutschlands / Sydow, Hubert Hrsg. – Opladen : Leske und Budrich, 1997
(Beiträge zu den Berichten zum sozialen und politischen Wandel in Ostdeutschland ; Bd. 4.2)
ISBN 3-8100-1759-0
NE: Sydow, Hubert [Hrsg.]

Satz: Leske + Budrich
Druck: Druck Partner Rübelmann, Hemsbach
Printed in Germany

Inhalt

Editorial

Der vorliegende Band präsentiert Ergebnisse aus der *dritten Forschungs- und Förderphase* (1994-1996) der Kommission für die Erforschung des sozialen und politischen Wandels in den neuen Bundesländern e. V. (KSPW).

Die KSPW, Ende 1991 auf Anregung des Wissenschaftsrates gegründet und aus Zuwendungen des Bundesministeriums für Bildung, Wissenschaft, Forschung und Technologie (BMBF) sowie des Bundesministerium für Arbeit und Sozialordnung (BMA) finanziert, hat es sich zur Aufgabe gemacht,

- den sozialen und politischen Wandel in den neuen Bundesländern zu erforschen bzw. seine Erforschung zu fördern,
- damit auch die empirischen und theoretischen Grundlagen für politische Handlungsempfehlungen zu verbessern sowie
- angesichts des Umbruchs der Sozialwissenschaften in den neuen Bundesländern das sozialwissenschaftliche Wissenschaftler/innen-Potential und den Nachwuchs dort zu unterstützen.

In einer *ersten Forschungs- und Förderphase (1992)* wurden 176 sogenannte „Kurzstudien“ vergeben (Antrags-Eingänge: rund 1.700), von denen rund 150 Forschungsberichte als Graue Reihe (alte Folge) der KSPW veröffentlicht wurden. Die Kurzstudien sollten sozialwissenschaftliche Analysen anregen, das im Umbruch befindliche sozialwissenschaftliche Potential in Ostdeutschland unterstützen sowie empirische Daten der ostdeutschen Sozialwissenschaft sichern helfen. Ausgewählte Forschungsergebnisse der ersten Phase wurden zudem in den Bänden 9-29 der Reihe *„KSPW: Transformationsprozesse“* im Verlag Leske + Budrich vom Vostand der KSPW herausgegeben.

In der *zweiten Forschungs- und Förderphase* (1993-1994) förderte die KSPW vor allem 60 größere Projekte zum ostdeutschen Transformationprozeß (Antrags-Eingänge: rund 250), wovon ausgewählte in den Bänden 9-29 der Reihe *„KSPW: Transformationsprozesse“* veröffentlicht wurden.

Die *dritte Forschungs- und Förderpase* macht – über die Arbeit von 6 Berichtsgruppen – die sozialwissenschaftliche Berichterstattung über den

Transformationsprozeß zur zentralen Aufgabe der Kommissionstätigkeit. Neben der laufenden Berichterstattung in Publikationen, Konferenzen und Beratungen wurden die Ergebnisse der gesamten Forschungsanstrengungen zu thematischen Berichten zusammengefaßt, deren Konzepte 1993 entwikkelt wurde, deren Realisation ab Mitte 1994 begonnen hat und die in 6 *„Berichten zum sozialen und politischen Wandel in Ostdeutschland"* mit dazugehörigen 28 Bänden mit *„Beiträgen zu den Berichten"* Ende 1996 publiziert werden.

Der vorliegende Band mit *„Beiträgen zu den Berichten"* ordnet sich in die eingangs genannten Ziele der Kommission ein: Zum einen finden interessierte Leser aus der Wissenschaft, der politischen Administration sowie aus der sozialen und politischen Praxis Materialien, Analysen und anwendungsbezogene Konzeptionen, die für die tägliche Auseinandersetzung mit dem und im Transformationsprozeß genutzt werden können; zum anderen gibt er Sozialwisenschaftler/innen Gelegenheit, die Ergebnisse ihrer Forschung hier zu präsentieren.

Halle, im Juni 1996

Hans Bertram
Vorsitzender des Vorstandes
Kommission für die Erforschung
des sozialen und politischen
Wandels in den neuen
Bundesländern e. V.

Vorwort der Berichtsgruppe IV

In der Kommission für die Erforschung des sozialen und politischen Wandels in den neuen Bundesländern (KSPW) hat die Berichtsgruppe „Individuelle Entwicklung, Sozialisation und Ausbildung im Transformationsprozeß Ostdeutschlands" die Veränderungen im Leben der Menschen in den neuen Bundesländern nach der Vereiniguing analysiert und dazu auch Forschungsarbeiten gefördert. Die Ergebnisse der Arbeit hat die Berichtsgruppe in ihrem Berichtsband „Individuelle Entwicklung, Bildung und Berufsverläufe im Transformationsprozeß" dargelegt.

Während der Tätigkeit der Berichtsgruppe wurden unter ihrer Förderung Forschungsberichte und Expertisen erarbeitet. Ein Teil der Forschungsberichte wurde in der „Grauen Reihe" der KSPW der Öffentlichkeit zugänglich gemacht (vgl. Die Berichte der KSPW. 3. Forschungs- und Förderphase 1994-1996. Hrsg. vom Geschäftsführer der KSPW, 1995).

Die Expertisen waren eine wichtige Grundlage für die Arbeit der Berichtsgruppe. Sie wurden zu ausgewählte Themengebieten in Auftrag gegeben, für die umfangreiche wissenschaftliche Arbeiten verschiedener Forschungsgruppen in Deutschland vorlagen. Eine Auswahl dieser Expertisen fügt die Berichtsgruppe ihrem Bericht in der Form von Materialbänden bei.

Drei Bände sind dabei entstanden. Sie fassen Expertisen zu den Bereichen Kindheit (Herausgeber Gisela Trommsdorff), Jugend (Hg. Hubert Sydow), und Arbeits- und Gerechtigkeitserfahrungen im Erwachsenenalter (Hg. Walter Heinz und Stefan Hormuth) zusammen.

Einige Expertisen wurden in vollem Umfang für die Publikation ausgewählt. Aus anderen wurden Kapitel ausgewählt und von den Autoren zu einem eigenständigen Artikel gestaltet. Während die Berichtsgruppe in ihrer Arbeit für den Berichtsband versuchte, einen integrativen Standpunkt zu den Prozessen im Transformationsgeschehen auf der individuellen Ebene zu erarbeiten, enthalten die Arbeiten in den Sammelbänden weniger Bezugsetzungen untereinander und auch Wertungen, die die persönliche Sicht der Autoren wiedergeben. Viele Teile des Berichtes werden durch die hier vorgelegten Arbeiten untersetzt und dabei durch zahlreiche empirische Befunde sowie theoretische Analysen ergänzend bereichert.

Die Berichtsgruppe dankt allen beteiligten Autoren für ihre Mitarbeit und wertet die drei Sammelbände als eine wesentliche Ergänzung des Berichtsbandes.

Vorwort des Herausgebers

Hubert Sydow

In diesem Band werden Arbeiten vorgestellt, die aus Expertisen für den Bericht über das Transformationsgeschehen (Hormuth et al., 1996) auf der individuellen Ebene im Jugend- und frühen Erwachsenenalter entstanden sind. Für die Unterstützung der Erarbeitung des Kapitels zum Jugendalter (Wagner & Sydow, 1996) waren diese Expertisen von der KSPW gefördert worden, und sie stellen wichtige Grundlagen für den Bericht dar.

Die Expertisen hatten einen wesentlich größeren Umfang, und für die Publikation wurden nur ausgewählte Kapitel berücksichtigt. Dabei wurde angestrebt, die Breite des jeweiligen Gegenstandes nicht zu stark einzuschränken und alle wichtigen Ergebnisse aus der recherchierten Literatur aufzunehmen.

Die vier Arbeiten sind durch eine interdisziplinäre Sichtweise bestimmt. Das betrifft sowohl die gewählten theoretischen Ansätze wie die empirischen Untersuchungen, die ausgewertet wurden. Eine Einschränkung auf entweder im engeren Sinne psychologische oder soziologische Untersuchungen wäre aus verschiedenen Gründen nicht sinnvoll gewesen. Vor allem der Gegenstand erforderte es, die Grenzen zwischen Soziologie und Psychologie nicht gewaltsam zu ziehen. Freilich entstehen dadurch beim Lesen Fragen, wie denn ein eher soziologischer Befund auf der Ebene individuellen psychischen Erlebens und Verhaltens zu interpretieren wäre oder ob von einem psychologischen Ergebnis ausgehend verallgemeinernd ein Befund für die Soziologie gewinnbar sei. Die gewählte Sichtweise läßt jedoch, und dies halten wir für einen großen Vorteil, die enge Verbindung zwischen individuellem Geschehen und Veränderungen auf der Ebene von Gruppen oder des Makrosystems deutlich werden.

Im Zentrum der Arbeiten stehen Veränderungen bei den Menschen in Ostdeutschland auf der individuellen Ebene. Sind diese Veränderungen geradlinig und läßt sich ein Ziel erkennen? Gibt es wünschenswerte Ziele für diese Veränderungen? Oder sollten diese Veränderungen vor allem weg von einem Zustand führen, der als defizitär anzusehen wäre? Gefragt wird nach den Ursachen für diese Veränderungen, und die Suche richtet sich dabei natürlich auch immer auf die früheren Sozialisationserfahrungen der Jugendlichen und jungen Erwachsenen in/aus der DDR. Leicht lassen sich Fragen nach entsprechenden Auswirkungen stellen – beschränkt waren die Möglichkeiten, diese noch nach 1990 zu beantworten (Sydow, 1995). Daß die Veränderungen bei den Werthaltungen, Einstellungen und Verhaltensweisen der Jugendlichen in Ostdeutschland neben einer Kontinuität (bedingt durch frühere Sozialisationserfahrungen und den gesellschaftlichen Wandel) auch phasenhaft-wellenförmiges Geschehen zeigen, belegen die Arbeiten dieses Bandes.

Unterschiede zwischen west- und ostdeutschen Jugendlichen/jungen Erwachsenen, zum Zeitpunkt der Vereinigung und in den folgenden Jahren, stehen nicht im Vordergrund der Arbeiten, werden jedoch, wo es sich anbietet und entsprechende Fakten vorliegen, in die Gedankengänge einbezogen. Wir an diesem Band Beteiligte sehen jedoch auch gemeinsam die Verantwortung, die beim Umgang mit solchen Fakten geboten ist. Wissenschaftlich erarbeitete Ergebnisse tragen mitunter die Gefahr von Taktlosigkeiten (Montada, 1996) mit sich und liefern Argumente für negativ bewertende Aussagen für diese oder jene Gruppe von Menschen. Um die Ernsthaftigkeit dieses Gedankens zu verdeutlichen, sei hier nur auf ein etwas entlegenes Beispiel verwiesen: Ochse & Plug meinten noch 1986 (ausgehend von einer recht bescheidenen Stichprobe von vor 1983 Befragten) sagen zu können, daß männliche schwarze Bürger in Südafrika erst nach ihrem vierzigsten Lebensjahr, wenn überhaupt, die Identitätskrise nach Erikson bewältigen würden (zwischen 12 und 19 Jahren bei weißen Bürgern). Würde heute noch so eine Arbeit ohne Korrekturvorschläge der Gutachter in das Journal of Personality and Social Psychology oder in eine andere Zeitschrift gelangen können? Ich glaube, die Antwort muß leider „ja" lauten.

Überall dort, wo in diesem Band West-Ost-Unterschiede berichtet und diskutiert werden, sind wir uns der Tatsache bewußt, daß die interne Validität der Befunde genau zu hinterfragen ist: Unterschiede können auf zu viele andere Ursachen (insbesondere Unterschiede zwischen den betrachteten Stichproben) zurückführbar sein, so daß der „kleine (Ost-West-) Unterschied" bezüglich des Anteils an der Varianzaufklärung in den Hintergrund gedrängt werden könnte. Wir waren bestrebt, durch entsprechende Relativierungen bei berichteten Unterschieden, alles zu vermeiden, was voreilig negativ wertende Sichtweisen in dieser oder jener Richtung nahelegen könnte. Darüber hinausführend muß betont werden, daß beobachtete Unterschiede nur sehr vorsichtig hinsichtlich ihrer Bedeutung für die weitere psycho-soziale Entwicklung der Jugendlichen bewertet werden können.

Durch die dargelegten Befunde wird deutlich: Nicht nur die individuelle Entwicklung im Jugendalter ist verändert worden, das Phänomen „Jugend" hat sich verändert. Der Altersabschnitt Jugend hat sich aus verschiedenen

Gründen ausgedehnt und wird auch im Osten bald im Durchschnitt den Weststandard erreicht haben. Manche Entwicklungsaufgaben haben eine neue Akzentuierung erfahren und müssen unter neuen Bedingungen von den Jugendlichen bearbeitet werden. Das betrifft vor allem die schulische und berufliche „Karriere" mit neuen Möglichkeiten und Risiken.

So ist denn auch ein Begriff, der in allen vier Beiträgen eine bedeutende Rolle spielt, hervorzuheben: Die Arbeit. Bei der politischen Orientierung und bei den Werthaltungen mag dies jedem verständlich sein. Auch bei der Frage danach, wie Arbeitslosigkeit von Jugendlichen wahrgenommen und verarbeitet wird. Daß auch der ganz intime Lebensbereich der Jugendlichen davon nicht isoliert zu sehen ist, mag manchen auf den ersten Blick verwundern, der Sexualität isolierend vom „Rest des Lebens" abgrenzt oder gar eher ängstlich verdrängt.

Etwas früher Selbstverständliches – Arbeit – geriet in Gefahr. Es war für Jugendliche, männliche und weibliche, auch früher wichtig im Rahmen der Lebensplanung, schien, wenn auch mit bestimmten, den einzelnen möglicherweise unterschiedlich deprivierenden Beschränkungen in der DDR gesichert, und diese staatlich gewährleistete Sicherheit war vielleicht einer der vielen wesentlichen Faktoren für das Ende der DDR in einer Welt der Globalisierung und Neuverteilung der Ressource Arbeit. Auf der individuellen Ebene ist der Verlust von Arbeit, wie auch immer im jeweiligen Zeitpunkt objektiv verursacht und subjektiv bewertet, insgesamt eine gravierende Einschränkung der freien Selbstgestaltung der eigenen Entwicklung. Die drohende Vorstellung eines solchen Verlustes ist zu den individuellen Werthaltungen diskrepant, wirkt sich in den politischen Orientierungen aus, wird individuell unterschiedlich verarbeitet und wirkt, wie die tatsächlich erlebte Arbeitslosigkeit, in alle anderen Lebensbereiche, auch in das Partnerverhalten, hinein.

Gemeinsam ist allen vier Beiträgen auch die differentielle Sichtweise neben dem Versuch, zu allgemeinen Trendaussagen zu gelangen. Es macht keinen Sinn, von „den" politischen Orientierungen ostdeutscher Jugendlicher schlechthin zu sprechen und dabei die zeitliche Dynamik innerhalb verschiedener Gruppen von Jugendlichen zu vernachlässigen. Das gilt ebenso für die Werthaltungen, für die Bewältigung des Problems Arbeitslosigkeit und für das Sozialverhalten. Die biographischen Problemlagen und individuellen Ressourcen, die Lebenslage im sozialen Kontext sowie die regionale Zugehörigkeit bestimmen gemeinsam, wie das Abenteuer „Jugend" für die einzelnen jungen Menschen heute in Deutschland ausgeht und in andere Lebensphasen übergeht – mit Möglichkeiten oder Zwängen verschiedener Formen des Pendelns für einige Zeit bei der zu beobachtenden Pluralisierung der Lebensverläufe, bei der wir immer mit den Chancen der Freiheit auch die Risiken, die Freiheit einschränken, sehen.

Die drei Materialbände der Berichtsgruppe berühren sich, wenn man die Perspektive der Entwicklung im gesamten Lebensverlauf wählt, untereinander inhaltlich an verschiedenen Stellen. Einige davon seien angeführt.

Der Band zur Kindheit (Trommsdorff, 1996) enthält mit dem Beitrag von Schmidt „Erziehungsbedingungen in der DDR: Offizielle Programme, individuelle Praxis und die Rolle der Pädagogischen Psychologie und Entwicklungspsychologie“ Analyseergebnisse zum offiziellen Bild von Kindheit und Jugend, zu den institutionalisierten Entwicklungsbedingungen von Kindern und Jugendlichen sowie Aussagen zu den Randbedingungen, unter denen die Forschung zur Entwicklung im Kindes- und Jugendalter und die Veröffentlichung von Forschungsergebnissen in der DDR zu sehen sind. Joos und Nauck („Wandel der familiären Lebensverhältnisse von Kindern in Ostdeutschland“) berichten über Studien zu Erziehungszielen, die Eltern bei ihren Kindern verfolgten bzw. verfolgen. Hier lassen sich mögliche Determinanten für die Entwicklung im Jugendalter finden.

Über Veränderungen bei den Eltern im gesellschaftlichen Wandel finden wir Aussagen im Materialband zum Erwachsenenalter (Heinz & Hormuth, 1996). Als Sozialisationsinstanz haben ihre Erfahrungen in den vergangenen Jahren sicher Auswirkungen auf das Entwicklungsgeschehen im Jugendalter gehabt. Insbesondere könnte dies für die Wahrnehmung und Verarbeitung des neuen Phänomens Arbeitslosigkeit erwartet werden.

In den Arbeiten des vorliegenden Bandes werden vielfältige empirische Ergebnisse zu Fragen, die sich mit diesen Beziehungen zwischen früherer Kindheit, heutiger Jugend und Erfahrungen in der Familie stellen, berichtet und theoretisch analysiert. Die Ergebnisse dieser Analysen unterstützten die Erarbeitung einer lebenslaufbezogenen Beschreibung der durch Jugendliche individuell wahrgenommenen und erlebten Transformationsprozesse.

Literatur

Heinz, W.R./Hormuth, S.E. (Hrsg.): Arbeitswelt, Berufsverläufe und Gerechtigkeitserfahrungen im Transformationsprozeß. Beiträge zum Bericht „Individuelle Entwicklung, Bildung und Berufsverläufe im Transformationsprozeß“ der KSPW, Band 4.3. Opladen: Leske + Budrich, 1996, (im Druck).

Hormuth, S.E./Heinz, W.R./Kornadt, H.-J./Sydow, H./Trommsdorff, G. (Hrsg.): Individuelle Entwicklung, Bildung und Berufsverläufe im Transformationsprozeß. Opladen: Leske + Budrich, (im Druck).

Joos, M./Nauck, B.: Wandel der familiären Lebensverhältnisse von Kindern in Ostdeutschland. In Trommsdorff, G. (Hrsg.): Sozialisation und Entwicklung von Kindern vor und nach der Vereinigung. Beiträge zum Bericht „Individuelle Entwicklung, Bildung und Berufsverläufe im Transformationsprozeß" der KSPW, Band 4.1. Opladen: Leske + Budrich, 1996, S. (im Druck).

Montada, L.: Gerechtigkeitsansprüche und Ungerechtigkeitserleben in den neuen Bundesländern. In: Heinz, W.R./Hormuth, S.E. (Hrsg.): Arbeitswelt, Berufsverläufe und Gerechtigkeitserfahrung im Transformationsprozeß. Beiträge zum Bericht „Individuelle Entwicklung, Bildung und Berufsverläufe im Transformationsprozeß" der KSPW, Band 4.3. Opladen: Leske + Budrich, 1996, S. (im Druck).

Ochse, R./Plug, C.: Cross-cultural investigation of the validity of Erikson's theory of personality development. Journal of Personality and Social Psychology 1986, 50, 1240-1252

Schmidt, H.-D.: Erziehungsbedingungen in der DDR: Offizielle Programme, individuelle Praxis und die Rolle der Pädagogischen Psychologie und Entwicklungspsychologie. In: Trommsdorff, G. (Hrsg.): Sozialisation und Entwicklung von Kindern vor und nach der Vereinigung. Beiträge zum Bericht „Individuelle Entwicklung, Bildung und Berufsverläufe im Transformationsprozeß" der KSPW, Band 4.1. Opladen: Leske + Budrich, 1996, S. (im Druck).

Sydow, H.: Persönlichkeit und soziale Gruppen im Transformationsprozeß: Ausgewählte methodologische und methodische Probleme. In Kollmorgen, R./Reißig, R./Weiß, J. (Hrsg.): Sozialer Wandel und Akteure in Ostdeutschland. Opladen: Leske + Budrich, 1995, 333-364

Trommsdorff, G. (Hrsg.): Sozialisation und Entwicklung von Kindern vor und nach der Vereinigung. Beiträge zum Bericht „Individuelle Entwicklung, Bildung und Berufsverläufe im Transformationsprozeß" der KSPW, Band 4.1. Opladen: Leske + Budrich, 1996, (im Druck).

Wagner, C./Sydow, H.: Entwicklung und Sozialisation von Jugendlichen vor und nach der Vereinigung Deutschlands. In Hormuth, S.E./Heinz, W.R./Kornadt, H.-J./Sydow, H./Trommsdorff, G. (Hrsg.): Individuelle Entwicklung, Bildung und Berufsverläufe im Transformationsprozeß. Opladen: Leske + Budrich, 1996, S. (im Druck).

Politische Orientierungen ostdeutscher Jugendlicher und junger Erwachsener im Transformationsprozeß

Walter Friedrich und Peter Förster

Inhalt

1. Einleitung

Das Ziel unserer Expertise bestand darin, auf der Grundlage einer breit angelegten Literatur- und Datenrecherche der Ergebnisse relevanter Jugendstudien Wandlungsprozesse der politischen Mentalität junger Ostdeutscher seit 1990 zu diskutieren. Dabei konnten wir teilweise an Ergebnisse der DDR-Jugendforschung anknüpfen und vorangehende Veränderungen beschreiben. Die folgende Übersicht informiert in knapper Form über die größeren Studien, auf die wir uns bei den Analysen hauptsächlich stützen.

Übersicht der dieser Expertise hauptsächlich zugrundeliegenden Studien:

Studie	Erhebungszeitraum	Stichprobe	Altersgruppen	Literatur
Schülerstudie 1990	Sommer 1990	W: 1 231 O: 1 049	15/16 J. Schüler	Deutsches Jugendinstitut 1992
Jugendsurvey 1990	Ende 1990/ Anfang 1991	W: 1 500 O: 1 250	15-24 J.	Melzer 1992
Schülerstudie '90	Mai/Juni	W: 1 400 O: 1 200	13-19 J.	Behnken u.a.1991
Jugendstudie der Konrad-Adenauer-Stiftung*)	1991	W: 2 500 O: 1 500	15-25 J.	Veen u.a. 1994
Shell-Studie	1991	W: 2 669 O: 1 336	13-29 J.	Jugend '92
DJI-Jugendsurvey	1992	W: 4 526 O: 2 564	16-29 J.	Hoffmann-Lange 1995
IBM-Jugendstudie '92	1992	W: 1 594 O: 422	16-24 J.	Heiliger/Kürten 1992
IPOS 1993	1993	W: 1 015 O: 1 190	14-27 J.	IPOS 1993
Jugend '94	1994	W: 1 615 O: 429	14-29 J.	Spiegel-Umfrage Jugend '94
Jugend in Sachsen 1994	Ende 1993/ Anfang 1994	W: 1 000 O: 3 018**)	15-30 J.	Schmidtchen 1994
KSPW-Repräsentativumfrage NBL	Frühjahr 1993	O: 2 125	ab 18 J.	Bertram 1995
IPOS 1995	1995	W: 1 006 O: 1 042	14-27 J.	IPOS 1995
Jugend '95 in Sachsen	1995	S: 525	15-30 J.	Schmidtchen 1996
Jugendstudie 1990	Ende 1990	S: 2 800	14-25 J.	Friedrich/Netzker/ Schubarth 1991
Jugendstudie 1992	Frühjahr 1992	S und SA: 4 300	14-25 J.	Förster/Friedrich u.a. 1993
Jugendstudie 1994	Ende 1994	S: 2 895	14-18 J.	Förster/Friedrich 1995

*) An dieser Studie waren die Autoren der Expertise persönlich beteiligt
**) Darunter 858 Jugendliche bzw. junge Erwachsene aus Sachsen
Bedeutung der Abkürzungen: W: Westdeutschland; O: Ostdeutschland; S: Sachsen; SA: Sachsen-Anhalt
Außerdem stützen wir uns bei Trendanalysen auf Ergebnisse der 9 für die Bevölkerung der DDR bzw. der neuen Bundesländer repräsentativen Meinungsumfragen des ZIJ zwischen November 1989 und Dezember 1990 (M 1 bis M 9), in die Jugendliche von 15 bzw. 18 bis 25 Jahren entsprechend ihrem Anteil an der Bevölkerung einbezogen wurden (vgl. Friedrich/Förster 1991).
Bei verschiedenen Studien (z.B. der KSPW-Repräsentativumfrage 1993) wurden die publizierten Angaben durch eigene Berechnungen ergänzt.
Bei den im folgenden als unsere eigenen Studien bezeichneten Untersuchungen handelt es sich um die drei zuletzt angeführten Jugendstudien 1990, 1992 und 1994. Die im folgenden Beitrag erwähnten Trendanalysen 1990 bis 1994 stützen sich auf exakt vergleichbare Populationen sächsischer Mittelschüler und Gymnasiasten dieser drei Studien.
Grundlage der Analysen ist weiterhin die seit 1987 laufende „Sächsische Längsschnittstudie" bei heute (1995) 23jährigen Jugendlichen mit bisher 11 Untersuchungswellen (vgl. Förster 1996).

Die ausgewählten Jugendstudien bestätigen mit großer Übereinstimmung den enormen Wandel der politischen Orientierungen (Einstellungen, Verhaltensweisen) bei der ostdeutschen Jugend, zugleich aber auch deren sehr differenzierte Verlaufsformen. Zahlreiche Einstellungstrends entsprechen durchaus *nicht* den Erwartungen und theoretischen Hypothesen von Wissenschaftlern wie von Politikern. Bedeutende Trendänderungen scheinen sich seit 1992/93 anzubahnen. Der intensive Wandel politischer Orientierungen hält bei der ostdeutschen Jugend gegenwärtig unvermindert an und betrifft besonders die jüngeren Jahrgänge.

Wir beginnen mit einigen kritischen Bemerkungen zum Forschungsstand im Themenbereich. Allgemein betrachtet, kann man u.E. feststellen:

- Die ostdeutsche Jugend wird noch nicht ausreichend aus ihrer *spezifischen Sozialisationsgeschichte*, insbesondere nicht aus den jüngsten generationsprägenden Erfahrungen und aus ihrer gegenwärtigen Lebenswelt erfaßt, sondern oft pauschal nach dem vorherrschenden Bild von der westdeutschen Jugend interpretiert. Häufig ist die Tendenz zu beobachten, ein Porträt von der ostdeutschen Jugend anhand einmaliger Erhebungen festzuschreiben, ohne die gerade für die Zeit unmittelbar nach der Wende charakteristische Dynamik und Widersprüchlichkeit der Persönlichkeitsentwicklung genügend zu beachten.
- Von wenigen veröffentlichten Studien abgesehen (z.B. dem DJI-Jugendsurvey, vgl. Hoffmann-Lange 1995, Schmidtchen 1996) werden die verschiedenen demographischen, aber auch politisch-weltanschaulichen *Subpopulationen* zu wenig berücksichtigt. Aussagen über „die Jugend"

bewegen sich so vielfach zu sehr an der Oberfläche der Gesamtpopulation, sie bleiben damit zwangsläufig globalisierend, teilweise trivial.

Die interessanteren Erkenntnisse verbergen sich ja meist unterhalb der allgemeinen Ebene, sie kommen erst mit der Analyse der *verschiedenartigen* Merkmalsausprägungen der Subpopulationen zum Vorschein, was eine differenzierte Betrachtung verlangt. Auch die Analyse von Zusammenhängen zwischen den untersuchten Persönlichkeitsmerkmalen oder mit verschiedenen Faktoren der Lebenslage der Jugendlichen ist vor allem bei soziologisch orientierten Studien noch zu selten anzutreffen.

- Auffällig ist die gegenwärtig geringe theoretische Auswertung größerer *Längsschnittstudien* im Jugendalter. Besonders ihre spezifischen Möglichkeiten zur Analyse ontogenetischer Entwicklungsprozesse werden meist nur ungenügend ausgeschöpft. Die zahlreichen Längsschnittstudien des Leipziger Instituts vor 1989 werden kaum noch erwähnt und für zeithistorische Vergleiche sekundäranalytisch gar nicht genutzt.
- Man kann durchaus der Stellungnahme der Bundesregierung zum Neunten Jugendbericht zustimmen, in der kritisch vermerkt wird, daß bei der Beschreibung der ostdeutschen Jugendentwicklung im Transformationsprozeß der Mangel breit angelegter empirischer Forschungen besonders schwer wiegt und so in vielen Fällen verallgemeinerungsfähige Schlußfolgerungen kaum zuläßt (Neunter Jugendbericht – Stellungnahme der Bundesregierung. 1994: XIII).

Thesenartig wollen wir als nächstes einige allgemeinere Einschätzungen zur politischen Mentalität junger Ostdeutscher voranstellen:

- Die ostdeutsche Jugend ist durch den radikalen gesellschaftlichen Umbruch 1989/90 sowie durch die komplizierten Umgestaltungs- und Modernisierungsprozesse der Transformationsphase, die zu fundamentalen Veränderungen ihrer Lebenswelt geführt haben, entscheidend geprägt. Daher kann nicht verwundern, daß in Ostdeutschland eine Jugendgeneration heranwächst, die sich in grundlegenden Merkmalen von denen aus DDR-Zeiten unterscheidet, die aber auch ganz spezifische (ostdeutsche) Züge, ihre eigene Charakteristik (psychische Generationsgestalt) besitzt. Dieses spezielle Persönlichkeitsprofil wird sich – darauf deuten viele Forschungsdaten hin – auch künftig noch in zahlreichen Einstellungen, Ansprüchen, anderen Persönlichkeitsmerkmalen weiter entwickeln.
- Die politischen, wirtschaftlichen, sozialen, kulturellen Umbrüche nach der Wende und der Vereinigung mußten auch vom Großteil der jugendlichen Bevölkerung als „kollektive Grenzsituation" empfunden werden, worauf sie verstärkt mit Orientierungs- und Verhaltensunsicherheit, oft

auch mit Sensibilität, Resignation oder aber mit spannungsentladenden Handlungen (aggressiven Aktionen) reagierte. Gleichzeitig traten jedoch auch die Zwänge zu einer schnellen Anpassung an die neuen Lebenssituationen immer nachdrücklicher hervor und verlangten im Alltag praktisch-zweckmäßige Reaktionen und Antworten.

Die Folgen dieses „kollektiven Sturzes" in eine grundlegend neue Lebenswelt waren und sind für die jungen Ostdeutschen *ambivalent:* einerseits ergibt sich daraus eine Zunahme des individuellen Entscheidungs- und Handlungsspielraums, andererseits aber auch der damit verbundenen Gefährdungs- und Risikolagen sowie des Druckes, diese ohne die früher gewohnten sozialen Absicherungen zu bewältigen.

- Ostdeutsche Jugend 1995 – das ist eine sehr differenzierte Population, mit einer komplexen Binnenstruktur. Die heute 14- bis 25jährigen wurden in den Jahren 1971 bis 1982 in der DDR geboren. Sie sind also in den ersten 8 bis 19 Jahren ihres Lebens unter DDR-Bedingungen aufgewachsen, sozialisiert worden. Für ihre Persönlichkeitsentwicklung ist es selbstverständlich von großer Bedeutung, ob sie die Wendeereignisse, die radikalen Veränderungen ihrer Lebenswelt als Kinder oder aber als jugendliche Schüler bzw. sogar schon als Lehrlinge/Studenten erlebt haben.
- Die heute 14-18jährigen Schüler haben Wende und Vereinigung als Heranwachsende in der Vorpubertätsphase erfahren. Sie waren daher im Vergleich mit älteren Jahrgängen nur auf einem eingeschränkten subjektiven Reflexions- und Aktivitätsniveau mit den Problemen und Konflikten des späten DDR-Systems, aber auch des folgenden Systemwechsels konfrontiert und belastet. Die Integration, das Einleben in die neue Gesellschaft und Alltagswelt ist ihnen daher *vergleichsweise leichter gefallen.* Das ist wohl die Grundlage dafür, daß sie heute so selbstbewußt und resolut den veränderten Lebensverhältnissen zugewandt sind, diese schon als selbstverständlich empfinden, sie aber gerade deshalb auch so nüchtern und kritisch bewerten.
- Junge Erwachsene von heute besaßen demgegenüber als Jugendliche in der Wendezeit bereits einen bedeutend breiteren und differenzierteren Erfahrungshorizont. Sie verfügten damals schon über reifere psychische Strukturen, über weitaus stabilere Wertvorstellungen und politische (oft DDR-kritische) Anschauungen. Die Jugendlichen von damals waren auf einem höheren Niveau als die jüngeren Jahrgänge fähig, sich mit den anstehenden Problemen und Anforderungen auseinanderzusetzen, was in der Regel große persönliche Anstrengungen erforderte, um sie im Alltag zu bewältigen. Sie haben sich infolgedessen ihren Standpunkt, die Neuorientierung ihres Lebens aktiv und weitgehend selbständig erarbeiten müssen. Daher sind sie auch gegenwärtig besser in der Lage, Ver-

gleiche zu früheren Lebensverhältnissen (vor 1989) herzustellen, beurteilen die Gegenwart kritischer – ohne politisch nostalgisch zu sein.

- Die Mehrheit der Jugendlichen/jungen Erwachsenen ist in der neuen Gesellschaft angekommen, *sie hat sich mit ihr arrangiert, aber sie engagiert sich nicht für sie!* Junge Ostdeutsche haben eher ein zunehmend kritisches Verhältnis zu ihrer Gesellschaft, sie sehen zahlreiche Mängel und Schwächen, mit denen sie unzufrieden sind – aber sie protestieren nicht aktiv und schon gar nicht in aggressiver Form gegen sie. Ihre Kritik verbleibt in den Köpfen bzw. in den informellen Freundschaftskreisen. Von einer kleinen Minderheit abgesehen, lehnen sie auch nicht die neue Gesellschaft als Ganzes ab, denn sie sehen keine Alternative und suchen deshalb auch keine! Politisch-soziale Werte verlieren bei ihnen weiter an persönlicher Bedeutsamkeit und handlungsaktivierendem Interesse. Probleme der eigenen Lebensgestaltung, egozentrische Orientierungen geraten immer mehr in den Vordergrund ihres Zukunftsdenkens.

Neben dem Alterskriterium, den unterschiedlichen Alterskohorten, müssen noch die besonders stark differenzierenden Wirkungen der Geschlechterpositionen, der politisch-weltanschaulichen sowie anderer demographischer Positionen hervorgehoben werden.

- Die vor Jahrzehnten in vielen mentalen Merkmalsbereichen noch extrem ausgeprägten *Geschlechterunterschiede* haben sich bereits zu DDR-Zeiten erheblich nivelliert. Mädchen und junge Frauen waren schon damals sehr selbstbewußt, kritisch und auch politisch engagiert (vgl. Bertram/Friedrich 1988, Schenk/Schlegel 1993, Schröter 1995). Nach der Wende hat sich unter dem Eindruck der Benachteiligungen und Chancendefizite das Kritikpotential der Mädchen und jungen Frauen in den NBL noch erheblich verstärkt. Nicht selten sind in bestimmten Lebensbereichen die Werte, Ziele und Anschauungen der weiblichen Jugendlichen heute so ausgeprägt, wie das früher als männertypisch galt. Die geistigen Orientierungen erscheinen mitunter geradezu im Vergleich zu den alten Geschlechterstereotypen *vertauscht*, z.B. bei gewissen politischen Einstellungen und Protestformen.
- Eine noch größere Differenzierungskraft besitzen die *politischen Positionen/Grundorientierungen* der Jugendlichen, etwa die Parteienpräferenz oder der Standort im Links-Rechts-Spektrum bei zahlreichen Einstellungen bzw. anderen Persönlichkeitsmerkmalen. Die bei ostdeutschen Jugendlichen am weitesten verbreitete Form der politischen Standpunktbestimmung ist die Selbstzuordnung auf der Links-Rechts-Achse. Die Selbstdefinition als Linker oder Rechter führt in der Regel schon nach kurzer Zeit zu starken Einstellungsdifferenzen, zu unterschiedlichen Mentalitätsstrukturen. Diese gehen oft weiter auseinander als die zwischen den Sympathisanten verschiedener politischer Parteien.

Die politische Grundorientierung (politische Identität) – im frühen Jugendalter durch spezielle Sozialisationseinflüsse entstanden – erweist sich jedenfalls als ein ganz wichtiges *typenprägendes Kriterium.*

- Der Einfluß *weltanschaulich/konfessioneller Positionen* ist zwar erheblich geringer als der von politischen, aber doch ebenfalls in typischen mentalen Erscheinungsformen und Verhaltensmustern nachweisbar. Religiöse Jugendliche besitzen im Osten ein überdurchschnittlich hohes politisches Engagement und eine sehr entschieden vertretene politische Haltung. Im Vergleich zu atheistisch Eingestellten sind sie insgesamt etwas häufiger *linksorientiert,* haben ein positiveres Verhältnis zu Ausländern und Juden, treten mehr für Toleranz und soziale Werte ein, sind weniger aggressiv und gewaltbereit, weniger auf materielle Werte gerichtet (ausführlicher dazu vgl. Friedrich 1996b).
- *Regionale Faktoren* fallen für die Mentalitätsentwicklung der ostdeutschen Jugend nach der Wende stärker ins Gewicht als vorher. Die Unterschiede im Denken und Verhalten zwischen jungen Leuten verschiedener Ortsklassen (kleinere Gemeinden, mittlere Städte, Großstädte), zwischen einzelnen Ländern, aber auch zwischen bestimmten Regionen (wie Erzgebirge, Vogtland, ostsächsischer, nordwest-sächsischer Raum) haben zweifellos nach der Wende zugenommen. Nach den Forschungen des Zentralinstituts für Jugendforschung in Leipzig (ZIJ) geurteilt, herrschte zu DDR-Zeiten eine erheblich größere Homogenität in den geistig-kulturellen Wertvorstellungen und Anschauungen der jungen Menschen in den verschiedenen Regionen/Bezirken/Ortsklassen vor.
- Auch die *sozial-familiäre Herkunft* prägt gegenwärtig noch stark die geistigen, vor allem die politisch-weltanschaulichen Orientierungen. Ostdeutsche Jugendliche, deren Eltern höhere Bildungsabschlüsse besitzen, gehören beispielsweise viel häufiger zu den politisch Linksorientierten als diejenigen, deren Eltern keine derartigen Abschlüsse haben. Sie sind ebenfalls weitaus toleranter gegenüber Fremden und gewaltablehnender eingestellt. Künftig dürften sich diese Unterschiede, die auf die Stellung und Biographie der Intelligenz in der DDR zurückgehen, weiter nivellieren. Dafür werden aber mit Sicherheit anders verursachte soziale und mentale Unterschiede in den Vordergrund rücken, die sich aus den rasch ausbreitenden sozialen und materiellen Ungleichheiten und Lebenslagen, aus der schnellen Formierung neuer Besitzklassen und Bildungsschichten rekrutieren (vgl. z.B. Büchner/Krüger 1996).
- Der Mentalitätswandel hat unmittelbar vor und während der Zeit des gesellschaftlichen Umbruchs neue charakteristische Züge erhalten. Er hat nicht nur an Dynamik, sondern teilweise auch ein anderes Profil gewonnen. Bestimmte Wertvorstellungen und Lebensansprüche haben sich

verstärkt, andere haben sich dagegen abgeschwächt. Hier sei nur bemerkt:

- hedonistische, egozentrische, materielle Einstellungen haben zugenommen
- altruistische Einstellungen/Solidarität, das Gefühl sozialer Sicherheit haben abgenommen.

Vor allem aber haben sich ganz neue politische Grundorientierungen, Interessen und Anschauungen herausgebildet. Deutlich verstärkt sind rechtsextreme Positionen, Fremdenfeindlichkeit, Gewaltbereitschaft sowie gewalttätige Handlungen in dieser Umbruchphase (1989-92) in Erscheinung getreten.

- Mehrere Jugendstudien, die Vergleiche innerhalb der letzten Jahre ermöglichen, signalisieren jedoch *seit etwa 1992/93 eine Wende bei einigen Trendprozessen.* Dementsprechend erweist sich offensichtlich die Zeit unmittelbar vorher (1991/92) als Kulminationspunkt in der Entwicklung bestimmter (negativ zu bewertender) politisch-sozialer Einstellungen und Verhaltensweisen der ostdeutschen Jugend. Heute sprechen jedenfalls immer mehr Forschungsergebnisse dafür, daß sich in diesen Bereichen eine Trendwende durchsetzt, mit neuen, teils erwarteten, teils unerwarteten Akzenten. Insgesamt ist aber die Lage nicht einheitlich, sondern ziemlich widerspruchsvoll. Die neuen Trends lassen keine pauschale Diagnose zu, die sich etwa in einem gängigen Schlagwort formulieren ließe. Das politisch-ideologische Bewußtsein der ostdeutschen Jugend ist heute eher durch zunehmend ambivalente Tendenzen gekennzeichnet, die weder aus abstrakt-theoretischer, noch gar aus ideologischer Sicht vorauszusagen gewesen wären.
- Einerseits gibt es nach 1992 eine große Zahl kontinuierlicher Verläufe, *Trendfortsetzungen* – gerade auch dort, wo der (politisch befangene) Beobachter andere Entwicklungen erwartet hätte. Typisch dafür ist die weiter zunehmende Ambivalenz der Einstellungen zur Realität des Einigungsprozesses. Neuere Forschungsergebnisse weisen darauf hin, daß sich bestimmte Folgeerscheinungen der Vereinigung heute für die jungen Leute nicht etwa positiver, sondern eher negativer darstellen, von ihnen kritischer bewertet werden als dies schon vor 1992 der Fall war. Beispiele dafür sind die Arbeitslosigkeit der Eltern und die psychisch stark belastende Sorge um einen Ausbildungs- oder Arbeitsplatz.

Andererseits treten bedeutsame *Trendbrüche und neue Tendenzen* hervor, vor allem der Rückgang der Ausländerfeindlichkeit und rechtsextremer Anschauungen. Ferner die Abschwächung des Zukunftsoptimismus und auch die positivere Bewertung des Lebens in der DDR. Die Häufigkeit der Betonung der eigenen DDR-Herkunft, des Bekenntnisses zu einer spezifischen (DDR-/ostdeutschen) Identität hat in den letzten Jahren wieder zugenommen – und dies selbst bei den jüngeren Jahrgängen, den Schülern 8.-10. Klassen!

Ausgehend von unseren eigenen Vergleichsstudien der Jahre 1990-92-94 bei sächsischen Schülern wollen wir die vielfältigen Trendprozesse konkreter benennen und gruppieren:

Bei den 14-18jährigen jungen Sachsen haben sich seit 1992 vor allem folgende Einstellungen/Verhaltensdispositionen verstärkt:

< Hedonistische und egozentrisch/private Lebensorientierungen sind deutlich weiter angewachsen.

< Das Selbstverständnis als „Linker" wie auch als Vertreter der Mitte wird öfter betont. Die Jugendlichen entscheiden sich häufiger für linke Positionen und für die Mitte im Links-Rechts-Spektrum.

< Das Gefühl, Bürger der ehemaligen DDR zu sein, wird gegenwärtig wieder häufiger geäußert.

< Die Zufriedenheit mit der wirtschaftlichen Situation der elterlichen Familie hat sich wesentlich erhöht.

< Die Angst vor späterer Arbeitslosigkeit, insbesondere die Sorge um einen Ausbildungsplatz nach Schulabschluß sind noch größer geworden.

Folgende Einstellungen/Verhaltensdispositionen haben sich seit 1992 unter den Jugendlichen abgeschwächt:

> Die Ausländerfeindlichkeit hat sich unter den jungen Sachsen seit 1992 erheblich verringert. Ausländer werden heute von weniger Jugendlichen negativ und feindselig betrachtet, auch weniger als kontaktunwürdig gemieden. Besonders zurückgetreten sind die Antipathien gegen Schwarzafrikaner, Vietnamesen, Polen, Türken.

> Der Antisemitismus (der nach der Wende bei jungen Ostdeutschen verstärkt in Erscheinung trat) hat sich jetzt, vor allem bei den Mädchen, wieder reduziert.

> Die Selbsteinstufung auf der rechten Seite des Links-Rechts-Spektrums ist seit 1992 deutlich rückläufig. Die Zahl der Rechtsorientierten hat sich deutlich verringert.

> Rechtsextreme Anschauungen und Orientierungen werden heute von den Jugendlichen teilweise erheblich weniger akzeptiert. Das betrifft vor allem

  - nationalistische wie völkische Auffassungen und Losungen
  - die Verharmlosung des NS-Systems
  - aber auch autoritär-patriarchalische Attitüden, wie z.B. die Vaterdominanz in der Familie

> Die Freude über die deutsche Einheit hat sich zugunsten ambivalenter, gemischter Gefühle abgeschwächt.

> Die Zufriedenheit mit dem politischen System der Bundesrepublik hat sich verringert.
> Die Sympathie für „Westdeutsche“ ist in den letzten Jahren noch etwas weiter zurückgegangen.
> Der Verfall des Politikinteresses hält an, die Ausprägung eines starken Interesses geht jetzt in Teilgruppen gegen Null.
> Soziale Werte und altruistische Hilfsbereitschaft haben als verhaltensorientierende Lebensziele an Bedeutung verloren.
> Der Anteil Jugendlicher mit *einschränkungslosem* Zukunftsoptimismus hat erstmals abgenommen, für die meisten ist ein eher gedämpfter Optimismus typisch.

Gleichgeblieben sind oder nur wenig verändert haben sich in den letzten Jahren folgende Einstellungen/Verhaltensdispositionen:

= Die nur noch bei weniger als der Hälfte der Schüler vorhandene Identifikation mit den verschiedenen parteipolitischen Richtungen und Parteien ist faktisch unverändert geblieben.
= Gewaltakzeptanz und Gewaltbereitschaft sind trotz der Abnahme rechter Positionen kaum zurückgegangen.
Die Gewaltbereitschaft ist im Alltag immer noch bedenklich hoch, besonders gegenüber dem *politischen Gegner*, „der Gegenseite“. Die Bereitschaft, Ausländer zu jagen, hat bei dem harten Kern der Rechtsorientierten *nicht* nachgelassen, bei Linksorientierten war sie schon immer äußerst niedrig.
= Das Gefühl der persönlichen Bedrohung durch Rechtsradikalismus sowie durch Egoismus in den zwischenmenschlichen Beziehungen hat sich nach wie vor mit hohem Intensitätsniveau erhalten.
= In der Persönlichkeitsstruktur tiefer verankerte Eigenschaften wie Selbstbewußtsein, Selbstvertrauen, aktive Lebenseinstellung, Risikobereitschaft haben sich in der Selbsteinschätzung der Jugendlichen seit 1992 kaum verändert. Das trifft auch auf die Körperbefindlichkeit der Jugendlichen, auf ihre Angaben über psychosomatische Beschwerden und Gesundheitsgefühle zu.

An der Vielzahl dieser konkret benannten Trendprozesse zeigt sich, daß man die Nachwende-Generation in den neuen Bundesländern nicht mit schnellen Urteilen und Etiketten belegen darf (wie etwa: stärker gewalttätig, ausländerfeindlich, antisemitisch, rechtsextremistisch oder linksextremistisch als die Jugendlichen im Westen). Solche Erscheinungen, die zweifellos in den vergangenen Jahren im Osten gehäuft aufgetreten sind, sollten als *temporäre,* als durch die Umbrüche, Wirrnisse, Krisen der Wendeereignisse bedingte Phänomene erkannt und keinesfalls – wie oft geschehen – kurzerhand als

Ausdruck eines in der DDR sozialisierten autoritären oder „asozialen Charakters“ der Ostdeutschen interpretiert werden. Wenn diese Erklärung zutreffend ist, kann folglich mit einem weiteren Rückgang solcher negativen Erscheinungen in den nächsten Jahren bei jungen Ostdeutschen gerechnet werden. Wir neigen zu dieser Annahme, vorausgesetzt, es kommt zu keinem dramatischen wirtschaftlichen Abbau im Osten oder zu größeren Spannungen im politisch-sozialen Bereich.

2. Politische Orientierungen im Kontext der Werte bei jungen Ostdeutschen

Politische Einstellungen und Werte existieren nicht unabhängig von anderen Wertorientierungen der Menschen. Sie sind ein Ergebnis der gesamten Biographie/Persönlichkeitsentwicklung der Individuen, ihrer Sozialisation in den gruppen-und personenspezifischen Lebenslagen. Daher sind die *strukturellen* Zusammenhänge und gegenseitigen Abhängigkeiten von politischen und anderen Wertorientierungen stets zu beachten (vgl. den Beitrag von Kuhnke/Mittag in diesem Band).

Politische Orientierungen werden durch die Ausprägung anderer zentraler Werte (ihrer Richtung, ihres individuellen Bedeutungsgrades, ihrer motivationalen Intensität) mit beeinflußt. Jedoch ist das *keine einseitige* Abhängigkeitsrelation. Die determinierenden Effekte sind *wechselseitig*: politische Orientierungen haben oft einen großen Einfluß auf andere Werte, Lebensziele, Präferenzen der Menschen, besonders im Jugendalter. Dies wird von manchen Autoren nicht genügend berücksichtigt, sie verweisen vorwiegend nur auf die Abhängigkeitsbeziehungen der politischen Einstellungen von anderen Lebenswerten. Deshalb unterstreichen wir hier besonders nachdrücklich die *determinierende Funktion* politischer Grundorientierungen für die Entwicklung anderer Wertorientierungen und Mentalitätsbereiche der jugendlichen Persönlichkeit. Das zu belegen gehört mit zu den wichtigen Zielen unserer Untersuchung.

In der empirischen Werteforschung werden die Werte meist nach ihrer persönlichen Wichtigkeit oder Lebensbedeutung (als Lebensziele, Lebensprinzipien operationalisiert) auf Skalen bestimmt. Auf diese Weise können strukturell miteinander verknüpfte Wertehierarchien ermittelt werden. Als Beispiel sei auf auf die repräsentative Studie von Schmidtchen (1994) verwiesen, die auch West-Ost-Vergleiche bietet. Die Tabelle 2.1 enthält Ergebnisse unserer eigenen Jugendstudien aus den Jahren 1992 und 1994.

Tabelle 2.1: Lebensziele ostdeutscher Jugendlicher

„Wir haben einige Ziele und Prinzipien zuammengestellt. Bitte geben Sie an, inwieweit das für Sie persönlich von Bedeutung ist.“
Das hat für mein Leben Bedeutung...
1 sehr große/2 große/3 mittlere/4 geringe/5 überhaupt keine

	1994		1992	
	1 + 2	$\bar{X}$	1 + 2	$\bar{X}$
sinnerfüllte Arbeit	94	1,4	95	1,3
stets gute Freunde	92	1,5	92	1,5
glückliche Familie	84	1,7	*	*
Leben genießen	84	1,7	78	1,7
guter Schulerfolg	82	1,8	*	*
viel Geld verdienen	76	2,0	68	2,1
Selbständigkeit	73	2,0	79	1,9
aufregende Erlebnisse	62	2,2	47	2,6
größ. Besitz erwerben	57	2,3	*	*
für and. Menschen da sein	55	2,4	56	2,4
stets eig. Vorteil sehen	31	2,9	25	3,1
Einsatz für pol.System	13	3,4	*	*
sich polit.engagieren	6	3,8	4	4,0
nach christl.Werten leben	13	4,0	15	4,0

Erläuterung: 1 + 2: Prozent der Wahlen der Positionen 1 oder 2; $\bar{X}$: Mittelwerte
* = 92 nicht erfaßt

Quelle: Sächsische Jugendstudien 1992 und 1994; Mittelschüler u. Gymnasiasten 9.-12. Klassen (P. Förster/W. Friedrich 1995: 31)

An der Spitze der Lebensziele ostdeutscher Jugendlicher stehen die Werte Arbeit, Freundschaft, Familienglück, Lebensgenuß, Schulerfolg, Geld, größerer Besitz, selbständige Lebensführung. Dagegen rangieren politische Orientierungen weit abgeschlagen am unteren Ende des Wertespektrums. Sich für die „Erhaltung des heutigen politischen Systems in Deutschland einsetzen“ oder sich „politisch engagieren, z.B. in Bürgerbewegungen und Parteien“, das wird nur von wenigen jungen Leuten als Lebensziel geschätzt.

Diese Ergebnisse repräsentieren *typische Wertstrukturen der ostdeutschen Jugend* nach der Wende. Sie haben sich auch von 1992 zu 1994 (bei den beiden vergleichbaren sächsischen Schülerpopulationen) kaum verändert. Sie stimmen auch weitgehend mit den Daten anderer empirischer Jugendstudien der letzten Jahre überein, z.B. der bundesweit repräsentativen von Schmidtchen 1994, von Veen u.a. 1994, den von Seiring zitierten 1995, sowie mit den speziellen Jugenduntersuchungen von Starke 1994, Golz 1995; vgl. auch die Einschätzungen im Neunten Jugendbericht 1995: 191.

Aus den West-Ost-Vergleichen geht hervor, daß sich die Profile der Lebensziele/Wertorientierungen der beiden Jugendpopulationen nur sehr wenig voneinander unterscheiden. Dies kann nur damit erklärt werden, daß sich auch bei DDR-Jugendlichen in den 70er und 80er Jahren ein massiver Wertewandel/Mentalitätswandel vollzogen hatte, der ihre Ansprüche nach mehr Selbstgestaltung/Autonomie und Lebensgenuß geprägt hat, und der natürlich mit Wende und Wiedervereinigung eine weitere Schubkraft erhalten hat (vgl. Friedrich 1990).

Daß sich nach 1989 auch Werte abgeschwächt haben, kann mit der Abbildung 2.1 zum Rückgang der sozial-altruistischen Motivation belegt werden:

Abbildung 2.1: Veränderungen in der Ausprägung des Lebenszieles *„Für andere da sein, auch wenn ich selbst auf etwas verzichten muß“* bei vergleichbaren Schülerpopulationen 9. und 10. Klassen zwischen 1978 und 1994. Antwortpositionen wie bei Tabelle 2.1; Prozentwerte der Wahlen der Positionen 1 und 2 (sehr große/große), 3 (mittlere), 4 und 5 (geringe/überhaupt keine Bedeutung).

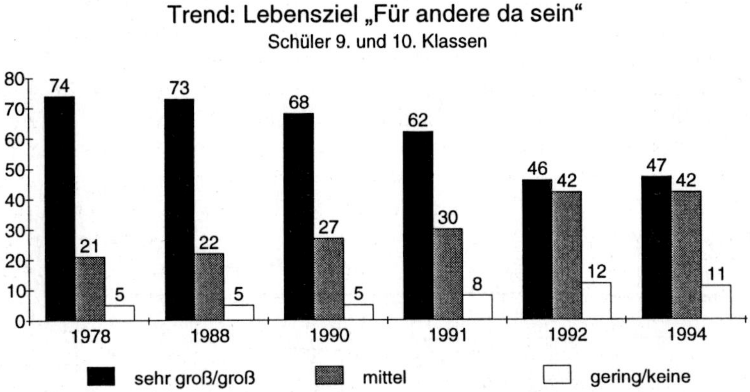

Die einschlägigen Untersuchungen belegen, daß politische Orientierungen in der Wertestruktur ostdeutscher Jugendlicher einen *sehr niedrigen Rangplatz* einnehmen. Das trifft auch auf alle Teilgruppen der Jugend zu, verständlicherweise mit Relativierung bei den politisch Aktiven, z.B. bei den Vertretern rechter wie linker Randpositionen. Doch darf von der niedrigen Bewertung der Politik/des Politischen im Rahmen der Lebensziele der jungen Leute keinesfalls auf eine geringe Wirksamkeit ihrer politischen Grundorientierungen/Positionen geschlossen werden – weder im Alltagsverhalten noch in der langfristigen Lebensplanung. Wir werden hier noch nachweisen, daß der Einfluß der politischen Positionen auf Lebenswerte, Mentalität und Lebensführung der Jugendlichen sehr groß ist.

3. Politische Positionen im Links-Rechts-Spektrum

Für junge Ostdeutsche ist heute das Links-Rechts-Schema zweifellos zum wichtigsten Bezugssystem ihrer politischen Grundorientierung geworden. Da die große Mehrheit von ihnen nach der Wende bei den Parteien nicht den erhofften Halt fand, um die damals weit verbreiteten Verunsicherungen, Konflikte, Orientierungsnöte zu überwinden, erwies sich das Links-Rechts-Spektrum bald als ein diesen Bedürfnissen entgegenkommendes Orientierungsmodell. Obwohl es vor 1989 bei DDR-Jugendlichen insgesamt nur sehr vage oder gar nicht bekannt war, als Orientierungsmuster keine Rolle spielte, avancierte es in ganz kurzer Zeit zu einem populären Instrument politischer Selbst-Definition. Es vermittelte die politische Standortbestimmung – verbunden mit typischen Identifikations-und Sozialisationseffekten.

Dabei standen und stehen auch gegenwärtig in der Phase der individuellen Positionsfindung im Links-Rechts-Spektrum theoretische Reflektionen über die Sinngehalte von Links und Rechts kaum im Vordergrund. Die Jugendlichen suchen zunächst nur nach einer persönlichen Plausibilität ihrer Weltsicht, ihrer Interpretation politischer Prozesse und Ereignisse. Ihre Selbst-Definition als Linker oder Rechter wird in der Anfangsphase meist eher als Formel, als Etikett in ihrer alltäglichen Kommunikation, zur Problemklärung und Verständigung im Freundes-/Bekanntenkreis oder zum Zurechtfinden in der Vielfalt der Mediennachrichten gebraucht und genutzt.

Heute kommt es bereits auf einer frühen biographischen Entwicklungsstufe, etwa schon bei 12-15jährigen zur Selbsteinstufung auf der Links-Rechts-Achse. Das geschieht überwiegend in der Form emotional begründeter Festlegungen, die z.B. durch Bindungen an Eltern, Freunde, Autoritäten oder nach gravierenden Erlebnissen entstehen. *Zufällige* Ereignisse, Kontakte und Bindungen können dabei eine große Rolle spielen. Selbstaussagen Jugendlicher dazu finden sich bei Förster/Friedrich u.a. (1993: 54-60).

Je eindeutiger und je stärker emotional erfüllt die Identifikation mit der betreffenden Position ist, desto schneller bilden sich – unter dem Einfluß der Kommunikationspartner – die positionstypischen Bewertungsmuster und sozialen Verhaltensweisen heraus, stabilisiert sich die persönliche politische Identität. Der Einfluß der politischen Positionierung (in unserem Falle im

Links-Rechts-Spektrum) ist also von großer Bedeutung für die Identitäts- und Persönlichkeitsentwicklung im frühen Jugendalter.

3.1 Empirische Verteilungen im Links-Rechts-Spektrum

Die Daten mehrerer großer Jugendstudien geben über die Selbsteinstufung der Jugendlichen im Links-Rechts-Spektrum Auskunft.

Tabelle 3.1: Positionen im Links-Rechts-Spektrum

	links	eher links	weder noch	eher rechts	rechts	unklar/k.A.
*DJI/1992 – 16-29jährige**						
Jugend Ost	6	26	48	14	4	–
Jugend Ost	6	28	45	17	4	–
*KSPW/93 – 18-24jährige***						
	9	32	37	7	2	13
*Sächsische Jugendstudien****						
1990	7	8	38	15	7	25
1992	5	15	43	16	7	14
1994	8	20	50	12	4	6

* ausführlich s. Hoffmann-Lange 1995. Angaben über die Zahl derjenigen, die sich nicht eingeordnet haben, werden dort nicht gemacht. Das erschwert den Vergleich. Die einzelnen Prozentwerte erscheinen dadurch hier zu hoch.
** KSPW-Repräsentativumfrage 1993 für NBL (vgl. Bertram 1995); hier nur 18-24jährige Ostdeutsche (eig. Berechnungen)
*** repräsentativ für 14-18jährige sächsische Schüler (vgl. Förster/Friedrich 1995: 35)

Danach kann grob verallgemeinert festgestellt werden:

- Nur etwa 10% der Jugendlichen/jungen Erwachsenen waren 1992-93 nicht in der Lage bzw. nicht bereit, sich in das Links-Rechts-Schema einzuordnen. Knapp die Hälfte von ihnen betrachtete sich als Vertreter der Mitte, etwa 30% als Linksorientierte, 15-20% als Rechtsorientierte.
- Zwischen den Jugendlichen/Jungerwachsenen in den alten und neuen Bundesländern sind die quantitativen Differenzen auffallend gering (Hoffmann-Lange 1995).
- Weibliche Jugendliche sind in Ost und West viel weniger unter den Rechtsorientierten, doch besonders im Osten häufiger unter den Linksorientierten zu finden.

Zeithistorischen Trends wollen wir – allerdings mit einem engeren Repräsentanz-Anspruch – bei unseren drei sächsischen Jugendstudien aus den Jahren 1990, 1992 und 1994 nachgehen:

Diese Studien belegen für die 14-18jährigen Schüler:

- Die Zahl derjenigen Schüler, die sich auf der Links-Rechts-Achse nicht einstufen konnten/wollten, ist von 1990 bis Ende 1994 stark zurückgegangen (von 25% auf 6%).
- Die Zahl der Vertreter der Mitte (Antwortpos.: 3 weder – noch) ist in diesen Jahren von 38% auf 50% gestiegen.
- Die Zahl der Linksorientierten (Antwortpos. 1 + 2) hat sich ebenfalls kontinuierlich von 15% auf 28% erhöht, wobei sich der größere Zuwachs nach 1992 vollzogen hat.
- Seit 1992 geht die Zahl der Rechtsorientierten bei sächsischen Schülern *zurück*. Die Zahl der Rechtsaußen hat sich seitdem nahezu halbiert. Von 1990 zu 1992 waren deren Anteile noch gleich geblieben.

Daraus ergibt sich: Das weltanschaulich-politische Selbstverständnis der sächsischen/ostdeutschen Jugendlichen tendiert seit 1992 verstärkt zu linken Positionen und zu denen der Mitte. Schmidtchen bestätigt im wesentlichen diese Trends in seiner Jugendstudie '95 für Sachsen, weist jedoch auf einen stärkeren Zuwachs der indifferenten Mitte seit 1993 hin (1996).

Auf der Grundlage unserer Jugendstudien kann die Abhängigkeit der politischen Grundorientierung von verschiedenen demographischen Kriterien analysiert werden. Die Ergebnisse der 94er Studie zeigen:

- Zwischen Mittelschülern und Gymnasiasten existieren sehr große Unterschiede in der Links-Rechts-Orientierung. Gymnasiasten bekennen sich etwa doppelt so oft zu linken, aber nur halb so oft zu rechten Positionen als (gleichaltrige) Mittelschüler. Das kann jedoch nicht einfach auf den Bildungsvorteil der Gymnasiasten zurückgeführt werden. Hier sind spezielle familiäre Einflußfaktoren stark mit im Spiel. Gymnasiasten sind eine Selektivpopulation mit großen Besonderheiten in der sozialstrukturellen Herkunft. Kinder von Hochschulabsolventen gehören im Osten häufiger als die anderer Herkunftsgruppen zu den Linksorientierten und weit weniger zu den Rechtsorientierten. Dies gilt unabhängig davon, ob die Herkunft väterlicher- oder mütterlicherseits untersucht wird und geht auf die frühere politische Stellung und Haltung der Intelligenz in der DDR zurück.
- Unterschiede in der Identifikation mit linken bzw. rechten Positionen treten auch beim Vergleich der Ortsklassen hervor. In den größeren Städten (über 50 000 Einwohner) verstehen sich die jungen Leute weit überdurchschnittlich als Linke, in den kleineren Gemeinden finden sich Rechtsorientierte häufiger.

Die hier genannten Unterschiede zwischen den demographischen Teilgruppen finden sich in ganz ähnlichen Ausprägungen bei allen drei Jugendstudien in Sachsen. Sie werden auch von Schmidtchen (1996) bestätigt. Daten der 92er Studie finden sich bei Förster/Friedrich u.a. 1993:38ff.

3.2 Über mentale Unterschiede zwischen Links- und Rechtsorientierten

Das Selbstverständnis als „Linker“, „Rechter“ oder als von beiden Seiten „Unabhängiger“, was der Einstufung/Positionierung auf der Links-Rechts-Achse zugrundeliegt, ist im Durchschnittsfall sehr komplex strukturiert und weist ideologietypische Muster auf. Diese Muster entsprechen weitgehend bestimmten Anschauungssystemen und Wertungsstereotypen der öffentlichen Meinung der Gesellschaft. Sie gehen aus konkreten (selektiv wahrgenommenen und gedeuteten) Lebenserfahrungen, vor allem aus der sozialen und medialen Kommunkation sowie aus der alltäglichen Problemauseinandersetzung der Individuen hervor.

So spiegeln sich natürlich die *spezifischen ostdeutschen* Erfahrungen, die gegenwärtigen politischen, wirtschaftlichen, sozialen Problemlagen in den neuen Bundesländern wie die hier vorherrschenden *spezifischen* Anschauungen, Interpretations- und Bewältigungsweisen in den jeweiligen Politikpositionen klar wider.

Unsere Untersuchungen zeigen, daß Jugendliche auch schon im frühen Jugendalter über ausgeprägte und relativ fest strukturierte politisch-weltanschauliche Einstellungsmuster verfügen und sich darüber hinaus auch in anderen Bereichen ihres Denkens, Wertens und Verhaltens unterscheiden, z.B. in ihren Lebenszielen, Lebensbefindlichkeiten, Zukunftseinstellungen, bis hin zu ihrem Gewaltverhalten.

Folgende Ergebnisse sollen das veranschaulichen:

- Linksorientierte und Rechtsorientierte haben im Vergleich sehr divergente Auffassungen und Einstellungen zu Deutschland, zu politischen Problemen seiner Geschichte und Gegenwart. In der „ethnozentrischen Haltung“ gehen die Standpunkte der Linken und Rechten weit auseinander. Das zeigt sich z.B. schon in der Identifikation mit Deutschland (sich als Deutscher fühlen) und in der persönlichen Bewertung der Vereinigung, kommt jedoch besonders kraß in der Beurteilung rechtsextremistischer Losungen sowie der Einschätzung des Nationalsozialismus zum Ausdruck.
- Ebenso stark divergieren die Einstellungen zwischen links- und rechtsorientierten Jugendlichen gegenüber Ausländern, Juden und zu bestimmten Aspekten der Gewaltanwendung. Linksorientierte betonen nachdrücklich ihre Toleranz gegenüber Fremden. Sie haben ein positi-

ves Verhältnis zu Ausländern und Juden, nur selten Antipathien gegen diese. Ganz im Gegensatz dazu lehnen Rechtsorientierte Ausländer überwiegend, oft in sehr affektiver Weise ab. Jeder zweite von ihnen hegt Antipathien gegen Juden, jeder fünfte sogar gegen Franzosen.

Auf den Durchschnitt bezogen gilt: Je eindeutiger (emotionaler, vorbehaltloser) die ethnozentrische Haltung, desto intensiver ist die Ablehnung, auch die Feindseligkeit gegenüber den Anderen, den Ausländern und den Juden. Diese uralte ethnozentrische Achse von Wirgruppen – Fremdgruppen (von Nationalismus – Rassismus) findet heute bei Linken und Rechten unter jungen Ostdeutschen ziemlich extreme Ausdrucksformen.

Linksorientierte im Osten sind insgesamt viel zurückhaltender in der Beurteilung von Gewaltanwendung. Sie akzeptieren Gewalt weitaus weniger – mit Ausnahme gegenüber der politischen Gegenseite! Hier sind die Differenzen zwischen Linken und Rechten bedeutend geringer.

Dagegen lehnen Linke den Gewalteinsatz gegenüber Ausländern strikt ab, was wiederum von Rechten mit großer Mehrheit akzeptiert wird.

Doppelt so häufig als Linke geben Rechte an, schon mal zugeschlagen zu haben, eine Waffe zu besitzen bzw. sich bald eine zuzulegen. Schmidtchen fand ganz ähnliche Resultate (1996: 50/51).

– Links- und rechtsorientierte ostdeutsche Jugendliche unterscheiden sich nicht nur in ihren politisch-weltanschaulichen Einstellungen, sondern auch in einer großen Zahl anderer Merkmale ihrer Mentalität. So sind Rechtsorientierte in ihren Lebenszielen *viel stärker* materiell, egozentrisch und pragmatisch ausgerichtet. Die Sicherung des eigenen Vorteils und eines hohen Geldverdienstes geben sie im Vergleich zu Linksorientierten doppelt so häufig als zentrale Ziele ihres Lebens an. Sie sind viel egoistischer, weniger sozial-altruistisch eingestellt.

Wenn auch die Differenzen nicht sehr groß sind, so demonstrieren doch Rechtsorientierte eindeutig häufiger als Linksorientierte ein offensives und aktives, ein selbst- und risikobewußtes, ein mehr „draufgängerisches" Verhältnis zur Welt. Sie geben sich optimistischer, haben weniger Angst vor der Zukunft, kennen weniger Einsamkeitsgefühle. Sie haben, im Sinne von Fend, ein „Empathiedefizit", eine weniger „altruistische Motivation" (1994: 156). Sie sind mit ihrem Leben und ihrer Gesellschaft insgesamt zufriedener.

Die vielfältigen, hier nur an ausgewählten typischen Items vorgenommenen Vergleiche zwischen links-und rechtsorientierten ostdeutschen Jugendlichen belegen, daß sie sich nicht nur nach ihren politisch-weltanschaulichen Orientierungen, sondern auch hinsichtlich zahlreicher anderer Persönlichkeitsmerkmale unterscheiden. Daher erscheint es gerechtfertigt, hier von *unterschiedlichen Mentalitäts- oder Persönlichkeitstypen* zu sprechen. Die Identifikation mit linken bzw. rechten Positionen hat eine selektive („kanalisierende") Funktion für die Identitäts-, für die gesamte Persönlichkeitsentwicklung. Mit zunehmender Dauer und emotionaler Intensität solcher Identifikationen entstehen immer profilierter und stabiler ausgeprägte Typen/Habitusformen der Mentalität und der Lebensweise. Solche typischen Mentalitäten, Persönlichkeitsstrukturen sind schon im frühen Jugendalter, etwa mit 14-16 Jahren erstaunlich konsistent ausgeformt.

4. Einstellung zur deutschen Einheit und zu ihren Folgen

Charakteristisch für die politische Stimmungslage der ostdeutschen Jugendlichen ist ihre Einstellung zur deutschen Einheit. Die Vereinigung von DDR und BRD bedeutete für sie nach der politischen Wende im Herbst 1989 zeitgeschichtlich wie lebensgeschichtlich einen tiefen Einschnitt in ihre Biographie, führte und führt noch immer bei sehr vielen von ihnen zu massiven Veränderungen ihrer gesamten Lebenssituation. Während die Vereinigung für die westdeutschen Jugendlichen eher ein Reflexionsthema oder ein Finanzproblem darstellt, definiert es für die jungen Ostdeutschen ein Bewältigungsereignis, von dem sie direkt betroffen sind (vgl. Neunter Jugendbericht, 1994: 88).

4.1 Zur Vorgeschichte

Empirische Daten über die Widerspiegelung der deutschen Frage im Bewußtsein der Jugendlichen und der Bevölkerung der DDR sind sehr rar. Insbesondere Fragen zur Überwindung der deutschen Spaltung waren bei empirischen Untersuchungen faktisch tabu, verständlich angesichts der Auffassung der SED, daß in Deutschland zwei deutsche Staaten existieren und über die „nationale Frage" die Geschichte bereits entschieden habe. Ausnahmen bilden Ergebnisse des „Instituts für Meinungsforschung beim ZK der SED" (vgl. Niemann 1993, 1995) und des ZIJ (vgl. Förster 1995).

Für die Jugendlichen in der DDR lassen sich die Ergebnisse thesenhaft wie folgt zusammenfassen:

> Der deutschen Frage galt eine sehr große Aufmerksamkeit des größten Teiles der Jugendlichen. Trotz der Teilung interessierten sie sich für das

Leben im anderen deutschen Staat, für die Deutschlandpolitik der Bundesregierung, für das Verhältnis von DDR und BRD.

- Die Deutschlandpolitik der SED und die dieser Politik dienende Erziehung, Bildung und Propaganda haben die Haltungen der DDR-Jugendlichen zur deutschen Frage über Jahrzehnte gravierend beeinflußt. Zwar erhielt diese Seite der Politik der SED schon in den 70er Jahren gegenüber anderen Seiten (z.B. der Sozialpolitik) eine viel geringere Zustimmung und wurde in den 80er Jahren zunehmend abgelehnt; völlig wirkungslos ist sie jedoch nicht geblieben.
- Obwohl in den 70er Jahren die Mehrheit der Jugendlichen die DDR und nicht „ganz Deutschland" als ihr Vaterland empfanden, standen sie einer von der SED geforderten weiteren Abgrenzung von der BRD skeptisch bis ablehnend gegenüber. Im Falle einer (von vielen gewünschten) Vereinigung plädierten zwei Drittel für ein sozialistisches Deutschland, ein Drittel war für einen Staat, der die Merkmale von DDR und BRD miteinander verbindet. In den 80er Jahren ging der Anteil der Jugendlichen zurück, die sich gegen eine Vereinigung aussprachen.
- Die Jugendlichen in der DDR hatten ein sehr differenziertes Bild von der Bundesrepublik. Als der DDR überlegen galt die BRD vor allem im Hinblick auf den Lebensstandard, die ökonomischen Potenzen, den Umweltschutz und die Informationspolitik. Die DDR wurde dagegen höher bewertet hinsichtlich der Sozial-, Sicherheits- und Bildungspolitik. Starke Bindungskräfte an die DDR gingen insbesondere von der Sicherheitspolitik aus, von der bis in die Endzeit der DDR die meisten Jugendlichen annahmen, daß sie der Entspannung und dem Frieden dient und damit in ihrem Interesse liegt.
- Der starke Rückgang der politischen Identifikation mit der DDR in der zweiten Hälfte der 80er Jahre war nicht gleichbedeutend mit einer entsprechend starken Zunahme der Identifikation mit der Bundesrepublik. Ende der 80er Jahre fühlten sich zwischen 28% (Schüler) und 10% (Studenten) emotional mit der BRD verbunden.
- Der Politik der Abgrenzung von der BRD wirkte über Jahrzehnte hinweg ein natürlicher Faktor entgegen: Trotz der Teilung hatte sich ein engmaschiges Netz persönlicher Verbindungen erhalten. Zwischen 65% und 70% der Jugendlichen (und ihrer Eltern) hatten Verwandte und/oder Bekannte in der BRD, überwiegend mit direkten oder brieflichen Kontakten. Rund ein Drittel erhielt Besuche von diesen Personen. Vor allem diese Jugendlichen äußerten sich zu vielen Aspekten der deutschen Frage entgegen der offiziellen Propaganda.
- Enormen Einfluß auf die Einstellungen zur deutschen Einheit hatten die elektronischen Massenmedien der BRD. Ihre Rezeption beeinflußte (in Wechselwirkung mit den politischen Grundeinstellungen) langfristig

auch generelle Lebensorientierungen eines großen Teiles der Jugendlichen im Sinne westlicher Werte.

4.2 Grundeinstellungen zur deutschen Einheit

Aus zahlreichen sozialwissenschaftlichen Untersuchungen bzw. Umfragen der Nachwendezeit geht übereinstimmend hervor, daß kurz vor dem Beitritt der DDR zur BRD die überwiegende Mehrheit der ostdeutschen Jugendlichen (zwischen 80% und 90%) – wie der Bevölkerung insgesamt – grundsätzlich für die Vereinigung der beiden deutschen Staaten plädierte. *Diese breite Zustimmung war jedoch nicht von Anfang an gegeben.* Zwischen Wende und Beitritt gingen enorme Wandlungsprozesse in der Grundhaltung zur deutschen Einheit vor sich, deren Kenntnis nicht nur historisch von Interesse ist, sondern auch unter dem Blickwinkel des Verstehens teilweise überraschender Erscheinungen im gegenwärtigen Vereinigungsprozeß. Die folgende Abbildung 4.1 veranschaulicht den generellen Trend dieser Wandlungsprozesse zwischen November 1989 und September 1990, differenziert nach den Altersgruppen der 15- bis 24jährigen und der übrigen Noch-DDR-Bürger.

Abbildung 4.1: Veränderungen in den Zustimmungsquoten zur Vereinigung von DDR und BRD zwischen November 1989 und September 1990, nach dem Alter differenziert. Prozentanteile der Antwortpositionen „sehr dafür“ und „eher dafür als dagegen“.

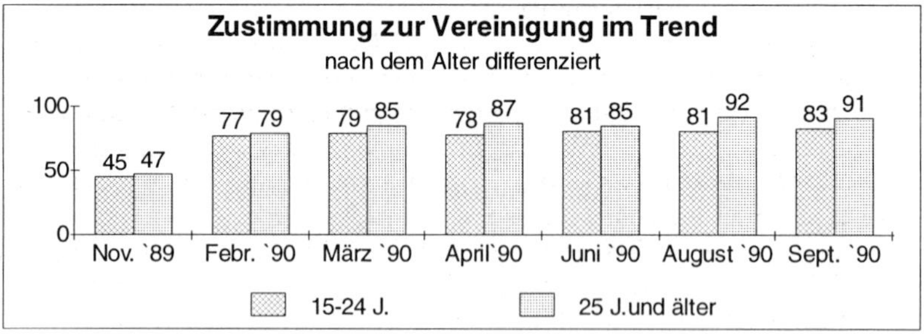

Quelle: Bevölkerungsrepräsentative Meinungsumfragen des ZIJ, M 1 bis M 8 (vgl. Friedrich/Förster 1991)

Unter Bezugnahme auf diese und weitere differenzierte Daten heben wir hier folgende Tendenzen dieses Wandlungsprozesses hervor:

- Kurz nach dem Zusammenbruch der DDR standen sich Befürworter und Gegner der deutschen Einheit noch etwa gleich stark gegenüber. Auch bei den Jugendlichen bestand zu diesem Zeitpunkt eine Pattsituation, mit einem leichten Übergewicht der Einheitsgegner. Eine altersdifferenzierte Betrachtung der Jugendpopulation läßt erkennen, daß bei den jüngsten von ihnen die Anteile der Befürworter noch geringer waren: Lehrlinge 43% (davon ohne Einschränkung 16%), Schüler 39% (13%), Studenten sogar nur 20% (4%). Bei den weiblichen Jugendlichen dieser jüngsten Altersgruppen lagen die Zustimmungsquoten noch etwas darunter.

  Hinzu kommt, daß sich der weitaus größte Teil der Jugendlichen (88%) wie der Bevölkerung insgesamt zu diesem Zeitpunkt noch für den Weg eines „besseren, reformierten Sozialismus“ aussprach. Nur 5% votierten für einen „kapitalistischenWeg“, weitere 7% für einen „anderen Weg“. Von einem massenhaften Verlangen nach einem sofortigen Beitritt zur Bundesrepublik konnte unmittelbar nach der Wende keine Rede sein (vgl. auch Bütow 1995: 88).
- Zwischen Ende 1989 und Februar 1990 kam es dann zu sprunghaften Veränderungen der Grundeinstellung zur Vereinigung, Ausdruck der sich enorm zuspitzenden wirtschaftlichen und politischen Situation in der DDR und der stark wachsenden Hoffnungen der jungen wie der älteren Bürger, durch die Vereinigung schneller zu Wohlstand und Freiheit zu gelangen. Massiv gefördert wurde der Wunsch nach der deutschen Einheit insbesondere von dem sofort nach der Öffnung der Grenzen einsetzenden Reiseverkehr in Richtung Westen.

  In dem genannten Zeitraum zerfielen noch bestehende Illusionen von einem reformierbaren Sozialismus. Weit verbreitet waren jedoch auch im Frühjahr 1990 bei vielen Jugendlichen Vorstellungen von einem schrittweisen Annäherungsprozeß, von einer Konföderation beider deutscher Staaten. Selbst von den Befürwortern der Vereinigung sprach sich nur rund die Hälfte für deren sofortigen Vollzug aus. Selbst in den Monaten nach der Volkskammerwahl im März 1990 äußerte ein großer Teil der Jugendlichen (mehr als von den älteren Bürgern), daß ihnen das Einigungstempo zu schnell sei. Für eine Vereinigung noch bis Ende 1990 plädierten im April 1990 40%, im Juni 34% der Jugendlichen. Die Mehrheit hielt einen späteren Zeitpunkt für wünschenswert, rund ein Drittel erhoffte die Einheit bis Ende 1992 oder später.
- Ein großer Teil der Jugendlichen sah der Vereinigung mit sehr gemischten Gefühlen entgegen. Charakteristisch dafür war die Stimmungslage

im Frühjahr 1990: Einerseits erwarteten drei Viertel von ihnen einen raschen wirtschaftlichen Aufschwung („Wirtschaftswunder Ostdeutschland"), andererseits äußerten sich mit rund der Hälfte viel weniger optimistisch bezüglich ihrer eigenen sozialen Sicherheit. Über die Hälfte (55%) bekannte Angst vor möglicher Arbeitslosigkeit. Diese von Anfang an bestehende Ambivalenz der Einstellung zur deutschen Einheit hat sich seitdem noch erheblich verstärkt.

> Der Anteil der Zustimmungen (insbesondere der einschränkungslosen) zur Vereinigung war bei den Jugendlichen vor allem vom Frühjahr 1990 an geringer als bei den älteren Altersgruppen. Die altersdifferenzierte Analyse der unmittelbar vor dem Beitritt gewonnenen Daten zeigt eine klare Tendenz: Je jünger, desto geringer die Zustimmungsquoten (siehe Tab. 4.1):

Tabelle 4.1: Einstellung zur Vereinigung von DDR und BRD Ende September 1990

„Wie stehen Sie zu einer Vereinigung von DDR und BRD?"
1 sehr dafür — 2 eher dafür als dagegen
3 eher dagegen als dafür — 4 sehr dagegen
(Angaben in Prozent)

Altersgruppen	1	2	(1 + 2)	3	4
15 – 17 J.	33	46	(79)	17	4
18 – 24 J.	41	44	(85)	11	4
25 – 44 J.	50	38	(88)	11	1
45 – 64 J.	57	36	(93)	5	2
65 J. und älter:	67	31	(98)	2	0

Quelle: Bevölkerungsrepräsentative Meinungsumfrage M 8 des ZIJ für „DER SPIEGEL" (vgl. Friedrich/Förster 1991)

> Weibliche Jugendliche standen der deutschen Einheit (wie schon vor der Wende) von Anfang an deutlich ablehnender gegenüber als männliche. Der Anteil vorbehaltloser Zustimmungen war durchgängig geringer und betrug kurz vor dem Beitritt nur ein Drittel. Eine entscheidende Bedingung für diese skeptische Sicht war schon damals die massive Sorge vieler Mädchen und junger Frauen um die soziale Sicherheit.

> Außerordentlich stark differenzierend wirkte von Anfang an die politische Grundhaltung, gemessen an der Parteipräferenz. Während der Anteil vorbehaltloser Zustimmungen bei den jungen CDU-Anhängern von 4% im November 1989 auf 69% im September 1990 anstieg, schwankte er bei den SED- bzw. PDS-Sympathisanten anfänglich zwischen Null und 3% und erhöhte sich leicht auf 18% kurz vor dem Beitritt.

> Ebenfalls von Anfang an ging die Bejahung der Einheit mit einer optimistischen Zukunftssicht einher, Ausdruck der Hoffnung auf eine gesicherte Zukunft in Wohlstand und Freiheit, der Erwartung auf eine baldige Angleichung der ostdeutschen an die westdeutsche Lebensqualität. Dieser bedeutsame wechselseitige Zusammenhang besteht nach wie vor, wobei die sehr widersprüchlichen Erfahrungen der Jugendlichen und jungen Erwachsenen (und ihrer Eltern) mit der Realität des Vereinigungsprozesses ihre Lebensgrundstimmung deutlich dämpfen.

Soweit die Datenlage Aussagen dazu zuläßt, hat sich an der mehrheitlich bejahenden Grundhaltung der ostdeutschen Jugendlichen zur deutschen Einheit bis heute kaum etwas geändert. Das belegen aus jüngster Zeit u.a. Ergebnisse der IPOS-Studie 1995 (vgl. S.109) sowie unserer eigenen Untersuchungen im Rahmen der Sächsischen Längsschnittstudie bei heute 23jährigen jungen Erwachsenen (vgl. Förster 1996). Zwischen Frühjahr 1990 und Dezember 1995 erhöhte sich der Anteil der die Vereinigung grundsätzlich bejahenden Panelmitglieder leicht von 73% auf 84% bei hoher Konstanz der Angaben: 80% der Panelmitglieder haben im erwähnten Zeitraum ihre zustimmende Haltung (68%) bzw. ablehnende Haltung (12%) beibehalten.

Alles in allem trifft die 1992 von Zinnecker getroffene Wertung „Als Grundstimmung unter den Jüngeren in den neuen Bundesländern läßt sich ausmachen: Es gibt gibt kein Zurück von Wende und Vereinigung, soll auch keins geben“ (1992: 32) heute noch zu.

4.3 Ambivalente Erfahrungen nähren Enttäuschung

Ungeachtet dieser nach wie vor mehrheitlichen Bejahung der deutschen Einheit ist bei den jungen Ostdeutschen wie bei der Bevölkerung insgesamt schon seit längerer Zeit *eine stark zunehmende Enttäuschung über den realen Gang des Vereinigungsprozesses zu beobachten.* Alle relevanten Untersuchungen (einschließlich unserer eigenen) berichten von außerordentlich ambivalenten persönlichen Erfahrungen der Jugendlichen mit diesem Prozeß, von einem charakteristischen Gemisch positiver und negativer Bilanz seit der Vereinigung. Verallgemeinernd ist festzustellen:

Bei *den als positiv empfundenen Veränderungen* seit Wende bzw. Vereinigung dominieren eindeutig die persönlichen Freiheiten, die Konsumangebote, die Reisemöglichkeiten und die Möglichkeiten der Selbstentfaltung. An der Spitze der *als negativ empfundenen* Veränderungen rangieren mit Abstand die Arbeitslosigkeit, die berufliche und soziale Unsicherheit, die Verschlechterungen in den sozialen Beziehungen (Zunahme von Egoismus, sozialer Kälte), die drastische Ausbreitung von Kriminalität und Gewalt, die

Verteuerung des Lebens. Positive und negative Veränderungen schließen sich dabei nicht aus, sondern werden häufig zusammen genannt. Viele ostdeutsche Jugendliche empfinden sich sowohl als Gewinner hinsichtlich individueller Freiheiten, zugleich aber auch als Verlierer im Hinblick auf existentielle soziale, berufliche und auch persönliche Sicherheiten (vgl. Bütow 1995: 101). Den Kern bildet nach Auffassung zahlreicher Autoren der in vielen Familien *spürbare Verlust an sozialer Sicherheit*, die die DDR ihren Bürgern gewährte, die sie schätzten und die lange Zeit einer der wirksamsten Faktoren für die Legitimität des politischen Systems der DDR auch bei den jungen DDR-Bürgern war. In jüngster Zeit scheint sich den Untersuchungen von Schmidtchen zufolge ein leichtes Übergewicht der positiven Erfahrungsbilanzen anzudeuten (vgl. 1996: 52).

Ausdruck sehr widersprüchlicher Erfahrungen ist die bei der überwiegenden Mehrheit der Jugendlichen und jungen Erwachsenen anzutreffende Auffassung, von den Westdeutschen als „Bundesbürger zweiter Klasse" behandelt zu werden. Stark verbreitet ist die Meinung, daß es im Vereinigungsprozeß ungerecht zugeht, die Regierung vor allem die Interessen der Westdeutschen und zuwenig die der Ostdeutschen vertritt, die Westdeutschen die ehemalige DDR im Kolonialstil erobert haben. Aus den jüngsten Untersuchungen unter Leitung von Schmidtchen ziehen die Autoren den Schluß: „Große Teile der Jugend in Sachsen wie im Osten überhaupt fühlen sich offensichtlich fremd, fremdbestimmt und erleben die deutsche Einheit als ungerecht. So halten es drei Viertel der Jugendlichen 1995 ... für wahr, daß westliche Unternehmer die Betriebe im Osten ‚plattmachen', 18% sind da unentschieden und nur 8% halten das für abwegig" (Schmidtchen 1996: 28).

Die erwähnte Ambivalenz der Erfahrungsbilanzen widerspiegelt sich sehr deutlich in der seit 1991 zunehmenden Ambivalenz der *emotionalen Beziehungen zur deutschen Einheit.* Im Rahmen der gesamtdeutschen Jugendstudie der Konrad-Adenauer-Stiftung (vgl. Veen u.a.1994) wurde bereits 1991 festgestellt, daß zwar die reichliche Hälfte der jungen Ostdeutschen (59%) Freude über die vollzogene Vereinigung äußerte, ein weiteres Drittel jedoch eine „gemischte" Einstellung zum Ausdruck brachte. Die Fortschreibung der Analysen dazu in den eigenen Untersuchungen 1992 und 1994 läßt klar eine beträchtliche Zunahme dieser Ambivalenz erkennen, in Abbildung 4.2 exemplarisch dargestellt für die Teilpopulation der Schüler 9. und 10. Klassen der Mittelschule.

Abbildung 4.2: Veränderung der Ausprägung der Freude über die deutsche Einheit zwischen 1991 und 1994 bei vergleichbaren Schülerpopulationen 9.und 10. Klassen. Angaben in Prozent.

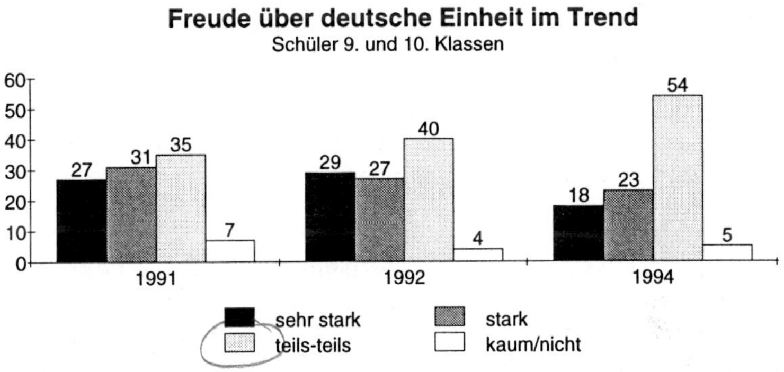

Mit den ambivalenten Vereinigungserfahrungen geht bei sehr vielen Jugendlichen eine Art „Verklärung" der Vergangenheit einher, die darauf schließen läßt, daß die Ostdeutschen von der DDR-Realität stärker geprägt sind, als bisher angenommen wurde. Ein typischer Beleg dafür ist der von mehreren EMNID-Umfragen für „DER SPIEGEL" dokumentierte Meinungsumschwung beim Vergleich der DDR mit der Bundesrepublik: 1990 hielten viele Ostdeutsche die DDR nur auf drei von 9 Gebieten überlegen, 1995 dagegen bereits auf 7 Gebieten: Soziale Sicherheit, Schutz vor Verbrechen, Gleichberechtigung der Frau, Berufsausbildung, Schulbildung, Gesundheitswesen, Wohnungsversorgung. Bei der „Nullmessung" dieses Vergleichs im Jahr 1990 urteilten die Jugendlichen nicht prinzipiell anders als die älteren Bevölkerungsgruppen, das dürfte auch 1995 noch zutreffen (vgl. SPIEGEL-SPEZIAL Nr.1/1991 „Das Profil der Deutschen" sowie DER SPIEGEL Nr. 31/1991 und Nr. 27/1995).

In der IBM-Jugendstudie nannten die Jugendlichen, was an der DDR erhaltenswert gewesen wäre. Nur 4% der ostdeutschen Jugendlichen (gegenüber 38% der westdeutschen) lehnten alles ab, was die DDR prägte. Auf den ersten sechs Rangplätzen erhaltenswerter Gegebenheiten wurden genannt: Soziales System (von 39% genannt), Kinderbetreuung (37%), Arbeitsplatzsicherheit (22%), Ausbildung/Förderung (11%), Sero-System (11%), Gesundheitswesen (10%; Mehrfachnennungen; vgl. Heiliger/Kürten 1992: 93).

Die Zählebigkeit solcher Bewertungen selbst bei jungen Menschen belegt Schmidtchen 1994 mit einer Frage danach, was an der DDR positiv bzw. negativ erlebt wurde. Positiv erlebt haben immerhin 80% – 85% die soziale Sicherheit, den Kindergarten, die Sicherheit vor Kriminalität, die menschlichen Beziehungen, Schule und berufliche Bildung. Bemerkenswert ist die auch in dieser Studie erkennbare Aufwertung von schulischer und beruflicher Bildung in der DDR (vgl. Schmidtchen 1994, Schaubild 2). Diese Aufwertung geht auch aus den personenidentischen Daten der Sächsischen Längsschnittstudie hervor: Die 1990 noch sehr kritischen Urteile z.B. über die erfahrene Schulbildung in der DDR haben sich 1994 signifikant positiviert.

5. Einstellung zum politischen System

Ein Fazit der Shell-Studie von 1991 lautete, daß der Nachwuchs für das offizielle politische System in der Bundesrepublik kaum zur Verfügung steht (vgl. Zinnecker 1992: 24). Diese weitreichende Wertung hat offensichtlich nicht an Aktualität eingebüßt. Die Identifikation der ostdeutschen Jugendlichen mit dem gegenwärtigen politischen System in der vereinten Bundesrepublik hält sich zahlreichen Untersuchungen zufolge noch in Grenzen. Vermutungen, daß insbesondere die Jugend nach dem Zusammenbruch des SED-Regimes verhältnismäßig schnell die neue politische Ordnung annehmen wird, haben sich bisher nicht bestätigt. In jüngster Zeit deutet sich sogar an, daß entstandene Vertrauenspotentiale durchaus wieder verloren gehen können.

Die Identifikation mit dem politischen System wird stark von den erwähnten sehr widersprüchlichen Erfahrungen mit den Realitäten des Vereinigungsprozesses beeinflußt, sie ist das subjektive Echo dieses Prozesses. Das entspricht den in demokratischen Gesellschaften generell bestehenden Zusammenhängen von Effektivität und Legitimität von politischen Systemen im Sinne der Legitimitätstheorie von David Easton (ausf.s. Hoffmann-Lange 1995: 160ff.).

5.1 Grundeinstellung zur Demokratie

Die Zustimmung zur Demokratie als Herrschaftsform – ein entscheidendes Ziel der Umwälzungen im Herbst 1989 und Gegenstand enormer Erwartungen in der Zeit danach – ist bei den ostdeutschen Jugendlichen weit verbreitet. So bekundeten 1992 von den im Rahmen des DJI-Jugendsurveys befragten ostdeutschen Jugendlichen 81% eine starke Zustimmung zur „Idee der Demokratie“ (westdeutsche: 90%; vgl. Hoffmann-Lange 1995: 163). 1994 gaben 87% der in die EMNID-Umfrage „Jugend '94“ für „DER SPIEGEL“ einbezogenen jungen Ostdeutschen an, daß Demokratie für sie „etwas Wertvolles darstellt“ (Westdeutsche: 91%; vgl. „Spiegel special“ November 1994, eigene Berechnungen). Andererseits geht aus Langzeitstudien von EMNID eine eher rückläufige Tendenz der Wertschätzung der Demokratie bei der Gesamtbevölkerung hervor: Meinten 1990 noch 42% aller Ostdeutschen, daß der Demokratie die Zukunft gehört, sank dieser Anteil 1994 auf 26%. Aufschlußreich ist, daß viel mehr Ostdeutsche (37%) den „sozialen Gedanken“ für das wichtigste Ideal der Zukunft halten (vgl. Focus Nr. 28/1995). Auch Trendanalysen des Sozialwissenschaftlichen Forschungszentrums Berlin-Brandenburg bei der ostdeutschen Bevölkerung zur Grundeinstellung gegenüber der Demokratie zwischen 1990 und 1994 lassen klar darauf schließen, daß sich der Stellenwert demokratischer Grundwerte im Kontext der gesellschaftlichen Situation verringert hat. Wie die Autoren des „Sozialreport 1994“ bemerken, haben vielfach Probleme der Existenzsicherung bei den Menschen einen höheren Stellenwert erhalten als Fragen des politischen Systems. Angesichts sehr geringer Unterschiede in den Altersgruppen gilt diese Feststellung auch für die ostdeutschen Jugendlichen (vgl. Kurz-Scherf/Winkler 1994: 303ff.). Rückläufige Tendenzen bei der Bewertung der Demokratie als „beste Staatsform“ bei den Ostdeutschen registrierte auch das Institut für Demoskopie Allensbach (vgl. Noelle-Neumann 1995: 5). In dieselbe Richtung gehen Ergebnisse von Infratest Burke, die klar auf eine zunehmende Skepsis oder Ablehnung der Ostdeutschen – insbesondere der älteren und der ganz jungen unter ihnen – gegenüber dem Gesellschaftssystem der Bundesrepublik verweisen (vgl. Magazin No. 1/1996 der Süddeutschen Zeitung v. 5.1.1996).

5.2 Zufriedenheit mit der Demokratie

Im Vergleich mit ihrer skizzierten Grundeinstellung zur Demokratie sind viel weniger junge Ostdeutsche mit der in der Bundesrepublik praktizierten, d.h. von ihnen real erlebten Demokratie zufrieden. Im DJI-Jugendsurvey gaben nur 31% der jungen Ostdeutschen hohe Zufriedenheit mit der Demokratie an, von den jungen Westdeutschen immerhin 50%. Dieses verhältnismäßig geringe Maß an Demokratie-Zufriedenheit geht auch aus der KSPW-Studie 1993 hervor, hier eingeordnet in die Zufriedenheit mit der sozialen Sicherheit und der Marktwirtschaft (siehe Tab. 5.1):

Tabelle 5.1: Zufriedenheit Ostdeutscher mit Attributen der gesellschaftlichen und politischen Ordnung der Bundesrepublik

	sehr zufrieden	eher zufrieden	teils-teils	eher unzufrieden	unzu-frieden
Ostdeutsche gesamt					
Marktwirtschaft	7	20	41	21	11
Demokratie	6	17	42	23	12
Soziale Sicherheit	4	14	36	26	20
18-24 Jahre					
Marktwirtschaft	3	26	38	25	8
Demokratie	4	15	47	22	12
Soziale Sicherheit	2	11	42	29	16

Quelle: KSPW-Repräsentativumfrage 1993; vgl. Gabriel 1995: 178; eigene Berechnungen

Wie Gabriel dazu bemerkt, belegen zahlreiche in Westdeutschland durchgeführte Umfragen das breite Einverständnis der Bevölkerung mit den angeführten Eigenschaften. In den neuen Ländern stellt sich die Lage jedoch bedeutend anders dar; bei allen drei Attributen übertraf der Anteil der Unzufriedenen den der Zufriedenen (vgl. Gabriel 1995: 177). Sehr oder eher zufrieden mit der Demokratie äußern sich nur 19% der Jugendlichen, das liegt sogar noch etwas unter dem Gesamtdurchschnitt der ostdeutschen Bevölkerung insgesamt.

Bemerkenswert ist, daß die Einschätzungen der Demokratie um so negativer ausfallen, je negativer die Einschätzungen der Marktwirtschaft bzw. der sozialen Sicherheit sind. Demokratiezufriedenheit ist (was aus zahlreichen Untersuchungen in den alten Bundesländern bekannt ist) in einem hohen Maße vom sozialen und wirtschaftlichen „output" der Gesellschaft geprägt und damit anfällig gegenüber den sozialökonomischen Verwerfungen und Problemen des Transformationsprozesses.

Über gut übereinstimmende Forschungsergebnisse informiert der „Sozialreport 1994", demzufolge 18% der Ostdeutschen insgesamt bzw. nur 13% der jungen Ostdeutschen bis 25 Jahre mit dem Stand der Demokratieentwicklung zufrieden waren. Den Autoren zufolge offenbaren sich darin enttäuschte Ideale und Erwartungen der Ostdeutschen in besonderem Maße: „Eine wesentliche Ursache kann darin gesehen werden, daß sich die Demokratisierung durch die Übernahme des westdeutschen Institutionengefüges und eines entsprechenden Austausches der Eliten als von außen initiiert darstellt" (Kurz-Scherf/Winkler 1994: 306). Die verbreitete Unzufriedenheit mit der real erlebten Demokratie widerspiegelt sich auch in unseren eigenen Untersuchungen bei der Schuljugend in Sachsen, die Trendaussagen für den Zeitraum 1992 bis 1994 zulassen (siehe Tab. 5.2):

Tabelle 5.2: Zufriedenheit mit dem politischen System in der Bundesrepublik im Trend 1992 bis 1994. Repräsentative Populationen von Mittelschülern und Gymnasiasten 9.-12. Klassen sowie 8. Klassen der Mittelschule

„Wie zufrieden sind Sie mit dem politischen System in der Bundesrepublik Deutschland?"

1 sehr zufrieden 2 zufrieden
3 weniger zufrieden 4 unzufrieden

	1 + 2	3	4
9.-12. Kl.			
1992	49	42	9
1994	*39*	48	13
8. Klassen			
1992	48	45	7
1994	*41*	44	15

Kontingenz zur Freude über die Vereinigung 1994
Probanden mit den Antworten:

sehr stark/ stark	55	38	7
teils-teils	28	58	14
kaum/nicht	2	31	67

Quelle: Sächsische Jugendstudien 1992 und 1994 (vgl. Förster/Friedrich 1995: 39). Die Antwortpositionen 1 und 2 wurden wegen zu geringer Besetzung der Pos. 1 (maximal. 3%) zusammengefaßt.

Ablesbar ist, daß die Systemzufriedenheit zwischen 1992 und 1994 *erheblich zurückgegangen ist,* auch bei den jüngsten, erst 14jährigen Schülern der 8. Klassen. Bei den Schülerinnen fällt der Rückgang noch deutlicher aus als bei den Schülern: Von ihnen waren 1992 48% systemzufrieden, 1994 jedoch nur noch 37%. Korrelationsanalysen belegen den engen Zusammenhang zwischen der emotionalen Beziehung (Freude) zur deutschen Einheit und der Systemzufriedenheit (CC = .48). Die sehr schwach entwickelte Systemzufriedenheit geht auch daraus hervor, daß 1994 nur 13% der Schüler bereit sind, sich für die Erhaltung des heutigen politischen Systems einzusetzen. 44% äußern hierzu eine ambivalente, 43% eine ablehnende Auffassung.

5.3 Vertrauen zu Institutionen und Politikern

In der einschlägigen Literatur ist für die alte Bundesrepublik von einem abnehmenden Vertrauen in Einrichtungen des öffentlichen Lebens die Rede.

Dieser Negativtrend setzt sich nunmehr in beiden Landesteilen fort, wobei die Vertrauensquoten der ostdeutschen Jugendlichen meist noch geringer sind als die der westdeutschen. Deutliche Anzeichen dafür erbrachte schon 1991 die gesamtdeutsche Jugendstudie der Konrad-Adenauer-Stiftung: „Das geringere Staatsvertrauen, das schwächer ausgeprägte Institutionenvertrauen und die geringere Demokratiezufriedenheit ... weisen darauf hin, daß es den jungen Ostdeutschen häufig schwerfällt, sich im neuen System zu arrangieren und es innerlich zu akzeptieren“ (Veen u.a., 1994: 85).

In der Grundtendenz ähnliche Ergebnisse wurden 1992 vom DJI-Jugendsurvey ermittelt. Wie Krüger zu diesen Angaben feststellt, ist bemerkenswert, daß nach nur zwei Jahren Vereinigung und nur zweijähriger gemeinsamer Institutionengeschichte die Strukturen des Vertrauens der ost- und westdeutschen Jugendlichen einander *außerordentlich gleichen*, allerdings bei einem durchweg niedrigeren Vertrauensniveau der ostdeutschen Befragten. Vergleiche mit früheren Untersuchungen (z.B. von Infas und IPOS) belegen, daß sich diese Angleichung tatsächlich erst in den vorangegangenen zwei Jahren gemeinsamer Staatlichkeit herausgebildet hat (vgl. Krüger 1995: 258ff.).

Das geringste Vertrauen genießen den Ergebnissen des DJI-Jugendsurveys zufolge in Ost und West gleichermaßen die Parteien, die Kirchen, die Großunternehmen, die Bundesregierung und die Bundeswehr, im Osten außerdem die Presse. Im Westen ist es nicht mehr als jeweils ein Viertel bis ein Drittel der 16- bis 29jährigen, das diesen Institutionen vertraut; im Osten ist diese Gruppe jeweils kaum größer als ein Viertel.

Ähnlich kritische Ergebnisse zum Verhältnis der ostdeutschen Jugendlichen zu den institutionalisierten Formen von Politik und deren Wahrnehmung liegen aus zahlreichen weiteren Untersuchungen vor. Ein mit geringen Einschränkungen möglicher Trendvergleich von Ergebnissen der Shell-Studie 1991 und der Studie „Jugend '94“ von EMNID für „DER SPIEGEL“ (eingesetzt wurde ein Instrument zur Bestimmung des Maßes an „Politischer Entfremdung“) belegt, daß die für die Daten von 1991 getroffene Einschätzung auch 1994 voll zutrifft, in der von einem erstaunlich hohen Maß an Entfremdung gegenüber den politischen Institutionen und ihren Vertretern sowie von einer relativ hohen Übereinstimmung zwischen Jugendlichen aus Ost und West die Rede war (vgl. Kühnel 1992: 61). Die schon damals konstatierte Entfremdung hat inzwischen sowohl bei den westdeutschen als auch bei den ostdeutschen Jugendlichen zugenommen, bei letzteren sogar etwas stärker.

5.4 Einstellung zur „Idee des Sozialismus“

Die bestehende und offenbar noch zunehmende Distanz gegenüber dem politischen System in der Bundesrepublik ist keineswegs gleichbedeutend mit einer Befürwortung der politischen Verhältnisse in der DDR vor der Wende. Aus verschiedenen Untersuchungen geht übereinstimmend hervor, daß nur eine kleine Minderheit diese politischen Realitäten ausdrücklich zurückwünscht. Unsere eigene Jugendstudie ergab 1992 die starke Zustimmung von 84% der Mittelschüler und Gymnasiasten 8.bis 12. Klassen zu der Aussage „Es war höchste Zeit, daß das SED-Regime beseitigt worden ist“. Nur 3% ließen eine gegenteilige, 13% eine ambivalente Meinung dazu erkennen (vgl. Förster/Friedrich u.a. 1993: 89).

Demgegenüber findet die „Idee des Sozialismus“ bei den Ostdeutschen im allgemeinen und den Jugendlichen im besonderen nach wie vor eine beachtliche Zustimmung. Trendanalysen von EMNID für „DER SPIEGEL“ zufolge glaubten in den letzten Jahren relativ konstant rund drei Viertel der jungen Ostdeutschen daran, daß für das Scheitern des DDR-Sozialismus unfähige Politiker verantwortlich waren. Nur etwa ein Viertel geht demgegenüber davon aus, daß die DDR ihre Ziele deshalb nicht erreicht hat, „weil der Sozialismus ein zum Scheitern verurteiltes System ist“ (vgl. Spiegel-Spezial: Das Profil der Deutschen, Tabellenband 1991; EMNID: Das Profil der Deutschen, Tabellenbände 1992; DER SPIEGEL Nr. 33/1994: „Was die Ostdeutschen über die Westdeutschen denken“).

Ähnliche Ergebnisse sind aus speziellen Jugendstudien bekannt, z.B. aus der Studie der Konrad-Adenauer-Stiftung 1991 und aus dem Jugendsurvey des DJI 1992. Aus den IPOS-Studien 1993 und 1995 geht zudem eine hohe Konstanz dieser Auffassungen hervor: In den neuen Bundesländern äußerten sich 1995 25% eindeutig positiv und weitere 43% eingeschränkt positiv über die Idee des Sozialismus, in den alten Bundesländern lauteten die entsprechenden Werte 14% bzw. 40%. Aus den Angaben der ostdeutschen Jugendlichen ging hervor, daß mit höherer formaler Bildung die Bewertung der Idee des Sozialismus immer positiver ausfällt. Die im Ergebnis der Jugendstudie der Konrad-Adenauer-Stiftung getroffene Wertung „Der Sozialismus ist anscheinend für einen Teil der jungen Ostdeutschen keineswegs endgültig begraben“ (Veen u.a. 1994: 80) ist offensichtlich nach wie vor aktuell.

Deutlich kleiner ist dagegen der Teil jener ostdeutschen Jugendlichen, die der gegenwärtigen Ordnung einen „reformierten, humanistischen Sozialismus“ vorziehen würden. In den eigenen Untersuchungen sprachen sich 1992 nur 19% und 1994 16% der sächsischen Schüler für eine sozialistische Alternative aus. Allerdings hatte sich 1994 der Anteil ambivalenter Auffassungen von 18% auf 37% verdoppelt und der Anteil der Ablehnungen von

41% auf 25% stark reduziert. Wesentlich ist, daß Unzufriedenheit mit dem jetzigen politischen System 1994 häufiger als 1992 mit der Bejahung und deutlich weniger häufig mit der Ablehnung eines Reformsozialismus einhergeht.

Aus der Sächsischen Längsschnittstudie ging 1994 und 1995 (die Panelmitglieder waren 1995 23 Jahre alt) hervor, *daß zwischen früherer und heutiger Systemakzeptanz kein Zusammenhang besteht* (vgl. Förster 1996). Weder der DDR vor der Wende politisch besonders positiv noch besonders negativ gegenüberstehende Panelmitglieder heben sich heute in ihrer Einstellung zum politischen System in der Bundesrepublik signifikant voneinander ab. Der fehlende Zusammenhang läßt auch an der Stichhaltigkeit der These zweifeln, wonach die heutige skeptische Haltung gegenüber Parteien und Vereinen, gegenüber der Politik im allgemeinen aus den Erfahrungen vor der Wende resultiert (vgl. Bericht der Enquete-Kommission „Aufarbeitung von Geschichte und Folgen der SED-Diktatur in Deutschland", 1994: 68; ähnlich Veen u.a. 1994: 84).

Zusammenfassend schließen wir uns der Auffassung von Gabriel an, daß nach dem Zusammenbruch der DDR auch das neue politische System in Ostdeutschland noch nicht die unangefochtene Unterstützung der Bevölkerung erhält. „Offenkundig haben sich die mit dem Systemwandel verbundenen – hochgesteckten – Erwartungen für einen großen Teil der Bevölkerung in den neuen Bundesländern nicht erfüllt" (1995: 173). Das gilt den vorliegenden Daten zufolge auch für die jungen Ostdeutschen.

Gegenwärtig sprechen verschiedene Anzeichen dafür, daß die bestehende Entfremdung vom politischen System als Folge existentieller Verunsicherungen (insbesondere in jüngster Zeit erneut wachsender Sorgen um den Arbeits- bzw. Ausbildungsplatz) eher noch zunehmen könnte. Von einem „Gegentrend" bei den Jüngsten, der sich Anfang der 90er Jahre zu entwikkeln schien (vgl. Zinnecker 1992: 24), kann gegenwärtig bei den jüngeren ostdeutschen Altersgruppen keine Rede sein.

6. Haltung gegenüber den politischen Parteien

Übereinstimmung besteht allgemein darüber, daß die Bindungen der Bevölkerung im allgemeinen und der jungen Bürger im besonderen an die etablierten Parteien rückläufig sind. Schon ab Mitte der 70er Jahre läßt sich in der alten Bundesrepublik ein Trend nachlassender Identifikation feststellen, der sich seit der Vereinigung (von der Sondersituation des Wahljahres 1990 abgesehen) gesamtdeutsch fortsetzt. Systemunzufriedenheit der Bürger widerspiegelt sich in einer Distanzierung von den etablierten Parteien (vgl. Weidenfeld/Korte 1991:104f.; Betz; Rattinger; von Arnim, alle 1993; Patzelt 1994). Für die jungen Ostdeutschen gilt das in besonderem Maße.

Das mehrheitlich kritische Verhältnis der ostdeutschen Jugendlichen geht aus der bereits erwähnten Tatsache hervor, daß die Parteien bei Fragen zum Vertrauen zu den verschiedenen politischen Institutionen in der Regel mit Abstand an letzter Stelle erwähnt werden. Die seit Jahren in der alten Bundesrepublik als Stereotyp geltende Erkenntnis der Jugendforschung, daß den Parteien nur wenig Vertrauen entgegengebracht wird (vgl. z.B. Veen u.a. 1994: 87), trifft mittlerweile auch auf die Jugendlichen in den neuen Bundesländern zu.

Aus der KSPW-Repräsentativstudie 1993 (vgl. Bertram 1995) z.B. ging hervor, daß eine positive Beziehung zu einer oder mehreren Parteien lediglich 35% der 18- bis 29jährigen befragten jungen Ostdeutschen aufzuweisen hatten (gegenüber 44% der zusammengefaßten älteren Altersgruppen; eigene Berechnungen). Etwas höher war der im DJI-Jugendsurvey ermittelte Anteil von Jugendlichen mit Parteibindungen: 46% der ostdeutschen, 43% der westdeutschen (Gesamtwählerschaft: 48% im Osten, 62% im Westen). Von diesen und weiteren Daten ausgehend, leitet Hoffmann-Lange die Prognose ab, daß es in Zukunft für die politischen Parteien zunehmend schwieriger werden dürfte, junge Wähler an sich zu binden (vgl. Hoffmann-Lange 1995: 186).

Die verbreitete Distanz zu den Parteien geht aus vielen weiteren Studien hervor:

- Shell-Studie 1991: 33 % der jungen Ostdeutschen (36% der Westdeutschen) gaben keine Partei an, die ihnen „am nächsten steht" (vgl. „Jugend '92", Band 4: Tabellen: 155);
- Stern-Umfrage „Jugend '92": 51% der jungen Ostdeutschen (46% der Westdeutschen) nennen keine Partei, die ihnen „zur Zeit am sympathischsten" ist (vgl. „Stern" Nr. 45/1992: 42);
- Spiegel-Umfrage „Jugend '94": 34% der ostdeutschen Jugendlichen (29% der westdeutschen) führen keine Partei an, die ihnen „am sympathischsten" ist (vgl. „DER SPIEGEL" Nr. 38/1994 – eigene Berechnungen);
- Sächsische Jugendstudie 1994: 46% der Mittelschüler und Gymnasiasten 9.-12. Klassen fühlen sich von keiner Partei „am besten vertreten" (männlich: 40%; weiblich: 52%); 56% fühlen sich nicht mit einer parteipolitischen Richtung „am meisten verbunden" (männlich: 47%; weiblich: 64%; vgl. Förster/Friedrich 1995: 36).

Aus der zuletzt genannten Studie geht noch eine weitere wesentliche Tatsache hervor: Eine vergleichende Analyse der Bindung an eine *parteipoliti-*

sche Richtung einerseits und der Einordnung in das *Links-Rechts-Spektrum* zwischen 1990 und 1994 läßt bei der Schuljugend einen gegensätzlichen Trend erkennen: Während (wie im Abschnitt 3 erwähnt) der Anteil der Schüler, die sich in das Links-Rechts-Spektrum einordnen, von 75% 1990 auf 86% 1992 und weiter auf 94% 1994 gestiegen ist, ging der Anteil derer, die sich mit einer parteipolitischen Richtung identifizieren, von 57% 1990 auf 41% 1992 zurück und erreicht 1994 44% (gegenüber 1992 kein signifikanter Zuwachs).

Auf eine zunehmende Distanz gegenüber den Parteien läßt auch das Wahlverhalten der jungen Ostdeutschen schließen. In den alten Bundesländern ist die Wahlbeteiligung der Jugendlichen bekanntlich schon seit längerer Zeit rückläufig (vgl. u.a. Angaben bei Jaide/Veen 1989: 129 ff.; Köcher 1994: 11ff.). Diese langjährige Tendenz setzt sich auch bei den ostdeutschen Jungwählern durch. Bei der Bundestagswahl 1990 blieb die Wahlbeteiligung der jungen Frauen und Männer bis zu 30% hinter der Beteiligung der älteren Wählergruppen zurück und lag noch deutlich unter dem damals ebenfalls niedrigen Niveau der westdeutschen Jungwähler. Auffällig ist, daß in der jüngsten Altersgruppe die Wahlbeteiligung der jungen Frauen noch etwas geringer war als die der jungen Männer. Für die Bundestagswahl 1994 liegen infolge inzwischen veränderter Rechtsbedingungen keine altersdifferenzierten Angaben vor. Auf Grund der gegenüber 1990 leicht zurückgegangenen generellen Wahlbeteiligung in den neuen Bundesländern (von 74,5% auf 72,9%), von Umfrageergebnissen sowie der großen Wahlverweigerung junger Frauen und Männer bei Landtagswahlen in ostdeutschen Bundesländern ist aber eine geringere Beteiligungsquote junger Wähler bei dieser Bundestagswahl sehr wahrscheinlich.

Alles in allem deuten diese und zahlreiche weitere Ergebnisse eindeutig darauf hin, daß die jungen Ostdeutschen immer mehr auf Distanz zu den etablierten Parteien gehen und sich damit einem in der alten Bundesrepublik seit längerer Zeit bekannten Trend anschließen. Um so mehr ist die im Neunten Jugendbericht (1994, vgl. S. 74) formulierte Konsequenz zu unterstreichen, daß sich die demokratischen Parteien dringend bemühen müssen, unter Jugendlichen wieder Vertrauen zu finden, und zwar nicht nur durch rhetorische Bemühungen, sondern durch entsprechende politische Entscheidungen. Andernfalls werden sich die bedenklichen Entwicklungen weiter fortsetzen, und zwar in der gesamten Bundesrepublik.

7. Politisches Interesse

Eigene Langzeitanalysen bei vergleichbaren ostdeutschen Jugendpopulationen lassen einen dramatischen Verfall des Politikinteresses erkennen. Die Abbildung 7.1 veranschaulicht diesen Negativtrend exemplarisch für Mittelschüler der 8. bis 10. Klassen, für die repräsentative Daten aus der Zeit kurz vor der Wende bis Ende 1994 vorliegen:

Abbildung 7.1: Veränderungen der Ausprägung des Politikinteresses bei vergleichbaren Schülerpopulationen 8.bis 10. Klassen zwischen Mai 1989 und Ende 1994

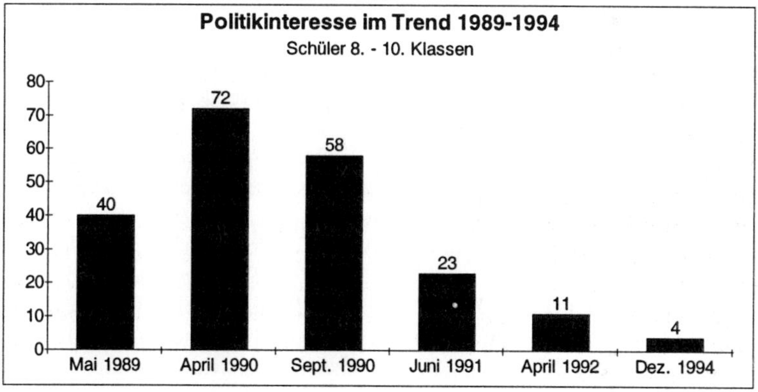

Die Schüler gaben die Stärke ihres Interesses auf einer fünfstufigen Skala an. Die Werte sind die zusammengefaßten Häufigkeiten für die Positionen „sehr stark" (1) und „stark" (2) in Prozent.

Das Politikinteresse junger Bürger in Ostdeutschland hat – nach der starken Regression in der Endzeit der DDR und einem kurzzeitigen steilen Anstieg während der Wende – Ende 1994 einen neuen Tiefpunkt erreicht. Die anhaltend rückläufige Tendenz wird auch von den IPOS-Studien bestätigt, denen zufolge der Anteil stark Interessierter bei den 14- bis 27jährigen Ostdeutschen zwischen 1993 und 1995 von 23% auf 18% zurückging. Auch bei ihren westdeutschen Altersgefährten ist ein Negativtrend erkennbar: Von 32% auf 27% (siehe Tab. 7.1).

Tabelle 7.1: Politikinteresse ost- und westdeutscher Jugendlicher im Trend 1993-1995

„Wie stark interessieren Sie sich für Politik?"

	(sehr) stark	etwas	kaum, gar nicht
Ostdeutsche			
1993	23	46	32
1995	18	44	39
Westdeutsche			
1993	32	38	29
1995	27	43	30

Quellen: IPOS 1993: 65; 1995: 80

In beiden Landesteilen äußern männliche Jugendliche viel häufiger starkes Interesse als weibliche, ältere häufiger als jüngere. Je höher die formale Bildung, desto größer fällt der Anteil der Jugendlichen aus, die sich stark für Politik interessieren (IPOS 1995: 80f.). Das bestätigt den aus bisherigen Jugendstudien bekannten Zusammenhang des Grades des Politikinteresses mit Alter, Geschlecht und Bildungsniveau.

Neue Tendenzen läßt der Ost-West-Vergleich erkennen: Während der DJI-Jugendsurvey (vgl. Hoffmann-Lange 1995) und auch die Spiegel-Umfrage „Das Profil der Deutschen" 1992 faktisch keine Unterschiede mehr im Politikinteresse zwischen jungen Ostdeutschen und Westdeutschen konstatiert hatten (das 1990 und 1991 kurzzeitig registrierte höhere Interesse der ostdeutschen Jugendlichen als Folge der Wende war wieder abgesunken), verweisen sowohl die IPOS – Studien als auch die Spiegel-Umfrage „Jugend '94" auf deutliche Unterschiede zugunsten der jungen Westdeutschen. Bei der Spiegel-Umfrage 1994 äußerten 22% der ostdeutschen Jugendlichen starkes Interesse gegenüber 31% der westdeutschen. Einen ähnlich starken Rückgang des Politikinteresses signalisieren auch unsere eigenen Studien 1992 und 1994 bei der Schuljugend. Die vorangegangene Abbildung 7.1 veranschaulichte den Negativtrend exemplarisch für die 8.-10. Klassen der Mittelschule.

Nach unseren Erkenntnissen ist der Negativtrend des Politikinteresses – oft gleichgesetzt mit zunehmender Politikverdrossenheit – bei den ostdeutschen Jugendlichen im wesentlichen eine Folge wachsender Unzufriedenheit mit der Politik der etablierten Parteien. Da diese in den Augen der Jugendlichen immer mehr an Glaubwürdigkeit und Ansehen verlieren, verfällt das Interesse an ihnen. Das politische Interesse, die Bereitschaft zum politischen Engagement überhaupt läuft zunehmend an den Parteien vorbei (vgl. Veen

1994: 91; Schmidtchen 1994:12). Rattinger ist zuzustimmen, wenn er feststellt: „Parteiverdrossenheit und Politikverdrossenheit können nicht voneinander getrennt werden“ (1993: 27). Schmidtchen stellt die Politikverdrossenheit überhaupt in Frage: „Die Jugend ist nicht politikverdrossen, sondern sie ist politisch frustriert und empört“ (1994, S. 12).

8. Kollektive Identitäten

Der durch die Wende und die Vereinigung ausgelöste Umbruch in der gesamten Lebenslage der Ostdeutschen widerspiegelt sich in spezifischer Weise im Wandel ihrer kollektiven Identität, der Selbstlokalisierung als Mitglied sozialer Gruppen. Die typischen Fragen der Identitätssuche „Wer sind wir?“, „Woher kommen wir?“, „Wohin gehören wir?“ bewegen – mehr oder weniger bewußt – auch viele ostdeutsche Jugendliche. Wie sich zeigt, erweist sich vor allem der Identitätswandel vom DDR-Bürger zum Bundesbürger als ein äußerst komplizierter und widersprüchlicher Prozeß mit teilweise überraschenden regressiven Tendenzen.

Repräsentative Vergleichsdaten zu verschiedenen Seiten kollektiver Identität bei ostdeutschen und westdeutschen Jugendlichen wurden im Rahmen des DJI-Jugendsurveys erhoben (vgl. Westle 1995: 195ff.). Wir heben hier besonders hervor: Die überwiegende Mehrheit der ostdeutschen Jugendlichen äußerte 1992 eine starke oder ziemlich starke Bindung an ihre Gemeinde (72,4%), an ihr Bundesland (70,6%) und an die neuen Bundesländer insgesamt (68,5%). Deutlich weniger identifizierten sich mit Gesamtdeutschland (54,1%), erheblich weniger mit der ehemaligen DDR (38%) und mit der EG (20,8%).

Noch aufschlußreicher als diese Querschnittsdaten sind die ebenfalls angeführten Daten zur *Entwicklung* der affektiven Bindungen an politische Gemeinwesen zwischen 1990 und 1993, differenziert nach Westdeutschen und Ostdeutschen sowie nach jüngeren und älteren Bürgern. Diese Angaben beziehen sich bei den Westdeutschen auf die alte BRD, die alten Bundesländer und Gesamtdeutschland, bei den Ostdeutschen auf die ehemalige DDR, die neuen Bundesländer und Gesamtdeutschland. Die Tabelle 8.1 beinhaltet im Auszug die zusammengefaßten Ergebnisse der ostdeutschen und westdeutschen Jugendlichen und jungen Erwachsenen:

Tabelle 8.1: Entwicklung affektiver Bindungen an politische Gemeinwesen bei Jugendlichen (bis 29 Jahre) nach Region 1990 bis 1993 (Prozentanteile der Positionen stark verbunden und ziemlich verbunden)

Fragetext: „Wie stark fühlen Sie sich verbunden mit ...?"

	Frühj. 1990	Herbst 1990	Sommer 1991	Frühj. 1992	Herbst 1992	Frühj. 1993
West						
alte BRD	–	–	56,4	64,3	56,6	53,1
alte Bundesländer	–	–	–	59,6	57,9	52,5
Gesamtdeutschland	–	–	62,9	61,9	53,3	51,0
n	–	–	345	280	4526	263
Ost						
ehemalige DDR	72,8	62,5	44,7	47,3	38,0	64,7
neue Bundesländer	–	–	–	63,8	68,5	60,5
Gesamtdeutschland	79,3	69,7	59,0	55,9	54,1	49,5
n	286	229	264	204	2564	190

Quellen: Frühjahr 1990 und Herbst 1990: Einschaltungen des Lehrstuhls für Politische Wissenschaft und international vergleichende Sozialforschung in Wahlstudien der Forschungsgruppe Wahlen; Sommer 1991: Allbus Basisumfrage; Frühjahr 1992 und Frühjahr 1993: Projekt Politische Kulturen im geeinten Deutschland; Herbst 1992: DJI-Jugendsurvey.

Im DJI-Jugendsurvey umfaßt die jüngere Altersgruppe 16-29jährige, in allen anderen genannten Studien 18-29jährige. Zitiert nach Westle 1995: 205.

„–" bedeutet: Frage nicht gestellt

Bei der Interpretation der in Tabelle 8.1 dargestellten Daten (sowie weiterer entsprechender Angaben für Befragte ab 30 Jahre) hebt Westle u.a. hervor:

> Zu allen Befragungszeitpunkten äußert die jüngere Bevölkerung im Vergleich mit älteren Befragten in deutlich geringerem Ausmaß emotionale Bindungen an die verschiedenen Ebenen der politischen Gemeinschaft des vereinten Deutschland. Dabei sind die Bindungen an die direkter erfahrbare subnationale Ebene (Gemeinde, Bundesland) etwas stärker entwickelt als die Gefühle für die ferner erscheinende nationalstaatliche Ebene.

> In der Westbevölkerung geht der Anteil aller drei Identifikationen mit zunehmendem Abstand zur Vereinigung kontinuierlich etwas zurück, was Westle zufolge wohl auf eine Normalisierung der mit der Vereinigung verbundenen Emotionen hindeutet. Am deutlichsten ist dieser Rückgang von 62,9% auf 51,0% zwischen 1991 und 1993 bei der Identifikation mit Gesamtdeutschland bei der jüngeren Bevölkerung (bis 29

tifikation mit Gesamtdeutschland bei der jüngeren Bevölkerung (bis 29 Jahre).

> Bei der Ostbevölkerung zeigte sich eine andere Entwicklung: Bei den ostdeutschen Jugendlichen/jungen Erwachsenen ging die Identifikation mit Gesamtdeutschland kontinuierlich von rund 79% im Frühjahr 1990 auf 50% 1993 stark zurück. Ein ähnlich gravierender Rückgang war bei den Älteren festzustellen. 1993 waren damit bei jüngeren und älteren Ostdeutschen die Bindungen an die neuen Bundesländer stärker verbreitet und stabiler als die an Gesamtdeutschland.

Wie Westle dazu bemerkt, läßt dies auf die Entwicklung einer ausgeprägten „neuen Ostidentität" schließen. Bislang scheint darin weniger eine Präferenz für die sozialistische Ordnungsform zum Ausdruck zu kommen, als vielmehr eine Sehnsucht nach sozialen Verhältnissen und Errungenschaften der DDR mitzuschwingen. Vor dem Hintergrund der sich zunehmend abzeichnenden ökonomischen Folgeprobleme der Vereinigung insbesondere im Osten könnte sich aber darin die Entstehung einer neuen, sozialen Ost-West-Konfliktlinie andeuten.

Darauf weist auch die Tatsache hin, daß im Jahr 1993 die ehemalige DDR wieder eine unerwartet starke Zuwendung erfährt – mit 65% sowohl bei der jungen wie mit 70% auch bei der älteren Bevölkerung. Aus dem klaren Zusammenhang der Identifikation mit der ehemaligen DDR einerseits und der Befürwortung der Idee des Sozialismus sowie einer positiveren Sicht auf die Verhältnisse im realen Sozialismus der Ex-DDR schließt Westle, daß eine künftige Politisierung der bisher eher sozial geprägten neuen Ost-Identität nicht mehr ganz auszuschließen ist (vgl. S. 207). Wie die Autorin mitteilt, bestätigen weitere Ergebnisse von Ende 1993 (EMNID, Forschungsgruppe Wahlen) den erwähnten gravierenden Anstieg der DDR-Identifikation (vgl. S. 241, Fußnote 7).

Empirische Analysen zur Ausprägung der verschiedenen Ebenen/Aspekte kollektiver Identität bei ostdeutschen und westdeutschen Jugendlichen wurden auch im Rahmen weiterer Jugendstudien vorgenommen. Wir verweisen hier nur auf die beiden Schülerstudien von 1990 (vgl. Deutsches Jugendinstitut 1992 bzw. Behnken u.a.1991), und die Jugendstudie der Konrad-Adenauer-Stiftung von 1991 (vgl. Veen u.a. 1994). Trendanalysen zu diesem Gegenstand zwischen Ende 1989 und Ende 1990 liegen aus den Meinungsumfragen des ZIJ vor (vgl. Förster/Roski 1990: 92ff.; Friedrich/Förster 1991: 356ff.). In unseren Jugendstudien 1992 und 1994 wurden diese Langzeitforschungen bei Schülern in Sachsen fortgesetzt. Die Tabelle 8.2 informiert über die Ergebnisse zu den untersuchten Aspekten kollektiver Identität für die Gesamtgruppe der Mittelschüler und Gymnasiasten 9. bis 12. Klassen:

Tabelle 8.2: Zugehörigkeitsgefühle sächsischer Schüler im Trend 1992 bis 1994

„Als was fühlen Sie sich?"

1 ja, vollkommen 2 ja, etwas schon
3 nein, eigentlich nicht 4 nein, absolut nicht

	1	2	(1 + 2)	3	4
als Bürger/in von Sachsen					
1992	62	29	(91)	7	2
1994	65	25	(90)	8	2
als Deutsche/r					
1992	58	34	(92)	4	4
1994	58	32	(90)	8	2
als Bürger/in der Bundesrepublik					
1992	47	38	(85)	11	4
1994	42	41	(83)	13	4
als Bürger/in der ehemaligen DDR					
1992	13	41	(54)	25	21
1994	34	39	(73)	18	9
als Bürger/in meiner Stadt/Gemeinde					
nur 1992	53	31	(84)	12	4
als Europäer/in					
nur 1994	44	35	(79)	15	6

Quelle: Sächsische Jugendstudien 1992 und 1994 (vgl. Förster/Friedrich 1995: 38)

Wir heben hier nur folgende Ergebnisse hervor: Vier Jahre nach dem Beitritt der DDR zur BRD fühlen sich 83% der Schüler als *Bürger der Bundesrepublik Deutschland*, darunter 42% einschränkungslos und weitere 41% mit der Einschränkung „etwas schon". 4% haben bisher noch kein Zugehörigkeitsgefühl entwickelt.

> Von den Mädchen fühlen sich deutlich weniger als von den Jungen einschränkungslos als Bundesbürger: 37% gegenüber 47%.
> Ein deutliches Gefälle einschränkungsloser Identifikation besteht von den Mittelschülern der 8. Klasse (48%) zu den Gymnasiasten der 11. und 12. Klasse (31%; weiblich 28%).
> Am häufigsten fühlen sich Rechtsaußen ohne Abstriche als Bundesbürger, am wenigsten Linksaußen (74% gegenüber 16%).
> Stark differenzierend wirkt das Maß erfahrener sozialer und materieller Sicherheit. Vor allem die verbreitete Unsicherheit in bezug auf die berufliche Perspektive und das Erleben von Arbeitslosigkeit im Elternhaus dämpfen vorliegenden Korrelationsanalysen zufolge die staatsbürgerliche Identifikation mit der Bundesrepublik erheblich.
> Gegenüber 1992 ist der Anteil der Schüler, die sich einschränkungslos als Bundesbürger sehen, leicht zurückgegangen.

Die staatsbürgerliche Identifikation mit der Bundesrepublik schließt keineswegs aus, sich gleichzeitig noch als *Bürger der ehemaligen DDR* zu betrachten: Von den befragten Schülern fühlen sich 73% als Ex-DDR-Bürger, darunter 34% ohne Abstriche.

> Bemerkenswert ist, daß sich 1994 auch Schüler mehrheitlich als Ex-DDR-Bürger ansehen, die sich politisch-weltanschaulich in der Mitte oder rechts einordnen bzw. mit den Republikanern sympathisieren.
> Im Vergleich zu 1992 hat der Anteil der Schüler, die sich ohne Abstriche als Ex-DDR-Bürger fühlen, *wieder sehr stark zugenommen*, fast verdreifacht: von 13% auf 34%. Selbst bei den jüngsten befragten Schülern der 8. Klassen ist ihre Quote wieder von 14% auf 35% gestiegen.

Die Kreuzklassifikation des Zugehörigkeitsgefühls als Bundesbürger einerseits und als Ex-DDR-Bürger andererseits zeigt 1994 – leicht vergröbert (die vier Antwortpositionen wurden dichotomisiert) – diese Relationen:

(1) *60%* der Schüler fühlen sich als Bundesbürger, ohne jedoch ihre Verbundenheit mit der ehemaligen DDR aufgegeben zu haben (1992 waren das nur 43%).
(2) *24%* fühlen sich als Bundesbürger und nicht mehr als Ex-DDR-Bürger (1992 waren das 42%).
(3) *13%* haben noch kein Zugehörigkeitsgefühl zur Bundesrepublik entwikkelt, fühlen sich jedoch noch als Ex-DDR-Bürger (1992: 11%).
(4) *3%* fühlen sich weder als Bundesbürger noch als Ex-DDR-Bürger (1992: 4%).

Die angeführten und weitere Ergebnisse belegen: Das Zugehörigkeitsgefühl zur ehemaligen DDR ist bei den Ostdeutschen offensichtlich *tiefer verwurzelt, als bisher angenommen wurde.* Es wird selbst von sehr jungen Menschen nicht in kurzer Zeit als Ballast abgeworfen. Dabei spielen nicht vorrangig politische Kriterien eine Rolle, sondern vor allem das Erleben der DDR als Heimatland, die Betonung der gelebten Biographie, die Erinnerung an eine meist sorgenfreie Kindheit in sozialer Sicherheit, die vielfach aufgewertet wird durch den Kontrast zu den heutigen Alltagserfahrungen. Großes Gewicht kommt der erlebten Biographie der Eltern zu. Häufig steht aber auch eine politisch durchaus relevante Protesthaltung dahinter, insbesondere der in dieser Studie oft artikulierte Frust darüber, „daß bei uns im Osten bis auf den grünen Pfeil alles eiskalt plattgemacht worden ist“ (typische Antwort eines 18jährigen Gymnasiasten auf die offene Frage nach den positiven bzw. negativen Vereinigungsfolgen).

Wie die Trendanalysen zeigen, sind entstandene Identifikationen durchaus *keine statische Größe*, sondern können der Revision unterliegen, insbesondere unter dem Einfluß sich ändernder Erfahrungen und damit einhergehender Neu- oder Umbewertung der Vergangenheit. Zusammenhangsanalysen belegen das Bestehen enger Beziehungen zwischen der differenzierten Ausprägung der Identifikation einerseits und den Erfahrungen mit der Realität des Einigungsprozesses andererseits. Die Abbildung 8.1 informiert darüber anhand der deutlichen Unterschiede in relevanten politischen Einstellungen zwischen den Schülern, die sich 1994 vorwiegend als Bundesbürger bzw. vorwiegend als Ex-DDR-Bürger fühlten:

Abbildung 8.1: Politische Einstellungen von Schülern, die sich 1994 vorwiegend als Bundesbürger (Teilgruppe 2) bzw. als Bürger der ehemaligen DDR (Teilgruppe 3) fühlten (Angaben in Prozent)

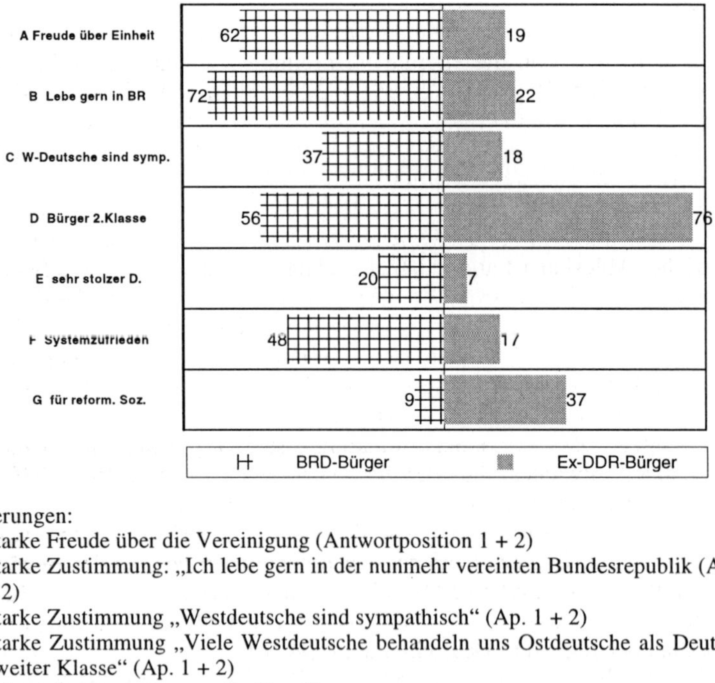

Erläuterungen:

A Starke Freude über die Vereinigung (Antwortposition 1 + 2)

B Starke Zustimmung: „Ich lebe gern in der nunmehr vereinten Bundesrepublik (Ap. 1 + 2)

C Starke Zustimmung „Westdeutsche sind sympathisch" (Ap. 1 + 2)

D Starke Zustimmung „Viele Westdeutsche behandeln uns Ostdeutsche als Deutsche zweiter Klasse" (Ap. 1 + 2)

E Sehr stolz, Deutscher zu sein (Ap. 1)

F Sehr zufrieden/zufrieden mit politischem System in der Bundesrepublik (Ap. 1 + 2)

G Starke Zustimmung „Ein reformierter Sozialismus wäre mir lieber als die gegenwärtige politische Ordnung" (Ap. 1 + 2)

Nennenswert sind darüber hinaus deutliche Unterschiede:

> in den Parteipräferenzen (Präferenz der CDU: Bundesbürger 35%, Ex-DDR-Bürger 12%; Präferenz der PDS: 3% gegenüber 25%);
> in den Einstellungen gegenüber Ausländern (für Ausländer: Bundesbürger 23%, Ex-DDR-Bürger 46%);
> in der Bejahung der nationalistischen Orientierung „Deutschland den Deutschen!" (Bundesbürger 29%, Ex-DDR-Bürger 16%);
> in der Ausprägung der sozialen Motivation „Für andere da sein" (44% gegenüber 55%);
> vor allem im Selbstverständnis als „Linker" (Bundesbürger 18%, Ex-DDR-Bürger 49%) bzw. als „Rechter" (22% bzw. 12%).

(Vgl. auch die analog für 1992 berechneten Verteilungen bei Förster/Friedrich u.a 1993: 95).

Differenzierte Trendanalysen zwischen 1992 und 1994 lassen übrigens darauf schließen, daß die erneute Verbreitung der DDR-Identifikation einhergeht mit einer Zunahme linker Orientierungen sowie mit der Verringerung ablehnender Haltungen gegenüber einem reformierten Sozialismus. Das stützt die von Westle (1995) geäußerte Vermutung der möglichen Politisierung einer „neuen Ostidentität".

Erwähnenswert ist die aus Tabelle 8.1 hervorgehende Tatsache, daß sich bis auf 10% alle Schüler als *Sachse bzw. Sächsin* fühlen, darunter 65% ohne Abstriche. Ablesbar ist auch, daß sich ebenfalls bis auf 10% alle Schüler als *Deutscher bzw. Deutsche fühlen.* Gegenüber 1992 sind keine Veränderungen erkennbar, noch weiter zurückgehende Trendanalysen lassen jedoch darauf schließen, daß die 1990 für große Teile der DDR – Bevölkerung und auch der Jugend charakteristische „nationale Euphorie" (vgl. Förster/Roski 1990: 93) inzwischen der „Normalität" gewichen ist.

Demgegenüber ist die einschränkungslose *Identifikation mit Europa* weitaus weniger entwickelt. Aus den für Teilpopulationen seit Ende 1989 vorliegenden Trenddaten ist zudem kein bedeutsamer Zuwachs ablesbar. Das stimmt mit der regierungsamtlichen Feststellung überein, daß die Zustimmung zum europäischen Einigungsprozeß bei den Jugendlichen wie bei der Bevölkerung insgesamt in letzter Zeit eine Dämpfung erfahren hat und in einigen Bereichen (Binnenmarkt, Währungsunion) mit zunehmender Skepsis begleitet wird (vgl. „Situation der Jugend in Deutschland", 1994: 79).

Für die Bewertung der erwähnten „Renaissance" der DDR-Identifikation ist das aus der Sächsischen Längsschnittstudie hervorgehende Ergebnis aufschlußreich, daß zwischen heutiger Ex-DDR-Verbundenheit der jetzt 23jährigen Panelmitglieder und ihrem früheren politischen Bekenntnis zur sozialistischen DDR vor der Wende keinerlei Zusammenhang besteht. Als entscheidende, stark differenzierende Einflußfaktoren erweisen sich dagegen ihre Erfahrungen hinsichtlich der Veränderungen in Ostdeutschland bzw. im eigenen Leben seit der Vereinigung. Eine Bejahung der Verbundenheit mit der ehemaligen DDR ist vor allem bei jenen anzutreffen, die eine überwiegend negative Veränderungsbilanz ziehen.

Absehbar ist, daß die Entstehung einer gesamtdeutschen/bundesdeutschen Identität auch bei den heute jungen Bundesbürgern im Osten noch lange dauern wird. Eine stärkere Zuwendung der empirischen Forschung zu diesem Gegenstand wäre deshalb zu wünschen.

9. Rechtsextreme Orientierungen rückläufig

Rechtsextreme Einstellungen (Überzeugungen, Anschauungen) existieren in typischen Strukturformen, in komplexen psychischen Dispositionsmustern. Melzer (1992) bezeichnet diese im Anschluß an die Autoritarismus-Forschung als rechtsextremistisches Syndrom. Seine Variablen (Einstellungen, Anschauungen) sind auf die in der gegebenen Gesellschaft vorherrschende rechtsextremistische Ideologie bezogen, reflektieren deren wesentliche Komponenten. Wandlungen der rechtsextremistischen Ideologie schlagen sich infolgedessen in Wandlungen des Syndroms, der psychischen Dispositionsstruktur nieder – die ihrerseits individuell stark variiert. Heute sind sich die Forscher über die Grundstruktur des rechtsextremistischen Syndroms weitgehend einig. Entscheidende Anregungen verdanken sie dem Modell der autoritären Persönlichkeit, wie es von der Frankfurter Schule um Fromm, Horkheimer, Adorno herausgearbeitet wurde. Zu dieser Grundstruktur werden gerechnet:

- Rigide ethnozentrische Haltung: Wesentliche Elemente sind die pathetische Identifikation mit nationaler Größe, eine nationalistische Verherrlichung Deutschlands, völkische Selbstübersteigerung sowie die Verharmlosung der NS-Zeit. Daraus resultiert die Kehrseite: die Abwertung und Diskriminierung der als ungleichwertig betrachteten Anderen, der Fremden, was insbesondere in Ausländerfeindlichkeit und im Antisemitismus seinen Niederschlag findet. Weitere Elemente dieses Syndroms sind:
- Biologisierende Denkweisen, besonders die Hervorhebung der angeblich *naturgegebenen Unterschiede* zwischen Rassen und anderen Menschengruppen, auch bezüglich ihres geistig-kulturellen Verhaltens.
- Autoritäre Haltungen, patriarchalische Ansprüche und entsprechende Charakterzüge (vgl. Baakes/Jesse 1990, Oesterreich 1993, Otto/Merten 1993, Melzer 1992).

Die Häufigkeit rechtsextremer Orientierungen hat sich bei ostdeutschen Jugendlichen in den letzten Jahren in charakteristischer Weise verändert. In Übereinstimmung mit anderen Jugendstudien (vgl. IPOS 1995, Schmidtchen 1996) zeigen unsere Untersuchungsergebnisse: Während in den Jahren 1989 bis etwa 1992 rechtsextreme Anschauungen und Verhaltensweisen verstärkt hervortraten, ist danach ein deutlicher Rückgang zu beobachten. Das soll hier beispielhaft belegt werden.

9.1 Nationalistische Einstellungen

Ein in der deutschen Sozialforschung häufig angewandter typischer Indikator ist die Frage nach dem Stolz auf Deutschland. Auch EMNID hat (im Auftrage von „Der Spiegel") Ende 1992 diese Frage in einer Repräsentativstudie gestellt. Wir zitieren für uns relevante Ergebnisse (siehe Tab. 9.1):

Tabelle 9.1: Stolz, Deutscher zu sein (nur 18-29jährige)
Fragetext: „Sind Sie stolz, Deutscher zu sein?"
1 sehr stolz 2 ziemlich stolz 3 nicht sehr stolz
4 überhaupt nicht stolz 5 weiß es nicht

	1	2	3	4	5
18-29/Ost	16	39	24	7	14
18-29/West	14	34	21	15	16

Quelle: EMNID für „DER SPIEGEL": Das Profil der Deutschen, Tabellenbände West bzw. Ost (Nov. 1992)

Nach den Ergebnissen dieser Studie neigen Jugendliche/junge Erwachsene aus den neuen Bundesländern etwas häufiger als die Gleichaltrigen aus den alten Bundesländern zum Stolz auf Deutschland. Die gleich formulierte Frage wurde seit 1990 auch in unseren Jugendstudien gestellt (allerdings ohne Antwortposition 5 „weiß nicht"). Der Ergebnisvergleich zwischen den drei Studien gibt den Trend bei sächsischen Schülern zu erkennen (s. Tab. 9.2):

Tabelle 9.2: Stolz, Deutscher zu sein (sächsische Schüler, Antwortmodell wie bei Tab. 9.1, ohne Position 5)

	1	2	3	4
1990	41	28	15	16
1992	26	43	23	8
1994	15	37	34	14

Quelle: Sächsische Jugendstudien 1990, 1992, 1994 (vgl. Förster/Friedrich 1995: 46)

- Die Daten signalisieren einen bedeutenden Rückgang des Stolzes, Deutscher zu sein, bei ostdeutschen Jugendlichen seit 1990. Vor allem betrifft das die „sehr stolzen" Deutschen (Position 1), die mehrheitlich als Symptomträger des rechtsextremen Einstellungskomplexes gelten können. Daß in unseren Studien erst 1994 die Werte der Jugendkohorte von EMNID erreicht wurden, dürfte mit der Altersdifferenz der beiden Populationen in Beziehung stehen: 14-18jährige Schüler gegenüber 18-29jährigen jungen Erwachsenen bei EMNID. Jüngere Jugendliche haben im Osten auf die Verlockungen wie auf die positiven Folgen der Vereinigung stets euphorischer, mit weniger Vorbehalten reagiert als ältere Jahrgänge. Der Trend verläuft jetzt aber auch bei ihnen rückläufig.
- Größere Unterschiede bestehen im Stolz-Sein zwischen den Geschlechtergruppen. Mädchen sind viel weniger „sehr stolze" Deutsche als Jungen (8% zu 23%).
- Mittelschüler zählen sich bedeutend häufiger als Gymnasiasten zu den sehr stolzen Deutschen (23% zu 7%).
- Extrem gehen diese Selbsteinschätzungen bei Links- und Rechtsorientierten auseinander. Linksaußen und eher Linke bezeichnen sich nur zu 4% als sehr stolze Deutsche, eher Rechte aber zu 39% und Rechtsaußen sogar zu 85%. Der Zusammenhang mit rechten, insbesondere mit einschränkungslos rechten Positionen ist sehr hoch.
- Zwischen Religiösen und Konfessionslosen sind die Differenzen in Bezug auf sehr stolze Deutsche gering (13% zu 17%).

9.2 Einstellung zum Nationalsozialismus

Zum rechtsextremen Einstellungskomplex rechnet die Tendenz zur Verharmlosung des NS-Systems. Die Geschichte Deutschlands wird glorifiziert, die dunklen Seiten werden „entsorgt", die Verbrechen des 3. Reiches werden bagatellisiert. Eine bei Meinungsumfragen häufig eingesetzte Frage zielt auf die Einschätzung „guter oder schlechter" Seiten des NS-Systems. Da wir einen identischen Indikatortext benutzt haben, war es möglich, auf Ergebnisse vergleichbarer Schülerpopulationen vor der Wende zurückzugreifen (siehe Tab. 9.3):

Tabelle 9.3: Einstellung zum Nationalsozialismus. (Sächsische Schüler 1988 bis 1994)

„Der Nationalsozialismus hatte auch seine guten Seiten ..."
Das ist meine Meinung ...
vollkommen 1 2 3 4 5 überhaupt nicht

	1 + 2	3	4 + 5	$\bar{x}$
1988	12	11	77	4,1
1990/Mai	14	10	76	4,0
1990/Nov.	19	21	60	3,6
1992	24	26	50	3,5
Ende 1994	16	24	60	3,7

Die Tabelle bestätigt: die zustimmenden Urteile über die „guten Seiten" des Nationalsozialismus haben in der Wendezeit bis 1992 auch bei sächsischen Schülern zugenommen. Danach kann jedoch ein rückläufiger Trend festgestellt werden, der weniger bei den Jungen, dagegen aber bei den Mädchen stark ins Gewicht fällt. Ende 1994 zeichnet sich wieder eine gewisse Annäherung an das Bewertungsniveau von 1988/90 ab. Ansonsten finden sich zwischen den Teilgruppen der Jugend ganz ähnliche Differenzen wie sie eben im vorangegangenen Abschnitt (Stolz auf Deutschland) beschrieben worden sind. Linke billigen dem Nationalsozialismus nur zu 2% gute Seiten zu, Rechtsaußen aber zu 57%!

Der stark ausgeprägte Ethnozentrismus der rechtsextremen Ideologie setzt den Gegenpol, die Abwertung der Anderen voraus. Über-Identifikation, Nationalismus, Verherrlichung Deutschlands auf der einen Seite, schließt mit ideologischer Konsequenz die Abwertung, Ausgrenzung, Feindseligkeit gegenüber anderen Völkern, Gruppen, Personen ein. In dieser Polarisierung besteht die *Achse* des Rechtextremismus-Syndroms. Untersuchen wir diese immanente Gegenseite, die Abwertung der Fremden.

9.3 Einstellung gegenüber Fremden

Wie hat sich die *Einstellung zu Ausländern* bei der ostdeutschen Jugend bis Ende 1994 entwickelt? Wir können darauf mit unseren (für sächsische Schüler repräsentativen) Jugendstudien eine Antwort geben. Während von 1990 bis 1992 die Ausländerablehnung bei den Jugendlichen zugenommen hatte, weist der Trend danach eindeutig in die Gegenrichtung. Die Einstellung zu Ausländern hat sich seit 1992 in einem beachtlichen Maße zum Positiven gewendet. Das kann mit der direkten Frage nach dem Gefühlsverhältnis zu Ausländern klar dokumentiert werden, die jedoch erst seit 1992 gestellt worden ist (s. Tab. 9.4):

Tabelle 9.4: Gefühlsmäßig gegen oder für Ausländer

Ich bin gefühlsmäßig ...
1 klar gegen Ausländer 2 mehr gegen als für 3 weder für noch gegen
4 mehr für als gegen 5 klar für Ausländer

	1 + 2	3	4 + 5
92 Gesamt	41	42	17
94 Gesamt	27	45	28

Quelle: Sächsische Jugendstudien 1992 und 1994 (vgl. Förster/Friedrich 1995: 40)

Aus diesen Daten und weiteren Differenzierungen geht hervor:

> Waren 1992 noch 41% der sächsischen Jugendlichen emotional *gegen* Ausländer, so sind es 1994 nur noch 27 %.
> Weibliche Jugendliche haben nach wie vor ein bedeutend positiveres Verhältnis zu Ausländern.
> Gymnasiasten sind doppelt so häufig als Mittelschüler ausländerfreundlich eingestellt (1994: 40% zu 17%).
> Religiöse haben positivere Gefühlsbeziehungen zu Ausländern als Konfessionslose (1994: 35% zu 24%).
> Jugendliche aus kleineren Gemeinden äußern häufiger ihre Ausländerabneigung als solche aus größeren Städten.

Diese Relationen entsprechen auch weitgehend der Situation im westlichen Landesteil, z.B. nach den Schülerstudien von Fend (1994: 146).

> Am stärksten beeinflußt die politische Grundorientierung das emotionale Verhältnis zu Ausländern. Gefühlsmäßig *für* Ausländer sind die Parteiensympathisanten in folgender Reihenfolge: PDS (58%), Bündnis 90/ Grüne (55%), SPD (27%), CDU (20%), Republikaner (1%).

Noch klarer tritt die Abhängigkeit von politisch-weltanschaulichen Positionen im Links-Rechts-Spektrum zutage. Ausgesprochen ausländerfreundlich sind vor allem Linksorientierte. Vertreter der Mitte urteilen am häufigsten indifferent. Rechtsorientierte lehnen dagegen in der Mehrheit Ausländer ab, Rechtsaußen nahezu ohne Ausnahme. Ihre Ablehnung ist hochgradig feindselig, haßerfüllt, aggressiv.

Dem allgemeinen Sympathiewandel gegenüber Ausländern entsprechend hat sich auch das soziale Distanzerleben bei den sächsischen Jugendlichen verändert, wiederum insbesondere seit 1992.

Ausländer/Innen werden zunehmend weniger als fremd oder kontaktunwürdig bewertet. So bejaht heute eine wachsende Mehrheit Kontakte mit ihnen in folgenden Situationen:

- 7 von 10 sächsischen Schülern sind 1994 bereit, sich „freiwillig“ in der Öffentlichkeit zu Ausländern/Innen zu setzen oder mit ihnen in einer Gaststätte etwas zu trinken.
- Über 50% würden eine/n Ausländer/In nach Hause einladen.
- 37% meinen, unter Umständen auch eine/n Ausländer/In zu heiraten.

Das sind jeweils 10-20% *mehr* als im Jahre 1990 (vgl. Friedrich/Schubarth 1991: 1053ff.).

Diese Daten lassen die Verallgemeinerung zu:

Das unmittelbar nach der Wende, besonders bei ostdeutschen Jugendlichen verbreitete feindselige Verhältnis zu Ausländern hat sich offensichtlich in den letzten Jahren etwas entspannt. Unsere Ergebnisse deuten darauf hin, daß Antipathien, Aversionen, auch Kontaktscheu gegenüber Ausländern zurückgehen, demgegenüber jedoch Sympathien und freundschaftliche Kontaktformen zunehmen.

Neben ausländerfeindlichen und rechtsextremen Orientierungen erwies sich auch das Ausmaß *antisemitischer Einstellungen und Verhaltensweisen* bei ostdeutschen Jugendlichen unmittelbar nach der Wende als unerwartet hoch. Ein innerer Zusammenhang zwischen rechtsextremistischen, ausländerfeindlichen und antisemitischen Orientierungen war nicht zu übersehen und ließ sich empirisch präzis bestätigen. Allerdings herrschten noch längere Zeit Spekulationen und vorurteilsabhängige Interpretationen über die Ursachen dieser Erscheinungen vor. EMNID (1991) berechnete im Punktsummenverfahren aus den Antworten auf 16 einschlägige Fragen einen Index für Antisemitismus. Danach wurden *16% der Bürger aus den alten und 4% der Bürger aus den neuen Bundesländern* als antisemitisch eingestuft (DER SPIEGEL 4/92, dazu auch Erb 1995: 290ff.). Diese Differenzen zwischen West und Ost lösten zunächst Verwunderung und Diskussionen aus. Eher war – ausgehend von solchen Hypothesen wie einem überstark ausgeprägten autoritären Charakter der Ostdeutschen oder dem sogenannten „verordneten Antifaschismus“ in der DDR – gerade bei den Bürgern der neuen Bundesländer eine größere Judenfeindlichkeit erwartet worden. Doch wurden die EMNID-Daten in letzter Zeit immer wieder bestätigt.

Vor diesem Hintergrund lassen sich die Daten unserer eigenen Studien seit 1990 gut einordnen und bewerten. In allen drei Studien wurden wiederum identisch formulierte Indikatoren verwandt. Unter anderem auch die nach der Sympathie – Antipathie gegenüber Juden. Die Tabelle 9.5 gibt einen Überblick:

Tabelle 9.5: Vergleich der Einstellung sächsischer Schüler zu Juden 1990-1992-1994

Ich empfinde für Juden ...
1 große Sympathie 2 Sympathie 3 weder Symp. noch Antipathie
4 Antipathie 5 große Antipathie

	1 + 2	3	4 + 5	$\bar{x}$
1990 Gesamt	25	59	16	2,9
1992 Gesamt	21	60	19	3,0
1994 Gesamt	31	57	12	2,8

Quelle: Sächsische Jugendstudien 1990, 1992, 1994 (vgl. Förster/Friedrich 1995: 44)

Wiederum zeigt sich: Während sich die Sympathien gegenüber Juden von 1990 zu 1992 bei den Jugendlichen etwas *abgeschwächt* haben, ist seit 1992 ein deutlicher Verstärkungstrend festzustellen. Juden werden heute *positiver* bewertet als vor zwei Jahren. Dies ist wiederum hauptsächlich bei den Mädchen zu beobachten. Ähnliche Trends treten auch bei anderen Indikatoren zwischen 1990 und 1994 hervor, z.B. bei „Juden lehne ich ab, sie passen nicht zu uns", „Es ist weit übertrieben, was über die Judenverfolgung im 3. Reich erzählt wird". Das alles läßt keinen Zweifel daran, daß sich die gefühlsmäßige Einstellung zu Juden bei jungen Sachsen in den letzten zwei Jahren deutlich verbessert hat.

Antisemitische Vorstellungen und Gefühle haben offensichtlich bei einem Teil der ostdeutschen Jugendlichen an Boden verloren. Die größten Unterschiede zeigen sich auch hier wieder bei den verschiedenen politischen Positionen. Während Linksorientierte 1994 Juden wesentlich häufiger sympathisch finden als in den vorangegangenen Jahren, trifft das auf Rechtsorientierte *nicht* zu. Bei ihnen tritt sogar eine leichte Verstärkung ihrer emotionalen Ablehnung der Juden zutage. Rechtsorientierte haben sich zwar zahlenmäßig seit 1992 verringert, doch der Grad ihrer antisemitischen Einstellungen hat sich nicht abgeschwächt! Der Zusammenhang zwischen den Positionen im Links-Rechts-Spektrum und dem Verhältnis zu Juden (Antisemitismus) ist sogar von 1990 bis 1994 *enger geworden*, was sich auch in den Kontingenzkoeffizienten ausdrückt: CC 1990 = .43; CC 1992 = .46; CC 1994 = .54.

Das belegt, daß auch hier ein Polarisierungsprozeß stattgefunden hat. Der (zwar quantitativ reduzierte) harte Kern der Rechtsorientierten, besonders der Rechtsaußen hat seine affektiv-aggressive Ablehnung der Juden nicht aufgegeben. Die Vertreter der Mitte haben ihre Einstellung wenig, die Linksorientierten haben sie jedoch stark positiviert. Linke sind noch positiver, freundlicher gegenüber Juden geworden, Rechte dagegen eher ablehnender, feindseliger. Damit wird erneut die ideologisch strukturierende Funktion der Links-Rechts-Positionen, der politisch-weltanschaulichen Grundorientierungen bei jungen Menschen deutlich; vgl. dazu Melzer (1992), Sturzbecher/Dietrich (1994), Förster/Friedrich u.a. (1993).

Insgesamt läßt sich feststellen: Rechtsextreme Einstellungen – vor allem der ethnozentrischen Achse „Nationalismus-Fremdenfeindlichkeit"- sind bei ostdeutschen Jugendlichen noch relativ weit verbreitet. Doch können insbesondere seit 1992 erhebliche rückläufige Trends festgestellt werden. Auch andere Bereiche der traditionellen rechtsextremistischen Ideologie wie autoritär-patriarchalische oder biologistische Anschauungen haben deutlich an Akzeptanz und Einfluß bei der Jugend verloren. In den verschiedenen empirischen Untersuchungen haben sich die politischen Grundpositionen, vor allem die des Links-Rechts-Spektrums, als mit Abstand am stärksten differenzierende Faktoren herausgestellt. Sie differenzieren deutlich stärker das politische Bewußtsein, das gesamte Denken und Verhalten der ostdeutschen Jugend als Geschlechter-, Bildungs- oder Herkunftsgruppen.

10. Zusammenfassung

Die politische Mentalität bedeutender Teile der ostdeutschen Jugendlichen/jungen Erwachsenen scheint sich gegenwärtig in mancher Hinsicht gravierend zu verändern. Diese Diagnose der mentalen Prozesse/Einstellungen korrespondiert sowohl mit jüngst bekanntgewordenen Daten der Meinungsforschung wie auch mit rückläufigen Trends bei politisch motivierten und fremdenfeindlichen Gewalttaten in offiziellen Statistiken – und sie fallen auch zeitlich mit Einschätzungen der gegenwärtigen (1995) sozio-ökonomischen Entwicklung als einer Konsolidierungsphase im gesamtgesellschaftlichen Transformationsprozeß zusammen (vgl. dazu besonders die beiden IPOS-Untersuchungen von 1993 und 1995 sowie die Jugendstudien von Schmidtchen in den Jahren 1993 und 1995).

Wollte man junge Ostdeutsche 1995 ganz allgemein charakterisieren, so könnte der statistische Durchschnittstyp aus der Sicht neuerer Forschungsergebnisse (mit Vorsicht) etwa so beschrieben werden:

- zunehmend unzufrieden und kritisch – aber auch zunehmend selbstbewußt, egozentrisch und pragmatisch;
- abnehmend politisch und sozial engagiert, weniger optimistisch – aber auch tendenziell abnehmende Intoleranz (und Aggressivität).

Die jungen Ostdeutschen pendeln sich mehr und mehr auf eine Lebensphilosophie ein, die sich immer stärker auf ihre eigenen privaten Ansprüche, auf materielle Lebensziele und politisch auf einen unabhängigen, indifferenten

Standpunkt der Mitte (mit leichter Linkstendenz) zentriert. Das Engagement für politische und soziale Werte ist weiterhin im Rückgang begriffen.

Nach wie vor befindet sich die ostdeutsche Jugend in einem intensiven Wandlungsprozeß ihrer sozial-kulturellen und politisch-weltanschaulichen Werte, ihrer Motivationen und Befindlichkeiten, ihrer *gesamten Mentalität.* Das wird sich gewiß sobald nicht ändern. Daher sind auch künftig überraschende Wandlungen in verschiedenen Einstellungsbereichen, bei politischen Orientierungen oder bei den ihnen zugrundeliegenden Motivationen einzukalkulieren, die von veralteten Jugendvorstellungen, von ideologischen Stereotypen oder politischen Hoffnungen weit entfernt sein können.

Welche Richtung diese Wandlungen einschlagen werden, das hängt nicht von Wunschträumen ab, sondern wird letztlich von den realen Entwicklungsprozessen der Wirtschaft, Politik, Kultur in Deutschland, in Europa determiniert. Die Jugend wird auch nach dem Jahrtausendwechsel so sein, wie es die Konstellation der gesellschaftlichen Basisstrukturen zuläßt (vgl. Friedrich 1996a).

Wer die ostdeutsche Jugend in ihrer aktuellen psycho-sozialen Verfassung zuverlässig und wirklichkeitsentsprechend beurteilen will, der darf nicht die Forschungsergebnisse aus zurückliegenden Jahren schematisch in die Gegenwart extrapolieren. Diese werden sich oft als längst überholt erweisen. Der intensive Mentalitätswandel der Jugend erfordert vielmehr, exakte Vergleichs- und Längsschnittforschungen zu organisieren und deren Ergebnisse in ihrer Komplexität, oft unerwarteten Widersprüchlichkeit, vor allem auch in ihrer ständigen zeithistorischen Veränderung zur Kenntnis zu nehmen.

11. Literatur

Baakes, U./Jesse, E.: Politischer Extremismus in der Bundesrepublik Deutschland. Bonn 1990

Behnken, I. u.a.: Schülerstudie 90. Jugendliche im Prozeß der Vereinigung. Weinheim/München 1991

Bericht der Enquete-Kommission „Aufarbeitung von Geschichte und Folgen der SED-Diktatur in Deutschland". Deutscher Bundestag, Referat Öffentlichkeitsarbeit (Hg.). Mai 1994

Bertram, B./Friedrich, W. (Hg.): Adam und Eva heute. Berlin 1988

Bertram, H. (Hg.): Ostdeutschland im Wandel. Lebensverhältnisse – politische Einstellungen. Opladen 1995

Betz, H.-G.: Krise oder Wandel? Zur Zukunft der Politik in der postindustriellen Moderne. In: Aus Politik und Zeitgeschichte, Beilage zur Wochenzeitung Das Parlament 11/1993

Büchner, P./Krüger, H.-H.: Soziale Ungleichheiten beim Bildungserwerb. In: Aus Politik und Zeitgeschichte, Beilage zur Wochenzeitung Das Parlament 11/1996

Bütow, B.: Jugend im politischen Umbruch. In: Hoffmann-Lange, U. (Hg.): Jugend und Demokratie in Deutschland. Opladen 1995

Deutsches Jugendinstitut: Schüler an der Schwelle zur deutschen Einheit. Politische und persönliche Orientierungen in Ost und West. Opladen 1992

Erb, R.: Hat der Antisemitismus nach der Wende in Deutschland eine neue Dynamik bekommen? In Böhler/Steiniger (Hg.): Österreichischer Zeitgeschichtetag. Innsbruck 1995

Fend, H.: Identitätsentwicklung in der Adoleszenz. Bd. II. Bern 1994

Focus: Ein Volk auf dem Ego-Trip. Ausgaben Nr. 27 und 28/1995

Förster, P.: Die deutsche Frage im Bewußtsein der Bevölkerung in beiden Teilen Deutschlands. Das Zusammengehörigkeitsgefühl der Deutschen. Einstellungen junger Menschen in der DDR. In: Materialien der Enquete-Kommission „Aufarbeitung von Geschichte und Folgen der SED-Diktatur in Deutschland", Band V/2. Baden-Baden 1995

Förster, P.: Der lange Weg vom DDR- zum Bundesbürger. In: Schlegel, U./Förster, P. (Hg.): Ostdeutsche Jugendliche. Vom DDR- zum Bundesbürger. Opladen 1996

Förster, P./Friedrich, W.: Schuljugend in Sachsen – Vier Jahre nach der Vereinigung. Ausgewählte Ergebnisse einer empirischen Studie zum Mentalitätswandel bei ostdeutschen Jugendlichen 1990 – 1994. Leipzig 1995

Förster, P/Friedrich, W/Müller, H./Schubarth, W.: Jugend Ost – zwischen Hoffnung und Gewalt. Opladen 1993

Förster, P./Roski,G.: DDR zwischen Wende und Wahl. Meinungsforscher analysieren den Umbruch. Berlin 1990

Friedrich, W.: Mentalitätswandlungen der Jugend in der DDR. In: Aus Politik und Zeitgeschichte, Beilage zur Wochenzeitung Das Parlament 16-17/1990

Friedrich, W.: Zur Mentalität der ostdeutschen Jugend. In: Schlegel, U./Förster, P. (Hg.): Ostdeutsche Jugendliche. Vom DDR- zum Bundesbürger. Opladen 1996 (a)

Friedrich, W.: Jugend und Religion – in der DDR und nach der Vereinigung in Ostdeutschland. In: Schriftenreihe des Instituts f. Kirche-Staat-Forschung, H.3/1996 (b)

Friedrich, W./Förster, P.: Ostdeutsche Jugend 1990. In: Deutschland Archiv, Nr. 4 und 7/1991

Friedrich, W./Netzker, W./Schubarth, W.: Jugend in den neuen Bundesländern. Leipzig 1991

Friedrich, W./Schubarth, W.: Ausländerfeindlichkeit und rechtsextreme Orientierungen bei ostdeutschen Jugendlichen. In: Deutschland Archiv Heft 10/1991

Gabriel, O.W.: Politischer Protest und politische Unterstützung in den neuen Bundesländern. In: Bertram, H. (Hg.): Ostdeutschland im Wandel: Lebensverhältnisse, politische Einstellungen. Opladen 1995

Golz, L.: Zur Befindlichkeit Jugendlicher in den Städten Neubrandenburg, Greifswald und Schwerin. In: Sydow, H./Schlegel, U./Helmke, A. (Hg.): Chancen und Risiken im Lebenslauf: Wandel in Ostdeutschland. Berlin 1995

Heiliger, Chr./Kürten, K.: Jugend '92: Ergebnisse der IBM-Jugendstudie. In: Die selbstbewußte Jugend. IBM-Jugendstudie '92. Köln 1992

Hoffmann-Lange, U. (Hg.): Jugend und Demokratie in Deutschland. Opladen 1995
IPOS: Zur Lage der Jugend in Ost- und Westdeutschland. Untersuchung im Auftrage des BM FJ. Forschungsbericht 1993
IPOS: Jugendliche und junge Erwachsene in Deutschland. Untersuchung im Auftrage des BM FSFJ. Forschungsbericht 1995
Jaide, W./Veen, H.-J.: Bilanz der Jugendforschung. Ergebnisse empirischer Analysen in der Bundesrepublik Deutschland von 1975 bis 1987. Paderborn 1989
Jugend '92. Lebenslagen, Orientierungen und Entwicklungen im vereinten Deutschland. Jugendwerk der Deutschen Shell (Hg.). 4 Bände. Opladen 1992
Köcher, R.: Politische Partizipation und Wahlverhalten von Frauen und Männern. In: Aus Politik und Zeitgeschichte, Beilage zur Wochenzeitung Das Parlament 11/1994
Krüger, W.: Vertrauen in Institutionen. In: Hoffmann-Lange, U. (Hg.): Jugend und Demokratie in Deutschland. Opladen 1995
Kühnel, W.: Orientierungen im politischen Handlungsraum. In: Jugendwerk der Deutschen Shell (Hg.): Jugend '92, Bd.2, Opladen 1992
Kurz-Scherf, I./Winkler, G.: Sozialreport 1994. Berlin 1994
Melzer, W.: Jugend und Politik in Deutschland. Opladen 1992
Neunter Jugendbericht. Bundesministerium FSJF (Hg.). Bonn 1994
Niemann, H.: Meinungsforschung in der DDR. Köln 1993
Niemann, H.: Hinterm Zaun. Politische Kultur und Meinungsforschung in der DDR – die geheimen Berichte an das Politbüro der SED. Berlin 1995
Noelle-Neumann, E.: Das demokratische Defizit. Zum fünften Jahrestag der deutschen Einheit. In: FAZ v. 20.9.1995
Oesterreich, D.: Autoritäre Persönlichkeit und Gesellschaftsordnung. Weinheim/ München 1993
Otto, H.-U./Merten, R.: Rechtsradikale Gewalt im vereinten Deutschland. Opladen 1993
Patzelt, W. J.: Das Volk und seine Vertreter: Eine gestörte Beziehung. In: Aus Politik und Zeitgeschichte, Beilage zur Wochenzeitung Das Parlament 11/1994
Rattinger, H.: Abkehr von den Parteien? Dimensionen der Parteienverdrossenheit. In: Aus Politik und Zeitgeschichte, Beilage zur Wochenzeitung Das Parlament 11/1993
Schenk, S./Schlegel, U.: Frauen in den neuen Bundesländern – Zurück in eine andere Moderne? In: Berliner Journal f. Soziologie 3/1993
Schmidtchen, G.: Jugend in Sachsen. Orientierung und Aktivität, Frustration und Gewalt, Ziele und Hoffnungen 1994. Forschungsbericht. Leipzig/Zürich 1994
Schmidtchen, G.: Jugend '95 in Sachsen. Forschungsbericht. Leipzig 1996
Schröter, U.: Ostdeutsche Frauen im Transformationsprozeß. In: Aus Politik und Zeitgeschichte, Beilage zur Wochenzeitung Das Parlament 20/1995
Seiring, K.: Ostdeutsche Jugendliche fünf Jahre nach der Wiedervereinigung. In: Aus Politik und Zeitgeschichte. Beilage zur Wochenzeitung Das Parlament 20/1995
Situation der Jugend in Deutschland. BM FJ (Hg.). Bonn 1994
Spiegel Spezial: Das Profil der Deutschen. Arbeitsdaten-Tabellenband. EMNID (Hg.). Bielefeld 1991

Spiegel-Umfrage: Zehn Jahre bis zum Wohlstand? In: DER SPIEGEL Nr. 31/1991
Spiegel-Umfrage: Jeder achte Deutsche ein Antisemit. In: DER SPIEGEL Nr. 4/1992
Spiegel-Umfrage: Das Profil der Deutschen. Tabellenbände West und Ost. EMNID (Hg.). Bielefeld 1992
Spiegel-Umfrage: Was die Ostdeutschen über die Westdeutschen denken. In: DER SPIEGEL Nr. 33/1994
Spiegel-Umfrage: Jugend '94. In: DER SPIEGEL Nr. 38/1994 sowie SPIEGEL special v. November 1994
Spiegel-Umfrage: Das Ost-Gefühl. In: DER SPIEGEL Nr. 27/1995
Starke, U.: Jugend in Sachsen. Forschungsbericht. Leipzig 1994
Stern: Jugendstudie '92. In: *stern* Nr. 45/1992
Sturzbecher, D./Dietrich, P.: Jugend in Brandenburg 1993. Brandenburger Landeszentrale f. polit. Bildung (Hg.). Postdam 1994
Süddeutsche Zeitung. Magazin No.1 v. 5.1.1996
Veen, H.-J. u.a.: Eine Jugend in Deutschland? Orientierungen und Verhaltensweisen der Jugend in Ost und West. Opladen 1994
von Arnim, H.H.: Ist die Kritik an den politischen Parteien berechtigt? In: Aus Politik und Zeitgeschichte, Beilage zur Wochenzeitung Das Parlament 11/1993
Weidenfeld, W./Korte, K.-R.: Die Deutschen. Profil einer Nation. Stuttgart 1991
Westle, B.: Nationale Identität und Nationalismus. In: Hoffmann-Lange, U. (Hg.).: Jugend und Demokratie in Deutschland. Opladen 1995
Zinnecker, J.: Deutsche Jugend heute. Eine Porträtskizze. In: Jugendwerk der Deutschen Shell (Hg.): Jugend '92, Bd.1. Opladen 1992

Jugendarbeitslosigkeit in den neuen Bundesländern

Peter Heller und Catrin Fischer

Inhalt

0. Einleitung

Die Frage nach der erfolgreichen Integration der nachwachsenden Generationen in das Wirtschaftsleben ist für das Fortbestehen jedes Gemeinwesens von existentieller Bedeutung: Zum einen in Hinsicht auf die Reproduktion der Volkswirtschaft, zum anderen mit Blick auf die Existenzsicherung und Lebenssinnfindung der Individuen. Aus dieser komplexen Perspektive gilt sowohl der realen als auch der potentiellen Arbeitslosigkeit Jugendlicher die Aufmerksamkeit einer breiten Öffentlichkeit. Politik und Wirtschaftsverbände sehen sich vor allem in der sozialstaatlichen Pflicht, Jugendlichen den Eintritt ins Berufsleben auch angesichts eines durch Rationalisierung und internationale Konkurrenz geschmälerten Arbeitsmarktes zu ermöglichen. Vor dem Hintergrund der umfassenden Beschäftigungskrise müssen derartige Versuche zunehmend schwieriger werden. Erfolge können ihnen auf Dauer nur dann beschieden sein, wenn es gelingt, neue, unkonventionelle Wege zu öffnen, die wegführen von einem ausschließlich an der traditionellen Form der Erwerbsarbeit orientierten Selbstverständnis der bestehenden Gesellschaft und ihrer Mitglieder.

Insbesondere die Übergänge von der Schule in das Berufsleben werden sich immer weniger geradlinig gestalten. Längere Suchphasen, aber auch die sozialpädagogische Begleitung auf diesem Wege werden immer mehr zur Normalität werden müssen. Mit der Heterogenisierung der Arbeitslosigkeit steigen die Anforderungen an die Selbsthilfebereitschaft und -fähigkeit des Individuums. Um dieser sich verändernden Realität mit geeigneten Maßnahmen und gesetzlichen Regelungen entsprechen zu können, ist die Kenntnis der Betroffenenperspektive vonnöten.

Zum anderen tangiert die Option einer möglichen zukünftigen eigenen Arbeitslosigkeit das Lebensgefühl insbesondere der Jugendlichen, welche den Übergang von der Schule in die Berufsausbildung bzw. von dieser ins Erwerbsleben noch vor sich haben. Die antizipierte Möglichkeit, bereits an diesen Übergängen zu scheitern, wirkt im Zukunftsbild von Schülern und Auszubildenden und muß individuell verarbeitet werden. Dabei besteht die Gefahr, daß dies in nichtproduktiven Formen geschieht, welche das Risiko der Verfestigung von Haltungen in sich tragen (z.B. Distanzierungen von der Gesellschaft oder resignierende Anpassung).

Anliegen der Expertise ist es daher, die Spezifik der Jugendarbeitslosigkeit in den neuen Bundesländern sowohl als *individuelle Risikobetroffenheit* als auch als *gesellschaftliches Risiko* herauszuarbeiten.

Entsprechend dieser Schwerpunktsetzung gliedert sich die Expertise in zwei Abschnitte:

Im *ersten Abschnitt* sollen zunächst allgemeine und spezifische soziale Ursachen von Jugendarbeitslosigkeit im Zusammenhang mit möglichen biographischen Problemlagen diskutiert und die sich aus den entwicklungspsychologischen Besonderheiten der in ihrer Ausdehnung, Strukturierung und charakteristischen Merkmalen stark veränderten Jugendphase ergebende Spezifik von Jugendarbeitslosigkeit herausgearbeitet werden. Im Anschluß daran versuchen wir, einen Überblick über Klassifikationsansätze zu Bewältigungsmustern in der west- bzw. ostdeutschen Arbeitslosenforschung zu geben und kritisch zu bewerten.

Im *zweiten Abschnitt* arbeiten wir, ausgehend von der Wahrnehmung von Arbeitslosigkeit als gesellschaftliches Risiko, anhand der verfügbaren empirischen Forschungsergebnisse gruppenspezifische Merkmale einer mehr oder weniger großen individuellen Zuversicht ostdeutscher Jugendlicher für die Bewältigung der anstehenden Schwellensituationen heraus. Den Hintergrund für diese Darstellung bilden Erkenntnisse der Jugendforschung zu Arbeits- und Berufsorientierungen der ostdeutschen Jugendlichen.

Bei der Literaturauswahl stützten wir uns wesentlich auf CD-ROM-Recherchen. Hinzugezogen wurden die Datenbanken SOLIS und FORIS (WISO III), PSYNDEX sowie ERIC mit Stand vom September 1995. Des weiteren befragten wir die Bestände der UB Greifswald sowie der Bibliothek der Pädagogischen und Psychologischen Institute der FU Berlin. Außerdem erfolgte eine systematische Durchsicht von soziologischen, pädagogischen und psychologischen Fachzeitschriften sowie gängiger Wochenzeitschriften insbesondere der Jahre 1990 bis 1995. Sofern es sich um öffentlich zugängliche Quellen handelt, dürfte damit der gegenwärtige Forschungsstand zur Jugendarbeitslosigkeit in den neuen Bundesländern weitgehend erfaßt sein.

1. Biographie und Risiko Arbeitslosigkeit

1.1 Jugendarbeitslosigkeit – definitorische Vorbemerkungen

Der Begriff der Jugendarbeitslosigkeit ist nicht verbindlich definiert. Im Sinne des Kinder- und Jugendhilfegesetzes müßten hierunter junge Menschen bis zum vollendeten 27. Lebensjahr fallen, die von Arbeitslosigkeit betroffen sind. Die veröffentlichte Statistik der Bundesanstalt für Arbeit differenziert ihre Aussagen für die „unter 25jährigen" bzw. für die „unter 20jährigen". In der Fachliteratur wird – entsprechend den zur Lösung anstehenden jugendtypischen Entwicklungsaufgaben – zwischen zwei qualitativ unterschiedlichen biographischen Abschnitten unterschieden, in denen Jugendarbeitslosigkeit gehäuft auftritt: den Phasen des Übergangs von der Schule zur Berufsausbildung und von dieser ins Erwerbsleben.

In der Fachliteratur werden die während des Übergangs von der Schule ins Erwerbsleben zur Bewältigung anstehenden biographischen Abschnitte als „Schwellen“ bezeichnet (siehe u.a. Kunert-Schroth u.a. 1987: 17; Hermanns 1991: 23). „Die erste Schwelle besteht im Übergang von den allgemeinbildenden Schulen in die Berufsausbildung. Wer keinen Ausbildungsplatz erhält, aber dennoch eine Berufsausbildung anstrebt, wird zumindest vorübergehend in die Arbeitslosigkeit abgewiesen. Die zweite Schwelle ist nach Abschluß der Berufsausbildung zu nehmen, wenn die Ausgebildeten einen Arbeitsplatz suchen. An dieser Schwelle können aber auch jene Jugendlichen scheitern, die ihre Ausbildung abbrechen oder gleich nach der Schule eine Stelle als Ungelernte anstreben“ (Kunert-Schroth u.a. 1987: 17).

Unter diesen Voraussetzungen fassen wir mit dem Begriff „arbeitslose Jugendliche“ junge Menschen unter 25 Jahren zusammen, die

- nach Abschluß der Schule noch nicht den Weg in eine Berufsausbildung oder Beschäftigung fanden,
- eine begonnene Ausbildung abgebrochen bzw. abgeschlossen haben und seitdem unbeschäftigt sind,
- aus einem Arbeitsverhältnis heraus beschäftigungslos wurden.

Ein mißlungener Übergang in die Berufsausbildung birgt die Gefahr der Arbeitslosigkeit in sich, da Stellen ohne erforderlichen Berufsabschluß infolge des technischen Wandels nur reduziert erhältlich sind. Mit abgeschlossener Ausbildung aber sieht sich der junge Erwerbsfähige den Konjunkturschwankungen der Wirtschaft ausgesetzt. Auch nach dem Eintritt ins Erwerbsleben bleibt sein Arbeitsverhältnis durch seine kürzere Berufserfahrung sowie infolge unternehmensungünstiger tarifvertraglicher und gesetzlicher Regelungen gefährdet. Schumacher (1986: 41) unterscheidet vier allgemeine Ursachengruppen der Jugendarbeitslosigkeit:

1. allgemeine ökonomische Bedingungen (z.B. konjunkturelle),
2. demografische Aspekte (z.B. geburtenstarke Jahrgänge),
3. personalstrategische Überlegungen der Unternehmer (Qualifikationskriterien, praktische Erfahrungen usw., aber auch soziale Aspekte)
4. gesetzliche Einengungen legaler Einsatzmöglichkeiten von Jugendlichen als Einstellungshemmnis.

Im folgenden soll anhand der Schwellensituationen dem Zusammenwirken sozialer und biographischer Ursachen früher Arbeitslosigkeitserfahrungen in Ostdeutschland nachgegangen werden.

1.2 Soziale und biographische Ursachen der Jugendarbeitslosigkeit

Die Problematik der Bewältigung der *ersten Schwelle* in den neuen Bundesländern ist vor dem spezifischen Hintergrund der ungünstigen konjunkturellen Situation, der damit einhergehenden Unüberschaubarkeit der zukünftigen wirtschaftsstrukturellen Entwicklung und der mit der Übernahme des Berufsbildungsgesetzes verbundenen Übergangsprobleme zu sehen.

Ostdeutsche Schulabgänger werden alljährlich mit einem sowohl in quantitativer als auch qualitativer Hinsicht unzureichenden Angebot an *betrieblichen* Ausbildungsstellen konfrontiert. Die angespannte Lage auf dem Berufsbildungsmarkt wird zusätzlich verschärft durch

- hohe Schulabgängerzahlen,
- eine als „Altnachfrage" wirksame, in den Jahren zuvor nicht verwirklichte Ausbildungsplatznachfrage
- sowie durch den wachsenden Stellenwert einer Lehre unter den Abiturienten (vgl. Krekel-Eiben & Ulrich 1993, Schober 1995b).

Der Mangel an *betrieblichen* Lehrstellen war und bleibt im Osten das größte Problem beim Übergang von der Schule in die Berufsausbildung. So mündeten 1994 etwa 22% der ausbildungswilligen Jugendlichen in eine *außerbetriebliche* Ausbildung. Damit hat nach Schober (1995c) „die außerbetriebliche Berufsausbildung in den neuen Ländern eine Größenordnung erreicht, die nicht nur ordnungspolitische Bedenken hinsichtlich der Etablierung und Funktionsfähigkeit des dualen Ausbildungssystems auf den Plan ruft". Die durch die Bereitstellung *außerbetrieblicher* Ausbildungsplätze erreichte relative Beruhigung am Ausbildungsstellenmarkt seit Mitte 1991 kann daher keinen Anlaß zur Erleichterung geben.

Weniger der Grad der Versorgung mit Lehrstellen schlechthin, sondern die den Lehrstellensuchenden zur Kompensation der unzureichenden Bedingungen am Berufsbildungsmarkt abverlangten individuellen Lösungsstrategien unterscheiden die Situation ostdeutscher Jugendlicher an der Schwelle zur Berufsausbildung von der ihrer Altersgefährten in den alten Bundesländern. In Verbindung mit dem bereits festgestellten generellen Mangel an *betrieblichen* Ausbildungsplätzen und der Diskrepanz zwischen Ausbildungswünschen und Lehrstellenangebot sind ostdeutsche Jugendliche eher gezwungen,

1. auf *außerbetriebliche* Ausbildungsgänge zurückzugreifen,
2. vorübergehende Ausweichlösungen, d.h. den Besuch beruflicher Vollzeitschulen, weiterführender Schulen, die Teilnahme an Berufsvorbereitungsmaßnahmen usw. in Kauf zu nehmen[1] und
3. flexibel hinsichtlich des Ausbildungsortes zu sein, was die Bereitschaft zur Suche nach einer Lehrstelle im Westen einschließt.[2] Dies aber birgt die Gefahr eines langfristigen Fachkräfteverlustes in den neuen Bundesländern in sich.

Ausgehend von dieser Situation sind in Ostdeutschland Jugendliche mit unterschiedlichen Bildungsvoraussetzungen potentiell von der Selektion an der ersten Schwelle betroffen. Felber & Gabriel (1993: 38f.) verweisen auf die heterogene Zusammensetzung des Klientels der durch die Arbeitsverwaltungen und Jugendberufshilfe geschaffenen berufsvorbereitenden, berufsorientierenden und berufsbildenden Maßnahmen, in denen zwar die Teilnehmer mit niedrigen Schulabschlüssen (Hauptschulabschluß und darunter) überwiegen, aber auch Absolventen der 10. Klasse, die Maßnahmen als Warteschleife nutzende Abiturienten oder ausgebildete Facharbeiter, deren Qualifikation auf dem Arbeitsmarkt nicht gefragt ist, anzutreffen sind.

Während aber Jugendliche mit guter Vorbildung und einem „normalen“ Sozialisationsverlauf objektive Nachteile gegenüber ihren Altersgefährten in den alten Bundesländern nicht zuletzt mit Hilfe der umfangreichen staatlichen Fördermaßnahmen zumindest an der ersten Schwelle ausgleichen können, bleiben sozial oder individuell benachteiligte Jugendliche in der Konkurrenz um die Lehrstellen und hinsichtlich der realen Chancen eines erfolgreichen Berufsabschlusses zurück. Ein vergleichbares quantitatives Ausmaß der Jugendarbeitslosigkeit in der Gruppe der bis 20jährigen in Ost und West und die relative Unabhängigkeit von der allgemeinen Arbeitsmarktsituation (vgl. Abbildung 1) deuten auf ein ähnliches Bedingungsgefüge für den Eintritt in die Arbeitslosigkeit beim Übergang von der Schule zur Berufsausbildung in dieser Altersgruppe.

Die Auslesemechanismen dürften letztendlich primär nach erlangtem Schulabschluß und sozialer Herkunft erfolgen. Somit führt auch im Osten die Erhöhung der Qualifikationsanforderungen in den Ausbildungsberufen zur strukturellen Benachteiligung vor allem lernschwacher und sozial benachteiligter Jugendlicher.

---

1 Die 94er Umfrage des Arbeitsmarktmonitors ergab, daß etwa ein Fünftel der Ausbildungsinteressierten für 1995 in den Vorjahren vergeblich nach einer Lehrstelle gesucht hatten (Schober 1995a).

2 Nach Ergebnissen des Arbeitsmarktmonitors vom November 1994 ist – wie auch in den Jahren zuvor – rund ein Drittel der 16- bis 22jährigen, die 1995 eine betriebliche Lehrstelle suchen, bereit, zur Ausbildung in den Westen umzuziehen oder zu pendeln. Ein Viertel lehnt dies strikt ab (Schober 1995a).

Abbildung 1: Arbeitslosenquoten der Erwachsenenpopulation im Vergleich zur Jugendpopulation unter 20 Jahren in den alten und neuen Bundesländern

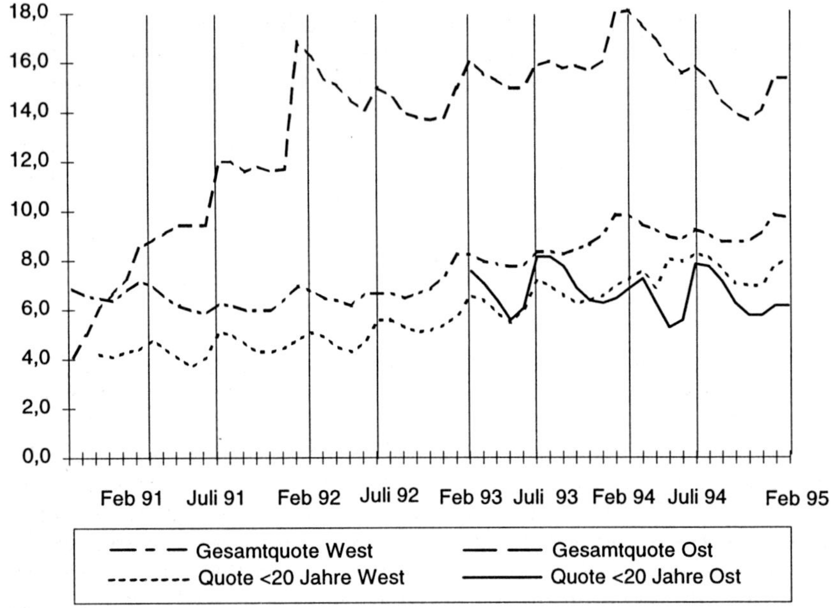

© GEWIS e.V. Neubrandenburg 1995 Quellenangabe: Presseinformationen der Bundesanstalt für Arbeit Nürnberg

Der Weg in eine dauerhafte Benachteiligung zeichnet sich für die Betroffenen in der Regel schon in der Schule ab (Glaß & Voigt 1993: 72f., Sacks 1993: 188). In diesem Zusammenhang wird vor allem die mit dem Abschluß der Hauptschule verbundene Chancenverweigerung beim Übergang zur Berufsausbildung in der Literatur einer breiten Kritik unterzogen (Brock u.a. 1991). Infolge der vertikalen Ausdifferenzierung des dualen Ausbildungsgefüges, d.h. der fortschreitenden Differenzierung der Lehrstellenbewerber unter anderem nach der schulischen Vorbildung (Raab 1991: 297), werden insbesondere die Chancen der Hauptschüler auf eine erfolgreiche Bewerbung eingeengt. Hierfür lassen sich folgende Ursachen nennen:

1. sehen sich Hauptschüler zu einem früheren Zeitpunkt der Persönlichkeitsreifung mit der Anforderung zu einer Berufsentscheidung konfrontiert als begabtere Jugendliche auf längeren Bildungswegen.

2. haben sich mit der technologischen Entwicklung der letzten Jahrzehnte die Zugangsvoraussetzungen zu den strukturbestimmenden Berufen deutlich erhöht.
3. hat die Reduktion des Arbeitskräftebedarfs in fast allen Zweigen zu einem Eindringen von Realschulabgängern auch in jene Bereiche geführt, die Hauptschülern einst zugänglich waren. D.h. die fortschreitende Differenzierung der Lehrstellenbewerber nach schulischer Vorbildung bei gleichzeitiger Erhöhung der Ausbildungsanforderungen hat zur Folge, daß Hauptschüler aufgrund ihres vergleichsweise niedrigen Schulabschlusses in der Konkurrenz mit den Realschulabgängern um betriebliche Lehrstellen die schlechteren Chancen haben. Mit dem Hauptschulabschluß sind fast nur noch einfache handwerkliche, industrielle und kaufmännische Berufe im Einzelhandel zugänglich. Realschüler ihrerseits sehen sich durch die ebenfalls in die betriebliche Ausbildung drängenden Gymnasiasten bedroht.

Der Status des Hauptschülers wird damit bei der Bewerbung um einen Ausbildungs- und später einen Arbeitsplatz oft selbst zum Ausschlußkriterium (ebd.: 301).

Mit den Übergangsproblemen an der *zweiten Schwelle* sind alle Statusgruppen Jugendlicher konfrontiert. Untersuchungen von Schober (Schober 1994 und 1995b) zur Situation junger Fachkräfte in Ost und West zeigen, daß vor dem Hintergrund der anhaltend ungünstigen Arbeitsmarktlage die Übergangsprobleme auch für Jugendliche mit abgeschlossener Berufsausbildung deutlich zugenommen haben. Eine Befragung des Bundesinstitutes für Berufliche Bildung (BIBB) ergab, daß 45% der ostdeutschen Jugendlichen, die 1989 ihre Lehre aufgenommen hatten, unmittelbar nach Abschluß ihrer *betrieblichen* oder *außerbetrieblichen* Ausbildung ohne Beschäftigung waren. Dieser Zustand hatte sich nach mehreren Monaten insbesondere für die außerbetrieblich ausgebildeten Jugendlichen nicht entscheidend geändert (Ulrich & Westhoff 1994: 17).

Eine Ursache für die soziale Heterogenität der Jugendarbeitslosigkeit ist die Verlängerung der Bildungswege. Die Jugendlichen sehen sich zunehmend vor eine paradoxe Situation gestellt: Einerseits sind die Anforderungen der Betriebe an einen möglichst hohen formalen Bildungsabschluß angesichts der Konkurrenz auf dem Stellenmarkt gewachsen. Indem immer mehr Jugendliche diesen Bildungsanforderungen nachkommen, verlieren die hohen Zertifikate jedoch an praktischem Wert. Bei gleicher formaler Qualifikation richtet sich der Blick der betrieblichen Personalabteilungen zunehmend auf die persönlichen Voraussetzungen der Bewerber. Die schon vorhandenen fachlichen und sozialen Kompetenzen – Eigenschaften also, die erst in der Berufspraxis entstehen können – werden jetzt zum Entscheidungskriterium.

Besonders gefährdet und betroffen sind jedoch wiederum diejenigen, welche bereits bei der Lehrstellensuche auf Ersatzformen angewiesen waren. Personale und Bildungsdefizite (Entwicklungshemmnisse, niedrigere Schulabschlüsse), soziale Herkunft, aber auch das Geschlecht werden nicht selten zum Vermittlungshemmnis.[3] Die Selektion ist jedoch fortgeschritten: Sie umfaßt auch all jene, die über den Bedarf hinaus ausgebildet wurden bzw. auf außerbetriebliche Maßnahmen zurückgreifen mußten, und die nun in Ermangelung vergleichbarer betrieblicher Integration und Berufspraxis hinter ihren Altersgefährten zurückstehen. Eine unzureichende Ausrichtung der Ausbildungsangebote an den regionalen und strukturellen Erfordernissen, mangelnder Praxisbezug der Ausbildung und fehlende betriebliche Integration benachteiligt diese Jugendlichen gegenüber den Fachkräften mit abgeschlossener betrieblicher Ausbildung bei der Bewerbung um einen Arbeitsplatz. Neue Ausweichstrategien – Umschulungen, „lockere" Arbeitsverhältnisse, Arbeitslosigkeit bzw. der Besuch von „Maßnahmen" zur Verhinderung derselben – sind oft vorprogrammiert. Verzögert sich aber die Chance, den formalen Berufsabschluß mit Erfahrungen zu füllen, setzt zwangsläufig seine Entwertung und eine faktische Dequalifizierung ein.

In der Literatur herrscht Konsens darüber, daß frühe Arbeitslosigkeitserfahrungen oder auch der längere Verbleib in Maßnahmen im Jugendalter meist über den weiteren Verlauf der Berufskarriere entscheiden. Nachteile beim Start in die Ausbildung können an der zweiten Schwelle oft nicht ausgeglichen werden und setzen sich eher in weitere Risiken um. Für diesbezüglich besonders gefährdete Jugendliche mit sozialen bzw. personalen Defiziten ist damit die Gefahr der biographischen Längsverteilung von Arbeitslosigkeit gegeben. „Letztendlich sind es dann Merkmale dieses Verlaufs selbst, die allein ausreichen, den Zugang zum Ausbildungssystem und zu Beschäftigungsmöglichkeiten am ersten Arbeitsmarkt mit einem Minimum an Stabilität zu versperren" (Lex 1993: 172). Damit bildet sich auch im Osten eine Gruppe von Jugendlichen heraus, die „auf lange Sicht kaum zu einem Normalarbeitsverhältnis mit einem bestimmten Mindeststandard im Hinblick auf Entlohnung, Arbeitsbedingungen und Arbeitsplatzsicherheit gelangt" (Gieseke 1991: 153).

3 In den alten Bundesländern gilt auch die Nationalität als potentielles Vermittlungshindernis, für den Osten besitzt dieses Problem aufgrund des geringen Ausländeranteils an der Gesamtbevölkerung bislang eine geringe Bedeutung.

1.3 Jugendarbeitslosigkeit im Kontext der individuellen Sozialisation

Jugendarbeitslosigkeit bedeutet in der Regel die Verhinderung oder unangemessene Verzögerung des Eintritts ins Berufsleben und damit einen meist gravierenden Einschnitt in die Phase der Lösung jugendspezifischer Entwicklungsaufgaben.

Zu den altersspezifischen normativen Anforderungen gehören unter anderem die Identitätsfindung, die Aneignung diverser beruflicher und sozialer Kompetenzen, die Lösung aus der ökonomischen Abhängigkeit gegenüber den Eltern als Voraussetzung selbständigen Entscheidens und Handelns, die Partnerbindung bzw. Familiengründung sowie die Sinngebung für das eigene Leben. Hermanns (1991: 23) beschreibt die Jugendzeit als „Phase der Individuation und der Integration in die lebensbestimmenden gesellschaftlichen Mitgliedsrollen" . Die zentrale Voraussetzung für die Lösung der genannten Aufgaben ist die Integration in den Erwerbsprozeß. Arbeitslosigkeit im Jugendalter aber erschwert die Lösung ebendieser Entwicklungserfordernisse (vgl. Palentien u.a. 1993, Bien u.a. 1994, Hermanns 1991, Thiele 1991 u.a.).

Hinzu kommt, daß sich die gesellschaftlich-historischen Rahmenbedingungen, unter denen die junge Generation heute aufwächst, in den letzten Jahrzehnten – in den westlichen Industriegesellschaften noch deutlicher als im Osten – grundlegend veränderten. Der recherchierten Literatur sind folgende Merkmale zur Charakteristik dieses Wandlungsprozesses zu entnehmen:

1. „Die Lebensphase zwischen dem 14. und etwa dem 30. Lebensjahr verkompliziert sich durch längere Bildungszeiten, kumulative Bildungsgänge, provisorische Ausbildungs- und Berufsentscheidungen erheblich. Warteschleifen, Abbrüche und Zwischenschritte verleihen dieser Lebensphase eine neue Unübersichtlichkeit, die den alten jugendsoziologischen Konzepten eines punktuellen und definitiven Übergangs in die finanzielle Selbständigkeit Hohn sprechen" (Brock u.a. 1991:11).
2. Die zeitliche Ausdehnung der Jugendphase mit der Konsequenz des späteren Einstiegs in den Erwerb hat nach Glaß (1994: 21f.) den „partiellen Verlust an Integrationskraft der Arbeit" und die Einbuße an sozialisatorischer Bindekraft der Arbeitswelt für diese Lebensphase zur Folge. In diesem Zusammenhang sei auch der Aspekt des vieldiskutierten Wertewandels zu sehen. Dem Autor geht es um das „differenziert zu sehende Bild eines Wandels der Option Jugendlicher ... weg von der alternativen Einstellung ‚Arbeit, ja oder nein' und hin zu einer Haltung, die grundsätzlich ‚Ja' zur Arbeit sagt, jedoch gleichzeitig nach den subjektiven

nach den subjektiven Kosten hierfür fragt, den subjektiven Nutzen mit im Blick hat und darüber hinaus die sozialen Bedingungen für Arbeiten kritisch hinterfragt".

3. Der historisch-soziale Kontext, innerhalb dessen Jugendliche derzeit ihre jugendtypischen Entwicklungsaufgaben – einschließlich der Übergänge von der Schule in die Berufsausbildung und von dieser ins Erwerbsleben – zu erfüllen haben, ist unter anderem gekennzeichnet durch den Prozeß zunehmender „Individualisierung" von Lebensverläufen. Dieser bringt mit der Enttraditionalisierung der öffentlichen Handlungserwartungen sowohl Chancen für unterschiedliche Lebensentwürfe, für den Ausbruch aus starren Rollen und damit mehr individuelle Entscheidungsmöglichkeiten mit sich. Zugleich stellt er das Individuum vor den Zwang, autonome, gegenüber sich selbst verantwortbare Entscheidungen über das eigene Leben treffen zu müssen. Gerade für Jugendliche ergeben sich hieraus zahlreiche, besonders im Osten überfordernde Orientierungsprobleme (vgl. Bien u.a. 1994).
4. Im Osten Deutschlands erfordert der Wandel normativer Vorgaben für die Lebensgestaltung noch mehr Umstellungsfähigkeit als im Westen, da hier die sich neu eröffnenden Individualisierungschancen infolge der real gegebenen wirtschaftlichen und sozialen Chancenstruktur an ihre materiellen Grenzen stoßen. Die Anforderung an die frühzeitige Entwicklung eigener Handlungsperspektiven ist unter diesen Bedingungen somit gleichzeitig die Ursache für neuartige Belastungen (Palentien u.a. 1993).

1.4 Klassifikationsansätze zu Bewältigungsformen von Arbeitslosigkeit im Jugend- und frühen Erwachsenenalter

Schumacher (1986: 46ff.) beschreibt folgende charakteristische, die Persönlichkeitsentwicklung störende Symptome der Jugendarbeitslosigkeit:

1. Dequalifikation (allmählicher Verlust erworbener oder gar Verhinderung des Erwerbs von beruflichen und Verkümmerung sozialer Kompetenzen)
2. Erschwerte Ablösung aus der Herkunftsfamilie
3. Finanzielle Beschränkungen
4. Eingeschränkte soziale Kontakte
5. Erschwerte Identitätsfindung und Minderwertigkeitsgefühle
6. Gefühl der Zukunftslosigkeit und Zukunftsängste
7. Psychosoziale Belastungsreaktionen

8. Verlust eines von Sinnhaftigkeit geprägten Umgangs mit Zeit
9. Statusverlust

Diese gehäuft beobachtbaren Symptome von Arbeitslosigkeit im Jugendalter sind jedoch nicht im Sinne typischer, mit kausaler Notwendigkeit eintretender Folgen zu werten. Wir gehen davon aus, daß die Heterogenisierung der Arbeitslosigkeit eine differentielle Arbeitslosenforschung notwendig macht, „die akzeptiert, daß Arbeitslose keine homogene Gruppe bilden und Arbeitslosigkeit nicht für alle Betroffenen dasselbe bedeutet" (Wacker 1985: 99). Dafür nennt Wacker folgende Gründe:

1. individuelle sozialstaatliche Absicherungen im Falle der Arbeitslosigkeit und die damit verbundene Vielfältigkeit materieller Lebenslagen,
2. die sozial ungleiche Verteilung von Arbeitslosigkeit und die Konfrontation mit unterschiedlichen Problemlagen in Abhängigkeit von Lebensalter und biografischer Situation,
3. trotz Massencharakters wird Arbeitslosigkeit immer individuell und in unterschiedlichen persönlichen Situationen erfahren.

„Allgemeine Aussagen über *die* Auswirkungen von Arbeitslosigkeit abstrahieren daher in unzulässiger Weise sowohl von den unterschiedlichen Formen der Arbeitslosigkeit als auch von den Handlungsmöglichkeiten des Betroffenen" (ebd.: 101). Arbeitslosenforschung, die eine differenzierende Sicht auf beobachtbare Verarbeitungsformen der Arbeitslosigkeit durch Betroffene zuläßt, kann den Weg zu einer effizienteren, weil individuumbezogenen sozialen Arbeit bahnen.

In der Literatur sind unterschiedliche Klassifikationsansätze zu Verarbeitungsformen von Arbeitslosigkeit durch jugendliche Betroffene zu finden. Diese Typisierungen sind im Ergebnis voneinander unabhängiger Untersuchungen auf unterschiedlicher methodischer Basis entstanden. Neben empirischen Erhebungen, die sich der Methoden der quantitativen Sozialforschung bedienten, scheinen uns jene qualitativen Untersuchungen von besonderem Wert, die auf der Grundlage offener Interviews Einzelfallbeschreibungen vornahmen, um zur Erfassung typischer Betroffenheits- und Verarbeitungsformen gegenüber der Arbeitslosigkeit zu gelangen (vgl. Vonderach 1992: 57f.). Während für die alten Bundesländer einige neuere qualitative Studien zu Bewältigungsformen der Jugendarbeitslosigkeit vorliegen, erweist sich der Forschungsstand für den ostdeutschen Raum als eher dürftig. Abgesehen von einigen Anhaltspunkten zur Befindlichkeit arbeitsloser Jugendlicher und ihres Umgangs mit der Situation der Erwerbslosigkeit, die den in geringer Zahl erschienenen quantitativen Untersuchungen zu entnehmen sind, werden wir uns bei der Darstellung wichtiger Forschungsergebnisse vor allem auf westdeutsche Studien stützen. Der Versuch einer übergreifenden Systematisierung ist kaum angebracht, da die den jeweiligen Klassifizierungen zugrundegelegten Kriterien voneinander abweichen. Wir beschränken uns daher auf die Wiedergabe der von uns gefundenen Positionen und diskutieren diese unter Bezugnahme auf die Situation jugendlicher Arbeitsloser in Ostdeutschland.

Wacker unterscheidet individualisierte und kollektive sowie nach innen bzw. nach außen gerichtete Bewältigungsmuster. Daraus lassen sich verschiedene Systematisierungen ableiten. Kollektive, nach außen gerichtete Verarbeitungsformen sind z.B. öffentliche Protestaktionen. Den Gegenpol bilden individuelle, nach innen gekehrte Formen, die bis zur Autoaggression reichen können. Empirisch dominant seien jedoch solche individualisierten Muster, die von der Gesellschaft als konform akzeptiert werden, wie z.B. erhöhte Mobilitätsbereitschaft, (Um-)Qualifizierung, Fortsetzung der Stellensuche usw. (Wacker 1976).

Die Wahrscheinlichkeit der individualisierten Verarbeitung wird nach Schumacher (1986:104f.) erhöht durch die Isolation der Betroffenen voneinander, das Fehlen eines konkreten Gegners und die Individualisierung der Arbeitslosigkeit (d.h. die Heterogenität der Lebenslagen), die eher zur Konkurrenz unter den Betroffenen führen.

Obwohl die Verbreitung der Arbeitslosigkeit in Ostdeutschland größer ist als in den alten Bundesländern und die Ursachen vorrangig außerhalb der Person gesucht werden (vgl. Vollbrecht 1993: 20)[4], scheinen die Voraussetzungen für eine eher individualisierende Verarbeitung auch hier gegeben. Der kollektive Aspekt kann jedenfalls auch hier nur sporadisch und kurzzeitig beobachtet werden.

Während ostdeutsche Jugendliche – ähnlich der westdeutschen Bevölkerung – Arbeitslosigkeit von vornherein als im Lebensentwurf zu kalkulierende Möglichkeit kennenlernen, steht sie in krassem Gegensatz zum Daseinsverständnis der Älteren. Hieran läßt sich folgende Hypothese zur Situation in Ostdeutschland knüpfen: Jugendliche Arbeitslose empfinden ihre Situation eher als frustrierende Normalität, Ältere eher als Anormalität. Beide Gruppen reagieren zunächst (d.h. in der Phase des Weges in die Arbeitslosigkeit) vorwiegend mit nach außen gerichteten Bewältigungsstrategien. Während in Abhängigkeit von der Dauer und der Mißerfolgsquote die Älteren zur Verinnerlichung des Problems neigen, finden bei den Jugendlichen eher Formwandlungen der nach außen gerichteten Verarbeitung statt, die mitunter in Diskrepanz zur Zweckmäßigkeit der Mittel geraten können (deviantes Verhalten).

---

4 In einer Leipziger Jugendstudie gaben 17% der befragten jugendlichen Arbeitslosen an, die Arbeitslosigkeit sei für sie ein individuelles Problem; für zwei Drittel stand der kollektive Aspekt im Vordergrund (Starke 1991).

Aus den 80er Jahren liegen einige westdeutsche Studien vor, in denen lebensgeschichtliche Aspekte der Jugendarbeitslosigkeit im Vordergrund stehen (Diezinger u.a. 1983; Alheit & Glaß 1986; Vonderach 1992). Auf zwei von ihnen wollen wir an dieser Stelle näher eingehen.

Alheit & Glaß verfolgen mit ihrer Untersuchung das Ziel, „aus dem lebensgeschichtlichen Verbund die je individuellen Verarbeitungsformen der Belastungen als Bestandteile des biographischen Prozesses dingfest zu machen und auch als solche zu erklären" (Glaß 1991: 74). Sie arbeiten – ohne den Anspruch einer Typisierung zu erheben – an einer relativ geringen Probandenzahl fünf Verarbeitungsvarianten von Arbeitslosigkeit durch Jugendliche heraus:

1. *Verarbeitungsmuster „schwierige Sozialisationskarriere":*
   Arbeitslosigkeit wird durch andere biographische Erfahrungen überlappt und tritt als eigenständiges Problem in den Hintergrund.
2. *Verarbeitungsmuster „biographische Bruchstelle":*
   Arbeitslosigkeit wird als zentraler biographischer Bruch erfahren – Reaktion mit psychosozialen Deprivationserscheinungen.
3. *Verarbeitungsmuster „Surrogatkarriere" (Maßnahmekarrieren):*
   Arbeitslosigkeit wird durch Scheinkarrieren in unrealistischen Ausbildungsmaßnahmen bearbeitet.
4. *Verarbeitungsmuster „Subkarrieren":*
   Der Arbeitslosigkeit wird durch Tätigkeiten in der Schattenökonomie begegnet bzw. durch Bindung an subkulturelle Milieus.
5. *Verarbeitungsmuster „kollektive Betroffenheit":*
   Organisation in Arbeitsloseninitiativen bzw. sonstigen politischen und gewerkschaftlichen Gruppen.

Als entscheidendes Ergebnis des Vergleichs dieser Verarbeitungsmuster nennt Glaß (1991: 68ff.) den Umstand, daß die Mobilisierung von „Überlebenswissen", d.h. bestimmter, bereits entwickelter biographischer Bewältigungsstrategien die „klassische Brucherfahrung" eher zurückdrängt. Dies könnte auch für ostdeutsche Jugendliche relevant sein. Arbeitslosigkeit erscheint damit als *ein* Problem, das den entsprechenden biographischen Abschnitt in seinem Verlauf bestimmt, gegebenenfalls transformiert wird oder aber bereits vorhandene Problemlagen verschärft. Aus dieser Sicht läßt sich Arbeitslosigkeit in die jeweilige Lebensgeschichte einordnen und differentiell bewerten, andererseits aber zum Zwecke der fallübergreifenden Beschreibung des Umgangs mit Arbeitslosigkeitserfahrungen aus den Biographien herauslösen.

Vonderach (1991) legte eine qualitative Untersuchung unter 18-30jährigen Langzeit- und Mehrfacharbeitslosen mit niedrigem bis mittlerem Schulabschluß im westdeutschen ländlichen Raum vor. Auch hier interessierte die biographische Bedeutsamkeit der Arbeitslosigkeit, wie sie in der erzählten Lebensgeschichte zum Ausdruck kommt. Darüber hinaus erfolgte auf der Grundlage einer fallübergreifenden komparativen Analyse der Interviews eine soziologische Typenbildung, in deren Ergebnis sieben lebensgeschichtliche Bewältigungsmuster langandauernder Arbeitslosigkeit herausgearbeitet wurden. Der Längsschnittcharakter steigert den Wert dieser Untersuchung zusätzlich.

An dieser Stelle beschränken wir uns auf eine verknappte Darstellung der ermittelten Bewältigungsmuster, in denen der Autor teils eher traditional-normalbiographische, teils eher modern-individualistische Ausrichtungen wiederfand:

I. Phase der Arbeitslosigkeit als Biographieblockierung

1. Muster: Alle Kräfte sind auf die (Wieder)herstellung *berufs*biographischer Normalität gerichtet, Wert wird auf qualifizierte Berufsarbeit gelegt (junge Männer mit niedrigem Schul- und Berufsabschluß).

2. Muster: Ziel ist die Herstellung *erwerbs*biographischer Normalität, d.h. die Aufnahme einer Arbeit um jeden Preis (sozial und individuell benachteiligte junge Männer meist ohne Berufsabschluß).

II. Phase der Arbeitslosigkeit als eigener Biographieabschnitt

3. Muster: Es werden vor allem Strategien der Ressourcennutzung entwikkelt (junge Männer mit abgeschlossener Berufsausbildung). Die optimale Nutzung der erreichbaren materiellen (sozialstaatlichen) Ressourcen wird zum Inhalt der Lebensführung. Grundlage hierfür sind individualistische und hedonistische Vorstellungen nach dem Grundsatz „Arbeit muß sich lohnen". Möglichkeiten zur Schwarzarbeit und Gelegenheitsjobs, aber auch „Maßnahmekarrieren" werden zur Absicherung des Bezugs von finanziellen Mitteln genutzt.

4. Muster: Es erfolgt die Herausbildung von Strategien einer Armutsökonomie (junge Frauen mit Berufsabschluß und Berufserfahrungen in der Mutterrolle). Für diese jungen Frauen ging das ursprüngliche Konzept der abwechselnden oder gleichzeitigen Wahrnehmung der Familien- und der Berufsrolle nicht auf. Die Folgen sind zunehmender Qualifikationsverlust, sinkende Chancen am Arbeitsmarkt und daher eine lange andauernde Arbeitslosigkeit. Die Kommunikation mit den Ämtern wird zu einer wesentlichen Beschäftigung („Professionalisierung der Ämterkompetenz").

III. Phase der Arbeitslosigkeit als Übergang zu neuen Biographieabschnitten und Lebensformen

5. Muster: Die Betroffenen begeben sich auf eine berufsbiographische Individualisierungssuche (unverheiratete Frauen ohne Kinder und ohne abgeschlossene Berufsausbildung). Die erfolglose Suche nach Selbstverwirklichung führt zu einer gewissen Orientierungslosigkeit, aus welcher die Aneinanderreihung von „Übergangsepisoden" mit unbestimmtem Ziel folgt. Abgebrochene Lehrverhältnisse, Auslandsaufenthalte, Umzüge, Gelegenheitsjobs bestimmen das Leben.

6. Muster: Die Erwerbslosigkeit fällt mit der Wahrnehmung der Familienrolle zusammen (Frauen mit Kindern). Einige dieser Frauen sehen die Erwerbspause zugunsten der Kindererziehung positiv und planen den Wiedereinstieg ins Berufsleben. Die eigene Erwerbslosigkeit wird als Familienphase definiert (Phasenmodell). Andere Frauen streben die Gleichzeitigkeit von Familien- und Berufsrolle an. Da die Realisierung dieses Ideals abhängig ist von regionalen Arbeitsmarktchancen und der Aushandlung der Rollenwahrnehmung in der Partnerbeziehung, ist die Folge oft eine ausgeprägte Unzufriedenheit. Familien- und Berufsorientierung stellen sich oft ambivalent dar (Integrationsmodell).

7. Muster: Alle Kräfte sind auf einen beruflichen/biographischen Neuanfang gerichtet. Mit Arbeitslosigkeit verbindet sich entweder die Hoffnung auf eine höherqualifizierte Beschäftigung oder sie wird im Falle wiederholter Ausbildungsabbrüche und Nichterwerbszeiten als ein Abschnitt der ausgedehnten Berufsfindungsphase interpretiert. Mitunter wird die Zeit der Arbeitslosigkeit auch als Freiraum zur beruflichen und biographischen Neuorientierung aufgefaßt, mit der sich Hoffnungen auf die Integration der eigenen Persönlichkeit in neue und sinnvolle Aufgabenstellungen möglicherweise fern der beruflichen und familiären Normalbiographie verbinden.

Das Verdienst Vonderachs besteht u.E. vor allem darin, daß es ihm gelang, den Zusammenhang zwischen der Pluralisierung der Biographiekonzepte und den Bewältigungsmustern gegenüber der Arbeitslosigkeit herauszuarbeiten.

Untersuchungen, die sich mit Problemen der Verarbeitung von Arbeitslosigkeit speziell bei ostdeutschen Jugendlichen beschäftigen, entstanden auf der Grundlage quantitativer Erhebungen. Klassifikationsansätze werden nur mit Vorsicht angeboten.

So beschreibt Thiele (1990 und 1991) im Ergebnis einer repräsentativen Arbeitslosenbefragung von 1990 bei ostdeutschen Jugendlichen zwei generelle Verarbeitungsmuster von unfreiwilliger Arbeitslosigkeit, die jedoch selten in „reiner" Form auftreten:

1. Etwa 80% empfanden die Arbeitslosigkeit als kränkenden Eingriff in die Persönlichkeitsstruktur; sie waren durch dieses Ereignis mutlos und unsicher.
2. Etwa 20% der ostdeutschen Jugendlichen konnten 1990 der Arbeitslosigkeit auch starke positive Seiten abgewinnen. Sie empfanden diese als Befreiung von sozialen Zwängen und begrüßten neu erwachsende Handlungsspielräume. Dies waren vor allem niedrig qualifizierte Jugendliche sowie jene, die in der vorher ausgeübten Tätigkeit keine Sinnerfüllung sahen.
   Eine Paneluntersuchung bei ostdeutschen Arbeitslosen aller Altersgruppen ergab, daß diese positive Sicht jedoch mit steigender Dauer der Erwerbslosigkeit vor allem bei den Männern an Bedeutung verliert (Ehrhardt & Hahn 1993: 41).

Im Ergebnis einer Reihe freier Interviews, die 1992 mit jungen Arbeitslosen in Leipziger Arbeitsämtern geführt wurden, fanden Kasek & Spitzky (1992: 135) Indizien zur Verarbeitung von Arbeitslosigkeit. Sie unterteilen ihre Gesprächspartner grundsätzlich in Optimisten und Pessimisten. Die hinsichtlich der beruflichen Aussichten optimistischen Jugendlichen – meist Facharbeiter mit kurzzeitiger Arbeitslosigkeitserfahrung – zeigen jedoch nicht mehr Initiativen bei der Arbeitssuche als diejenigen, die das Ausgeschlossensein vom Arbeitsleben als schmerzvolle Erfahrung erleben. Als typisches Verarbeitungsmuster der Arbeitslosigkeit bezeichnen die Autoren die Verdrängung der Probleme.

In der ostdeutschen Arbeitslosenforschung ist damit eine Forschungslücke benannt, die aufgrund der Spezifik und Brisanz des Themas Jugendarbeitslosigkeit in den neuen Bundesländern dringend zu schließen ist. Westdeutsche Untersuchungsergebnisse bieten zwar einen geeigneten Verständnishintergrund für das Problem der Jugendarbeitslosigkeit im Osten, sind auf hiesige Verhältnisse aber immer nur bedingt anwendbar. Es fehlt an empirischen Untersuchungen zur Verarbeitung und Bewältigung von Arbeitslosigkeit, welche der Spezifik der Lebensläufe und Sozialisationsverläufe ostdeutscher Jugendlicher gerecht werden. Der Bedarf nach einer differentiellen und qualitativen Arbeitslosenforschung ergibt sich unter anderem aus der in der Fachliteratur angemahnten unzureichenden Berücksichtigung vorhandener Ressourcen bzw. berufsbiographischer Erfordernisse bei der Integration Jugendlicher in Maßnahmen der Jugendberufshilfe (vgl. Gabriel 1993: 80).

2. Wahrnehmung und Verarbeitung des Risikos Arbeitslosigkeit

2.1 Stellenwert der Berufsarbeit im Kontext des Wertewandels bei ostdeutschen Jugendlichen

Wertorientierungen beeinflussen nachhaltig die im Jugendalter für die Zukunft zu treffenden Entscheidungen. Sie manifestieren sich in den Lebenszielen der Individuen und bestimmen damit die für die Zukunft anzustrebenden persönlich bedeutsamen materiellen und/oder ideellen Handlungsziele entscheidend mit (vgl. Kuhnke 1994: 56). Orientierungsmuster für Lebensziele werden beeinflußt durch persönliche Interessen und Bedürfnisse der Jugendlichen, aber auch durch gesellschaftliche Normen und Verhältnisse (Behnken u.a. 1991: 96). Die in den alten Bundesländern in den 60er/70er Jahren vollzogenen Wertewandelprozesse ließen auch die Jugendlichen in der damaligen DDR nicht unberührt. Die gleichzeitige Verstärkung ichbezogener, hedonistischer sowie traditioneller Orientierungen seit Ende der 70er Jahre und die Fortsetzung dieser Tendenz auch nach der politischen „Wende" im Herbst 1989 belegen Untersuchungen des ZIJ Leipzig (vgl. Friedrich & Förster 1991a,b; Förster u.a. 1993). Aufgrund dieser langjährigen Befunde äußerten Friedrich & Förster (1991b: 704f.) die These, daß sich auch bei ostdeutschen Jugendlichen nicht eine bloße Ablösung traditioneller Orientierungen durch postmaterialistische – wie von Inglehart für die westlichen Industriestaaten in den 70er Jahren behauptet – vollzieht. Das Anwachsen der Bedürfnisse und Ansprüche nach Selbstbestimmung, Unabhängigkeit, Entscheidungsfreiheit, aber auch nach selbstlosem Einsatz für Gerechtigkeit sowie nach festen sozialen Kontakten ging schon zu DDR-Zeiten einher mit einer wachsenden Wertschätzung materieller und hedonistischer Lebensziele.

Mit der weiteren gleichzeitigen Zunahme traditioneller wie moderner Werte (vgl. Behnken u.a. 1991, Jugendwerk der Deutschen Shell 1992, Veen u.a. 1994, Bien u.a. 1994 u.a.) setzt sich der lange vor dem gesellschaftlichen Umbruch begonnene Wertewandelprozeß seit dem Herbst 1989 mit „erhöhter Dynamik" (Friedrich & Förster 1991b: 704) fort. Diese Entwicklung wird zum einen bedingt durch die spezifischen Sozialisationserfahrungen der in der DDR aufgewachsenen Jugendlichen, zum anderen spiegeln sich darin die ökonomische und makro- sowie mikrosoziale Situation, aber auch die Erwartungen und Hoffnungen der ostdeutschen Jugendlichen an die zukünftige gesellschaftliche Entwicklung wider. Damit trägt deren Wertesystem „die individualistischen Züge der westlichen Länder (...), daneben aber auch Momente einer traditionellen Normalbiographie..." (9. Bundesjugendbericht 1994: 80).

Mit Kuhnke fassen wir drei seit der „Wende" zu beobachtende Tendenzen der Entwicklung von Lebensorientierungen bei ostdeutschen Jugendlichen (Kuhnke 1994: 60) zusammen:[5]

1. Einzelne Orientierungen scheinen sich an die für westdeutsche Jugendliche 1990 ermittelten Ausprägungen *anzugleichen* Dies äußert sich z.B. im Rückgang der Orientierung auf eine eigene Familie oder sozialer Orientierungen bei den Jugendlichen in den neuen Bundesländern.
2. In der schnellen Zunahme der Wertschätzung materieller und hedonistischer Lebensziele (hohes Einkommen, aufregendes Leben, modische Kleidung) äußert sich realer *Nachholbedarf* ostdeutscher Jugendlicher. Diese werden daher im Osten nach der „Wende" deutlich höher bewertet als unter DDR-Lebensverhältnissen.
3. Es gibt aber auch *„fortdauernde tendenzielle Unterschiede"* zwischen ost- und westdeutschen Jugendlichen, welche sich z.B. an der höheren Ausprägung des Selbstverwirklichungsanspruchs an die Arbeit oder einer noch höheren Leistungsorientierung bei Jugendlichen in den neuen Bundesländern ablesen lassen.

Vor dem Hintergrund der Struktur- und Wertewandeldebatte wird in der Literatur besondere Aufmerksamkeit der Diskussion um den Stellenwert der Berufsarbeit im Zukunftsbild der Jugendlichen gewidmet, da den Arbeits- oder Berufsorientierungen unter den Wertvorstellungen eine zentrale Rolle zukommt. Jugendstudien der Nachwendezeit stimmen darin überein, daß die Berufsarbeit in der Wertehierarchie der Jugendlichen einen enorm wichtigen, oft sogar den wichtigsten Platz einnimmt (vgl. Behnken u.a. 1991: 97; Seiring 1995: 49; Meier 1992: 201ff.; Förster u.a. 1993: 171f.; Kuhnke 1994: 68; Bertram 1994: 287; Golz & Heller 1995; dies. 1996 u.a.).

Nach Förster u.a. (1993: 170ff.) hat der Wert der Arbeit erst seit 1989/90 einen Spitzenplatz in der Hierarchie der Lebensziele ostdeutscher Jugendlicher erhalten. Zu DDR-Zeiten sei eine sinnerfüllte Arbeit zwar auch positiv eingeschätzt worden, jedoch handelte es sich dabei um einen Lebenswert, den es aufgrund der Arbeitsplatzgarantie weniger aktiv anzustreben galt (vgl. auch Brämer & Heublein 1990: 6f.).

Verschiedene Untersuchungen arbeiten die u.E. mit Blick auf die Wertewandeldiskussion wichtige Erkenntnis heraus, daß verstärkt beobachtbare hedonistische Wertvorstellungen unter Jugendlichen in Ost und West durch-

5 Ergebnis eines Vergleichs der Ergebnisse der Leipziger Längsschnittuntersuchung des DJI von 1992 mit den Befunden der Schülerstudie '90 und der Untersuchung „Jugend und Medien '92".

aus nicht im Widerspruch zu einer hohen Arbeitsmotivation stehen. So erbringt eine vergleichende Schülerstudie des DJI (Gille 1992: 21f.) den empirischen Nachweis, daß die in früheren Untersuchungen für westdeutsche Jugendliche nachgewiesene Verknüpfung von Selbstentfaltung und Hedonismus mit einer hohen Leistungsbereitschaft und Arbeitsmotivation auch bei ostdeutschen Schülern zu finden ist. Der Selbstverwirklichungsanspruch verbindet sich bei Jungen und Mädchen mit inhaltlichen Aspekten der Arbeit. Die Autorin glaubt einen starken Bezug von Selbstentfaltungsbedürfnissen auf den Berufsbereich bei Jugendlichen in Ost *und* West zu erkennen. Wir würden jedoch die zitierten Befunde etwas vorsichtiger werten: der zwischen den Items „Entfaltung persönlicher Fähigkeiten" und „eine interessante Arbeit, die mir etwas bedeutet" ermittelte Korrelationskoeffizient erscheint uns nicht beweiskräftig genug, um von einer *starken* Beziehung zwischen diesen zu sprechen, sondern ist wohl eher ein Hinweis auf die statistische Verknüpfung beider Wertorientierungen, den es weiter zu prüfen gilt.

Einen ähnlichen Hinweis liefern für ost- und westdeutsche Jugendliche Behnken u.a. (1991: 101). Mittels Faktoranalyse wurde hier aus den verwendeten Werteitems unter anderem der Faktor „Selbstverwirklichung" gewonnen. Die darin verknüpften Werte „sich selbst verwirklichen", „ein aufregendes, erlebnisreiches Leben führen", „Erfüllung in der Arbeit finden", „unabhängig sein" sowie (nur im Osten) „gute Freunde haben" deuten darauf hin, „daß sich der Selbstverwirklichungsdrang der Jugendlichen auf verschiedene Lebensbereiche wie Arbeit, Freizeit und soziale Beziehungen bezieht".

2.2 Arbeit, Beruf und Identität

Als hinreichend gesicherte Erkenntnis gilt, daß Arbeit und Beruf von der überwiegenden Mehrheit der ostdeutschen Jugendlichen als wichtige oder sogar zentrale Lebenswerte aufgefaßt werden. Nunmehr sollen inhaltliche Aspekte ihrer Arbeits- und Berufsorientierungen betrachtet werden. In diesem Zusammenhang interessiert die Frage, inwieweit die Jugendlichen in Ostdeutschland unter den neuen wirtschaftlichen Bedingungen, welche ein Mehr an Entscheidungsmöglichkeiten, aber auch einen bislang nicht gekannten Konkurrenzdruck am Lehrstellen- und Arbeitsmarkt bedeuten, weiterhin die Komplexität und Vielschichtigkeit der Arbeit, d.h. ihren sinnstiftenden Faktor sehen, oder aber Arbeit vorrangig als Job, als Mittel zur Existenzsicherung wahrnehmen. Aufgrund der in den 80er Jahren unter DDR-Verhältnissen durchlaufenen Sozialisation, aber auch infolge spezifischer aktueller Lebensbedingungen ist zu vermuten, daß Arbeit und Beruf durch ostdeutsche Jugendliche eine teilweise etwas andere inhaltiche Deutung erfahren als durch ihre Altersgefährten in den alten Bundesländern.

In Westdeutschland war die subjektive Bedeutsamkeit von Arbeit in den Wertvorstellungen Jugendlicher bereits in den achtziger Jahren Gegenstand der Diskussion. Mit Blick auf Ergebnisse relevanter Jugenduntersuchungen der achtziger Jahre verweist z.B. Böhnisch (1994: 50) darauf, daß die Notwendigkeit, überhaupt arbeiten zu müssen, um sein Leben fristen zu können, von nahezu allen Jugendlichen pragmatisch anerkannt, aber von vielen nicht mehr als sinnstiftender Faktor begriffen wird, auf den sich ein gesamtes Leben gründen läßt. So kamen Brock & Otto-Brock (1988) im Ergebnis einer quantitativen Untersuchung unter westdeutschen Bedingungen zu dem Schluß, daß von einer Zunahme instrumenteller Arbeitsorientierungen und einer „Relativierung der subjektiven Bedeutsamkeit von Arbeit im Lebenszusammenhang" der Jugendlichen auszugehen sei (S. 448).[6] Ähnlichlautende Zweifel am prinzipiellem Wertverständnis der Arbeit waren bereits 1982 auf dem 21. Deutschen Soziologentag in Bamberg laut geworden. Nicht die Arbeit, sondern Freizeit und Genuß, so wurde behauptet, machen das Zentrum des jugendlichen Wertehorizontes aus. Nach Baethge u.a. (1989) konnten diese Ansichten empirisch nicht belegt werden. Die Mehrheit der Jugendlichen spreche Arbeit und Beruf bei ihrer Suche nach Identität einen hohen, häufig einen zentralen Stellenwert zu. Sie sähe diese in ihren Lebenskonzepten als „sinnstiftende Tätigkeit" an. Nur 16% bevorzugten eine „hedonistische" Lebensgestaltung.

Dieser Befund von der überwiegend sinnstiftenden Bedeutung von Arbeit und Beruf für die westdeutschen Jugendlichen der 80er Jahre scheint sich auch für die ostdeutschen Jugendlichen der 90er Jahre zu bestätigen. Friedrich und Förster (1991b) kamen durch den Vergleich mehrerer Studien von 1978 bis 1990 zu dem Schluß, daß bei der DDR-Jugend schon seit den 70er Jahren *sowohl* der ideelle *als auch* der materielle Wert der Arbeit stetig zunahm. Die Ursachen für den deutlichen Anstieg der intrinsischen Arbeitsmotivation nach der Wende sehen die Autoren in der verstärkt vorhandenen Leistungsstimulation und Konkurrenz sowie in der drohenden bzw. schon vorhandenen Arbeitslosigkeit. Die Zunahme der materiellen Arbeitsmotive werde dadurch bedingt, daß Arbeit als Haupteinkommensquelle zur Befriedigung der hohen materiellen Bedürfnisse erkannt und instrumentalisiert wurde. (Auf den „Mittel-Aspekt" instrumenteller Arbeitsorientierungen weisen auch die Autoren der ersten vergleichenden Schülerstudie des DJI

---

6 Zur Kritik der durch Brock & Otto-Brock verwandten Methode siehe Baethge 1989: 26. Später interpretiert Brock die zitierten Schlußfolgerungen differenzierter: Der im Durchschnittswert so markante Rückgang der sogenannten harten Arbeitswerte sei eher auf Polarisierungstendenzen und ein insgesamt größer werdendes Spektrum von Arbeitsorientierungen zurückzuführen und konzentriere sich hauptsächlich auf männliche Jugendliche (In: Brock u.a. ... 1991: 14).

hin: Man könne sie als Wert „an sich", aber auch als Mittel zur Realisierung anderer Werte betrachten – vgl. Behnken u.a. 1991: 100).

Die Studie „Jugend in Leipzig 1991" (Starke 1991) stellt heraus, daß zum Befragungszeitpunkt (Sommer 1991) der Anspruch, eine *interessante* Arbeit zu bekommen, zu haben oder zu behalten, praktisch für alle Befragten von (sehr) großer Bedeutung war. 83% der Jugendlichen schätzten diesen Wert als sehr wichtig ein. Die Orientierung auf ein hohes Einkommen fiel bei vier Fünfteln der Jugendlichen – vor allem den Lehrlingen – hoch bzw. sehr hoch aus.

Eigene Untersuchungen der GEWIS e.V. bei Neubrandenburger Schülern und Lehrlingen gehen in dieselbe Richtung. Die in der Aggregatvariable „Berufsorientierung" zusammengefaßten Items „im Beruf erfolgreich zu sein", „einen Beruf zu finden, der Ihren Fähigkeiten entspricht", „in der Schule erfolgreich zu sein", „Ihren Traumberuf zu erlernen" sowie „Aufgaben und Pflichten in der Schule zu erfüllen" erhielten z.B. im Jahre 1995 die uneingeschränkte Zustimmung durch knapp 84% und befanden sich damit an der Spitze der Wertehierarchie (Golz & Heller 1995).

Auch die Autoren einer Untersuchung unter ostdeutschen Auszubildenden des BIBB (Beer u.a. 1995:24f.) konnten bei den von ihnen befragten Lehrlingen weder eine „Null-Bock"-Mentalität feststellen noch die Tendenz zur Bewertung der Arbeit als notwendiges Übel zur materiellen Absicherung der Lebensansprüche („neuer Hedonismus"). Auch der „Reproduktionstypus" mit Interesse ausschließlich für die materielle Seite der Arbeit sei in Ostdeutschland kaum vertreten. Arbeits- und Berufsorientierung umfaßt dieser Studie zufolge vielfältige Facetten der Berufsarbeit. Eine hohe Leistungsmotivation sei bei der Mehrzahl der Jugendlichen mit dem Anspruch der persönlichen Zufriedenheit mit der eigenen Arbeit gekoppelt.

Obwohl die vielschichtige Funktionalität der Berufsarbeit für die Lebensgestaltung von ostdeutschen Jugendlichen durchaus wahrgenommen wird, scheinen ihre Arbeitsorientierungen stärker als die der westdeutschen Jugendlichen durch einen ausgeprägten Sicherheits- und Leistungsanspruch geprägt zu sein. Darauf verweisen unter anderem Bien u.a. 1994: 31ff.; Otto & Prüß 1993: 3ff.; Gille 1992: 18ff.; Bundesjugendbericht 1994: 79ff.. Eine Erklärung hierfür ist sicher in den spezifischen ostdeutschen Sozialisationsbedingungen der 80er Jahre, aber auch in der persönliche Verunsicherungen produzierenden gesamtgesellschaftlichen Situation in den östlichen Bundesländern zu suchen.

Die starke Sicherheitsorientierung ostdeutscher Jugendlicher wird häufig mit dem Anstieg sowohl intrinsischer als auch materieller Aspekte der Berufsorientierung bei ostdeutschen Jugendlichen seit der „Wende" in Verbindung gebracht: Letzterer wird grundsätzlich aus der für die Jugendlichen in den neuen Bundesländern ungewohnten Situation der Konkurrenz um knapper werdende Ausbildungsstellen und Arbeitsplätze heraus erklärt. Der als traditionell geltende Sicherheitswert der Arbeit wurde somit für die ostdeutsche Jugend (und nicht nur für die Jugend!) erst mit den neuen gesellschaftlichen Verhältnissen relevant und wird aufgrund der an die Stelle vormals vorhandener Sicherheiten getretenen *Unsicherheiten* im allgemeinen höher eingestuft, als dies in den alten Bundesländern der Fall ist. Gleichzeitig haben ostdeutsche Jugendliche weiterhin hohe inhaltliche Ansprüche an die Arbeit. Es geht ihnen also nicht um einen Job schlechthin („Hauptsache Arbeit"), sondern die Hoffnung und Erwartung, eine sinnerfüllte Arbeit entsprechend den eigenen Neigungen zu finden, scheint trotz der sich im hohen Sicherheitsbedürfnis äußernden antizipierten Unsicherheiten am Lehrstellen- und Arbeitsmarkt – ähnlich den Jugendlichen in den alten Bundesländern – nach wie vor entscheidend für die Berufsmotivation zu sein.

Im Rahmen einer Ende 1990 bei nordrhein-westfälischen Jugendlichen und in Sachsen durchgeführten Vergleichsstudie wurden z.B. für west- und ostdeutsche Jugendliche weitgehende Ähnlichkeiten in der Reihenfolge der Einstufung verschiedener Aspekte der Arbeitsorientierung ermittelt. Gleichzeitig jedoch waren erwähnenswerte Unterschiede in der Bewertung einzelner Orientierungen zu erkennen. An erster Stelle rangierte jeweils die Sicherheitsorientierung, an zweiter Stelle der Selbstverwirklichungsanspruch („eigenständige und kreative Arbeit"), welcher jedoch im Osten noch höher ausfiel als im Westen. Die auf Rang 3 folgenden Aufstiegsmöglichkeiten sowie die lediglich auf Platz 5 (Westen) bzw. 6 (Osten) eingestufte materielle Arbeitsorientierung („viel Geld verdienen"), die Freizeitorientierung der Arbeit („Beruf, der Freizeit nicht beeinträchtigt") sowie die im Faktor „Orientierung an einfacher und ungestörter Arbeit" zusammengefaßten Items spielten hingegen im Westen eine größere Rolle als im Osten. Ein großes Sicherheitsbedürfnis sowie die Orientierung an einer inhaltlich interessanten, eigenständigen und kreativen Tätigkeit prägt somit diesen Befunden zufolge weitgehend den Lebenswert „Arbeit" in beiden Teilen Deutschlands (Mansel u.a. 1992: 49ff.).

Während die Autoren dieses Beitrages das hohe Sicherheitsbedürfnis der Jugendlichen in Ost *und* West als Folge der Wahrnehmung der Bedingungen auf dem Arbeitsmarkt interpretieren, vermutet Gille (1992: 22) möglicherweise unterschiedliche Wurzeln des in Ost und West ähnlich stark ausgeprägten Sicherheitsbedürfnisses. Da bei den ostdeutschen Jugendlichen das Bedürfnis nach einem sicheren Arbeitsplatz in weniger starkem Zusammenhang zu den Werten der Pflicht („stets Anforderungen erfüllen") und Anpassung („nicht aus der Reihe tanzen") steht als bei den westdeutschen Jugendlichen, schlußfolgert die Autorin, daß das *Sicherheitsbedürfnis* hinsichtlich des künftigen Arbeitsplatzes bei ostdeutschen Schülern *strukturbedingt*, d.h. die Folge der Auflösung tradierter gesellschaftlicher Strukturen ist. Bei einer Gruppe stark sicherheitsorientierter westdeutscher Schüler äußert sich dieses Sicherheitsbedürfnis eher als Bestandteil eines konservativen Einstellungssyndroms.

Aus der Erkenntnis heraus, daß es über kurz oder lang gilt, sich dem Konkurrenzdruck am Lehrstellen- und Arbeitsmarkt zu stellen, ist offenbar auch die vor allem unter den Jugendlichen in den neuen Bundesländern ungebrochen hohe Leistungsbereitschaft zu erklären. Mehrere Befunde lassen eine höhere Ausprägung der Leistungsorientierung bei ostdeutschen Jugendlichen vermuten. Eine im Herbst 1990 in Sachsen und Nordrhein-Westfalen durchgeführte Befragung von Schülern und Schülerinnen der Abiturstufe und von Lehrlingen des 1. bzw. 2. Lehrjahres ergab z.B. eine hohe Leistungsbereitschaft in Ost und West, wobei die Zustimmung in den neuen Bundesländern mit 96,8% noch höher ausfiel als in den alten Bundesländern (94,4%) (Mansel u.a. 1992: 48). Die erste vergleichende Schülerstudie ermittelte, daß westdeutsche Schüler und Schülerinnen (78%) eher als ihre ostdeutschen Altersgefährten (68%) es 1990 als erstrebenswert empfanden, keinem Leistungsdruck ausgesetzt zu sein (Behnken u.a., 1991: 97). In der Studie „STUDENT '90" äußerten DDR-Studenten weitaus häufiger, nämlich zu 88%, das Ziel, ihr Leistungsvermögen voll ausschöpfen zu wollen, während dies nur durch 73% der westdeutschen Studenten befürwortet wurde (Brämer & Heublein 1990: 11). Entsprechend hoch wird durch die ostdeutschen Jugendlichen der Gratifikationswert einer guten Berufsausbildung eingeschätzt. Eine Untersuchung von Kirchhöfer & Steiner (1993) bei Ost-Berliner Schülern ergab, daß die hohe Einstufung des Wertes „Leistung" für die eigene Lebensgestaltung unabhängig von den tatsächlich erbrachten schulischen Leistungen erfolgt. Besonders häufig stimmten die befragten Schüler 1991 der Aussage zu, Leistung sei eine entscheidende Bedingung für Erfüllung und Glück (mehr als 90% aller „Leistungskategorien" stimmten diesem Item zu), während sich 1992 dieses Bild relativierte (etwa 65 bis 70%) (zit. nach 9. Bundesjugendbericht 1994: 129). Die Überzeugung, daß die individuelle Leistung ausschlaggebend ist für die Teilhabe am gesellschaftlichen Wohlstand (Chancengleichheit durch Leistung), teilten laut einer 1991 in Leipzig durchgeführten Jugendbefragung 66% der jungen Leute. Männliche Jugendliche sind stärker „vollkommen" davon überzeugt (45%) als Mädchen und junge Frauen (31%) (Starke 1991: 29).

Diese starke Sicherheits- und Leistungsorientierung innerhalb der Arbeitsorientierungen ostdeutscher Jugendlicher geht einher mit einer abnehmenden Zustimmung zu mit Arbeit und Beruf verbundenen sogenannten Pflichtwerten bzw. sozialen Aspekten der Berufswahl. So bezeichnet Kuhnke den tendenziellen Bedeutungsverlust der „sehr auf gesellschaftliche Norm- und Pflichterfüllung ausgerichteten Orientierung ‚im Beruf/in der Arbeit zu den Tüchtigen gehören' als Ergebnis des Wertewandels" (Kuhnke

1994: 69). Eine durch die GEWIS e.V. im Auftrag der KSPW im Frühjahr 1995 bei 14-18jährigen Jugendlichen aus Neubrandenburg und Umgebung durchgeführte Querschnittserhebung ergab u.a., daß die Erfüllung schulischer Pflichten sowie der soziale Nutzen des künftigen Berufes im Vergleich zu beruflichem und schulischem Erfolg sowie dem Streben nach Identität im Beruf schwächer eingestuft werden. Während die Items „im Beruf erfolgreich zu sein", „einen Beruf zu finden, der Ihren Fähigkeiten entspricht" sowie „in der Schule erfolgreich zu sein" durch beinahe alle befragten Jugendlichen als „sehr wichtig" (84%, 80% bzw. 67%) bzw. wichtig" eingestuft wurden, fiel die uneingeschränkte Zustimmung zu den Werten „Aufgaben und Pflichten in der Schule zu erfüllen" (34%) bzw. „einen Beruf zu lernen, der anderen nützt" (32%) deutlich zurückhaltender aus. Über ein Fünftel der Schüler und Lehrlinge maß letzterem Ziel wenig oder keine Bedeutung bei. Haupt- und Realschüler der 8. und 9. Klassen stuften diesen Wert signifikant höher ein als die gleichaltrigen Gymnasiasten (Unveröffentl. Material der GEWIS e.V. 1995).

2.3 Wahrnehmung von Arbeitslosigkeit als gesellschaftliches Problem

Arbeitslosigkeit wurde für die Jugendlichen in den neuen Bundesländern mit dem Beitritt zur Bundesrepublik sehr schnell zu einem der wichtigsten, wenn nicht sogar dem bedeutendsten gesellschaftlichen Problem.

Schröder & Melzer untersuchten auf der Grundlage der Daten des Ende 1990/Anfang 1991 durchgeführten ersten gesamtdeutschen Jugendsurveys den Einfluß der durch die wirtschaftlichen Umbrüche hervorgebrachten ökonomischen Risikolagen auf Jugendliche zwischen 15 und 24 Jahren (Schröder & Melzer 1992:163ff.). Sie heben ebenfalls die unterschiedliche Schwerpunktsetzung bei der Einstufung gesellschaftlicher Probleme in Ost und West hervor. Während westdeutsche Jugendliche eher dazu neigten, die allgemeine Wirtschaftslage durch Krisenphänomene zu charakterisieren (Stagnation des wirtschaftlichen Aufschwungs, Verschärfung der wirtschaftlichen Krise), äußerten die ostdeutschen Jugendlichen hohe Erwartungen an die wirtschaftliche Entwicklung, fühlten sich aber gleichzeitig stärker durch möglichen Arbeitsplatzverlust bzw. Probleme beim Übergang von der Schule zum Beruf bedroht. Dabei wird die künftige Arbeitsplatzentwicklung und Arbeitslosigkeit durch 17,8% der westdeutschen bzw. 26,8% der ostdeutschen Jugendlichen zum Befragungszeitpunkt Ende 1990/Anfang 1991 pessimistisch eingeschätzt. Der entschieden negativen Bewertung der künftigen Entwicklungen am Arbeitsmarkt stehen vor allem im Osten vergleichsweise hohe Erwartungen an die zukünftige technologische Entwicklung des eigenen Landesteiles gegenüber: 26,2% der westdeutschen Jugendlichen waren überzeugt, daß ihr Land „auch weiterhin technisch und wirtschaftlich seine Spitzenposition behaupten“ wird, während 42,2% der ostdeutschen Jugendlichen erwarteten, daß ihr Land „technisch und wirtschaftlich zu den entwikkelten Ländern aufschließen“ wird. In der ambivalenten Beurteilung der wirtschaftlichen Situation durch die ostdeutschen Jugendlichen kämen „sowohl deren Hoffnungen als auch deren Ängste zum Ausdruck (...), sich in einem für sie radikal veränderten wirtschaftspolitischen System zu orientieren.“ (ebd.: 171) Interessant ist besonders die durch Schröder & Melzer vorgenommene, sich anschließende Untersuchung des von den wahrgenommenen ökonomischen Risiken ausgehenden persönlichen Bedrohungsgefühls der Jugendlichen. Diese Ergebnisse werden wir im folgenden Abschnitt diskutieren.

Auch eine durch das DJI 1990 durchgeführte Befragung 15-16jähriger Schüler in Ost und West (Gille 1992) weist für ost- und westdeutsche Jugendliche eine unterschiedliche Beunruhigung über die Probleme am ostdeutschen Arbeitsmarkt aus: 81% der befragten ostdeutschen gegenüber 69% der westdeutschen Neuntkläßler gaben an, angesichts der hohen Arbeitslosigkeit im Osten sehr stark bzw. stark beunruhigt zu sein. Die für die ostdeutschen Schüler genannte Zahl wird durch eine in Mecklenburg-Vorpommern Ende 1992/Anfang 1993 bei Jugendlichen zwischen 14 und 27 Jahren durchgeführte Befragung bestätigt: hier schätzten 84% die Jugendarbeitslosigkeit als sehr großes bzw. großes Problem ein (Otto & Prüß 1993: 13).

Die Ergebnisse der IBM-Studie 1992 bestätigen dies: Für 42% der ostdeutschen, aber nur für 8% der westdeutschen Jugendlichen war im Jahr 1992 Arbeitslosigkeit das wichtigste aktuelle Problem in Deutschland. Darüber hinaus schätzten 38% der jungen Menschen in den neuen und 25% in den alten Bundesländern Erwerbslosigkeit als zentrales Problem auch der nächsten 10-15 Jahre ein (Heiliger & Kürten 1992).

Diese mit antizipierter Arbeitslosigkeit verbundenen Unsicherheiten verstärkten sich bis zur Gegenwart anscheinend für die Jugendlichen in den neuen *und* alten Bundesländern. Im Jahre 1995 steht – dies ermittelte die jüngste Studie des Kölner Instituts für empirische Psychologie – für ost- *und* westdeutsche Jugendliche (14 bis 24 Jahre) das Problem der Arbeitslosigkeit an der Spitze der gesellschaftlichen und politischen Probleme in Deutschland. Nach wie vor zeigen aber die jungen Menschen in den neuen Bundesländern eine größere Sensibilität für dieses Phänomen: 87% von ihnen gegenüber 74% der Jugendlichen im Westen werten die vorhandene Arbeitslosigkeit als großes Problem. 70% in Ost und West rechnen mit einem weiteren Anwachsen der Arbeitslosenzahlen in absehbarer Zukunft (IBM-Studie 1995: 16ff.). Die Tendenz der gewachsenen Sorge westdeutscher Jugendlicher über das Ausmaß der wirtschaftlichen Probleme in Deutschland stellte auch Seiring anhand von Querschnittsberechnungen auf der Grundlage von Daten des Sozioökonomischen Panels fest: Während in den Jahren unmittelbar nach der politischen Wende die hier lebenden Jugendlichen und jungen Erwachsenen (16 bis 27 Jahre) größere Sorgen hinsichtlich der wirtschaftliche Lage Deutschlands äußerten, glich sich der Anteil der westdeutschen Jugendlichen mit großer Besorgnis hinsichtlich der allgemeinen wirtschaftlichen Entwicklung aber bis 1993 an die Zahl der ostdeutschen Jugendlichen an (je etwa 28%). Die Autorin schlußfolgert, daß die „Krise des Ostens" mittlerweile auch viele westdeutsche Jugendliche erreicht hat (Seiring 1995: 45f.).

Nur wenige Untersuchungen liefern Anhaltspunkte über soziodemographische Hintergründe der Einschätzung gesellschaftlicher Problemlagen und Entwicklungsperspektiven. Es scheint jedoch, daß vor allem die Geschlechtszugehörigkeit und das Bildungsniveau, aber auch die materielle Lage einschließlich der Beschäftigungssituation im Elternhaus eine mehr oder weniger pessimistische (oder vielleicht besser: realistische) Sicht auf gesellschaftliche Prozesse bewirken. Ferner kann die Haltung hierzu auch Ausdruck politischer Ansichten sein. Unter diesem Blickwinkel sollte eine negative Einschätzung der gesellschaftlichen Perspektiven eher als Kritik der Verhältnisse aufgefaßt werden. In einer Studie von Förster u.a. (1993: 181f.) zeigten sich z.B. die Abiturienten im Gegensatz zu den jüngeren Schülern am wenigsten mit der gesellschaftlichen Entwicklung zufrieden. Jugendliche aus materiell bessergestellten Elternhäusern waren zufriedener als die übrigen, linksorientierte Jugendliche beträchtlich unzufriedener als rechtsorientierte. Melzer (1992: 86f.) ermittelte eine geringere Sensibilität für ökologische Probleme, aber eine stärkere Beunruhigung über die negative Wirtschaftsentwicklung bei Jugendlichen mit niedrigem Aspirationsniveau (Lehre, Hauptschule) sowie einer instrumentellen Berufsorientierung. Eine negative Wirtschaftskonjunktur wird auch mit zunehmender ökonomischer Eigenverantwortung mehr befürchtet. Mädchen und junge Frauen nehmen dieser und anderen Studien zufolge (vgl. u.a. Förster u.a. 1993: 185) gesellschaftliche Risiken stärker wahr als ihre männlichen Altersgefährten.

2.4 Zu psychosozialen und strukturellen Bedingungen von individuellen Zukunftsoptionen

Das individuelle Zukunftsbild der Jugendlichen in Ost und West wird entscheidend durch eine ambivalente Sicht geprägt, was für ein gedankliches Abwägen von künftigen Chancen und Risiken spricht, aber eine durch Pessimismus geprägte Zukunftssicht ist eher die Ausnahme. Der die eigene Zukunft betreffende Optimismus der Jugendlichen in den neuen Bundesländern war und ist somit ungeachtet der zunehmenden wirtschaftlichen und sozialen Probleme in den neuen Bundesländern hoch. Trotz der in einigen Studien in den Jahren nach der politischen „Wende" beobachteten Relativierung des Optimismus zugunsten einer ambivalenten Erwartungshaltung (vgl. Seiring 1995: 48; Heiliger & Kürten 1992: 77; IBM-Studie 1995: 156ff.) traut sich die Mehrzahl der Jugendlichen also durchaus zu, die auf sie zukommenden Aufgaben und Probleme zu meistern. Mehrere Autoren verweisen auf die mit möglichen Enttäuschungen dieser hohen Erwartungshaltungen verbundenen Gefahren (Bundesjugendbericht 1994: 79; Palentien u.a. 1993: 13; Bertram 1994: 299f.) und appellieren an Wirtschaft und Staat, alle Anstrengungen zu unternehmen, um „zumindest die Ausbildung der Jugendlichen zu sichern" (IBM-Studie 1995: 160) und ihnen realistische Berufschancen einzuräumen (Bertram 1994: 300).

Über diese allgemeine Ebene hinausgehend, untersuchten mehrere Jugendstudien mögliche individuelle und psychosoziale Bedingungen einer mehr oder weniger optimistischen Sicht auf die eigene Zukunft. Die folgenden Ausführungen sollen einen Einblick in ausgewählte Forschungsergebnisse vermitteln. Ihnen ist zu entnehmen, daß – ähnlich wie die Einschätzung wirtschaftlicher Probleme – auch die persönliche Zukunftssicht bei Mädchen und jungen Frauen sowie Angehörigen niedrigerer Bildungsschichten tendenziell pessimistischer auszufallen scheint als bei jungen Männern und Jugendlichen mit höheren Bildungs- und Berufsaspirationen. Als eine weitere wichtige Determinante einer optimistischen bzw. pessimistischen Zukunftssicht kommt die soziale Lage der Eltern bzw. ihr Beschäftigungsgrad in Frage. Mit wachsendem Alter und der damit einhergehenden zunehmenden Identitätsfindung und individuellen Belastbarkeit durch Probleme scheint die Zuversicht für das eigene Leben größer zu werden. Insbesondere stark ausgeprägte personale Ressourcen, so das Vertrauen in die eigenen Fähigkeiten, aber auch hohe internale Kontrollüberzeugungen scheinen eine positive Zukunftssicht zu begünstigen. Individuelle Problembelastungen – schwächere schulische Leistungen, eine zurückhaltende Selbstwertschätzung usw. – hingegen dürften den Optimismus dämpfen.

So stellte sich z.B. Melzer das Ziel, „das multidimensionale Konstrukt ‚Zukunftssicht' in einen differenzierten Erklärungszusammenhang zu stellen" (1992: 68). Wir beschränken uns an dieser Stelle auf eine Zusammenfassung der Erkenntnisse zu den Zukunftsorientierungen ostdeutscher Jugendlicher. Melzer ermittelte, daß Schüler und Erwerbstätige hinsichtlich ihrer Zukunftssicht zwei Pole bilden: Während sich junge Erwerbstätige durch eine stärkere Zuversicht auszeichneten, war bei den Schülern eine skeptische Zukunftssicht stärker ausgeprägt. Auch der Pessimismus-Anteil unter den ostdeutschen Studenten lag mit 22% über dem Durchschnitt. Bei den ostdeutschen Lehrlingen überwogen – im Unterschied zu den zumeist optimistisch oder ambivalent gestimmten Lehrlingen in Westdeutschland – Ambivalenz und Pessimismus. Dies spiegelt Melzer zufolge die unterschiedliche Situation der Lehrlinge in den alten und neuen Bundesländern wider. Nur im Osten ergab sich ein Zusammenhang von Berufsaspirationen und Zukunftssicht: Die optimistische Zukunftserwartung stieg mit dem Aspirationsniveau. Außerdem sahen Jugendliche, deren Ablösungsprozeß vom Elternhaus bereits vollzogen war, ihre Zukunft optimistischer als noch bei den Eltern lebende Altersgefährten.

Melzer prüfte weiterhin eingehend den „bei einer umfassenden Realitätsverarbeitung des Subjekts“ zu vermutenden „Wechselbezug von persönlicher und gesellschaftlicher Zukunftssicht“. Für die ostdeutschen Jugendlichen konnte so ein signifikanter linearer Zusammenhang zwischen wahrgenommenen ökonomischen Risiken und der Ausprägung von Pessimismus und Ambivalenz in der persönlichen Zukunftssicht ermittelt werden. Im Unterschied dazu erwies sich die Antizipation ökologischer Risiken als eine für die individuelle Zukunftssicht wenig bedeutsame Einflußgröße (Melzer 1992: 85).

Einem Beitrag von Schröder & Melzer (1992: 182ff.) ist zu diesem Thema zu entnehmen, daß der Anteil der Jugendlichen, bei welchen über die *Wahrnehmung* eines ökonomischen Risikos hinaus die persönliche Zukunftssicht düster oder ambivalent ausfiel („Risikobedrohung“), der objektiven Situation entsprechend unter den ostdeutschen Jugendlichen immerhin 21,2% betrug (westdeutsche: 15,8%). Nur 28% der Jugendlichen, welche eine Risikobedrohung wahrnahmen, glaubten daran, ihre Lage selbstbestimmt gestalten zu können. Mädchen und junge Frauen, Angehörige unterer Sozialschichten sowie Jugendliche mit niedriger Schulabschlußerwartung fühlten sich überproportional häufig von ökonomischen Risiken persönlich bedroht.

Auch Friedrich & Förster verdeutlichen anhand der im Jahre 1991 erhobenen Daten des Forschungsinstituts der Konrad-Adenauer-Stiftung diesen Zusammenhang zwischen der vermuteten wirtschaftlichen Entwicklung einerseits und der persönlichen Zuversicht andererseits. Die Ausprägung der Zukunftszuversicht fiel bei den ostdeutschen Jugendlichen mit hohen Erwartungen an die Entwicklung der ostdeutschen Wirtschaft in unmittelbarer Zukunft (3 bis 5 Jahre) mit 82% am höchsten und bei Jugendlichen, die eine Verschlechterung der wirtschaftlichen Situation erwarteten, mit 48% am niedrigsten aus (Friedrich & Förster 1994: 138).

Diesen Zusammenhang wertet Kuhnke (1994:39ff.) als weniger bedeutsam. Ein Querschnittsvergleich der Zukunftszuversicht der Neuntkläßler (1991) und Zehntkläßler (1992) ergab, daß trotz der sich verschärfenden wirtschaftlichen und sozialen Situation in Ostdeutschland die überwiegend optimistische Zukunftssicht der Jugendlichen weitgehend stabil blieb. Eine

Erklärung hierfür sieht der Autor in der relativen Unabhängigkeit des individuellen Zukunftsoptimismus von der allgemeinen gesellschaftlichen Entwicklung (ebd.: 40) sowie darin, daß „Teenager zudem durch eine Reihe von Problemen (noch) nicht unmittelbar tangiert werden“ (ebd.: 41). Denn gleichzeitig mit einer insgesamt überwiegend optimistischen Sicht auf die eigene Zukunft fürchten die ostdeutschen Jugendlichen um ihr zukünftiges politisches Mitspracherecht (84%), geben einer Verbesserung der Umweltbedingungen wenig Chancen (82%), fürchten den Anstieg des Drogenkonsums (72%), die Zunahme von Kriminalität (60%), Ausländerfeindlichkeit (57%) sowie Rechtsextremismus (52%), aber auch Wohnungsprobleme (45%) und sorgen sich um den künftigen Arbeitsplatz (45%) (ebd.: 45). Von Interesse wäre in diesem Kontext, ob wahrgenommene makrosoziale Probleme die individuelle Zukunftszuversicht der Jugendlichen beeinflussen.

Andererseits weist Kuhnke einen Zusammenhang zwischen Zukunftsoptimismus und individuellen Merkmalen – so z.B. der Lebenszufriedenheit, dem Geschlecht oder den Bildungsaspirationen, der Wahrnehmung der materiellen Lage bzw. der Beschäftigungslage der Eltern – nach. In diesen Faktoren sind nach Meinung des Autors antizipierte individuelle Chancen integriert. Zusammenhänge zwischen der Zukunftssicht und dem Geschlecht sowie den Bildungsaspirationen werden besonders im Längsschnittsvergleich deutlich: Während sich Mädchen und Jungen 1991 hinsichtlich der Einstellung zur persönlichen Zukunft nicht unterschieden, zeichnete sich eineinhalb Jahre später die Tendenz einer negativeren Einschätzung bei weiblichen Befragten ab. Deutliche Zusammenhänge zwischen den Erwartungen an die künftige Schulbildung und dem Zukunftsoptimismus ließen sich noch 1991 vor der Umstrukturierung des Bildungssystems in Sachsen feststellen: Die zukünftigen Gymnasiasten gaben sich optimistischer als die gleichaltrigen Anwärter der Mittelschule. Dieser Unterschied schrumpfte jedoch nach der Startphase in den getrennten Schultypen – möglicherweise ein Zeichen enttäuschter Erwartungen an die Verwertbarkeit eines höheren Schulabschlusses (ebd.: 41).

Individuelle Problembelastungen wie Berufswahlprobleme, Zweifel in bezug auf die Beeinflußbarkeit der Zukunft, geringere schulische Leistungen, mangelndes Selbstvertrauen usw. haben Kuhnke zufolge negativen Einfluß auf die Zukunftszuversicht. Andererseits sind Vertrauen in die eigenen Fähigkeiten, selbstzugeschriebene Flexibilität und Zielstrebigkeit sowie reflektierte Eigenverantwortlichkeit einer optimistischen Zukunftssicht förderlich (ebd.: 43).

Reißig weist auf die ungünstigen Auswirkungen von Arbeitslosigkeit im Elternhaus auf die psychosoziale Befindlichkeit der Jugendlichen hin. Die individuelle Zuversicht fiel 1992 bei 15-16jährigen Jugendlichen, deren Elern beschäftigt waren, deutlich positiver aus als bei Jugendlichen arbeitsloser Eltern (Reißig 1994: 111).

Einen sehr engen Zusammenhang der persönlichen Zukunftssicht mit dem Selbstvertrauen und den eigenen wahrgenommenen Kontrollmöglichkeiten bei 18- und 19jährigen Jugendlichen sieht Schröpfer. Jugendliche mit geringeren internalen Kontrollüberzeugungen zeigten eine eher pessimistische Einschätzung ihrer persönlichen Zukunft (zuversichtlich äußerte sich nur knapp die Hälfte von ihnen, fast 15% waren hingegen skeptisch gestimmt), während Jugendliche mit sehr starker internaler Kontrolle zu 84% zuversichtlich und nur zu 5% pessimistisch in die Zukunft sahen. Die Konstellation „geringe Kontrollmöglichkeiten – geringes Selbstvertrauen – pessimistische Zukunftssicht – zurückhaltende Einschätzung der Persönlichkeitseigenschaften" bei einer Gruppe von Jugendlichen birgt nach Auffassung der Autorin das Risiko, biographische Brüche und Diskontinuitäten zu erleben (Schröpfer 1994: 176f.).

3. Zusammenfassung

1. Jugendarbeitslosigkeit im Sinne eines gesellschaftlichen Risikos wie auch im Sinne individueller Risikobetroffenheit ist in Westdeutschland Gegenstand zahlreicher empirischer Untersuchungen. In den neuen Bundesländern wird die Problematik der von Jugendlichen antizipierten Arbeitslosigkeit in den zahlreich veröffentlichten Jugendstudien berührt, die Betroffenenperspektive jedoch bleibt bislang – abgesehen von einigen Arbeitslosenbefragungen, in denen nicht immer konsequent nach Erwachsenen- und Jugendpopulationen unterschieden wird – weitgehend unbeachtet. Insbesondere hinsichtlich der individuellen Verarbeitung von Arbeitslosigkeit besteht somit im Osten Deutschlands ausgiebiger Forschungsbedarf.

2. Allgemeine Ursachen der Arbeitslosigkeit sind vor allem in ökonomischen und demographischen Entwicklungen, aber auch in personalstrategischen Überlegungen der Unternehmen zu suchen. Sie können zusätzlich durch individuelle, biographisch bedingte Nachteile der Jugendlichen, z.B. gravierende Bildungs- und Erziehungsdefizite sowie soziale Herkunft, aber auch durch die Geschlechterzugehörigkeit überlagert werden.

3. Die Versorgung mit Lehrstellen konnte in den zurückliegenden Jahren vor allem in Ostdeutschland nur durch aufwendige staatliche Förderungsprogramme, die vorrangig der Bereitstellung außerbetrieblicher Ausbildungsan-

gebote dienten, abgesichert werden. Das Ausmaß der Jugendarbeitslosigkeit in der Gruppe der unter 20jährigen entspricht daher in etwa dem in den alten Bundesländern. Es liegt die Schlußfolgerung nahe, daß trotz der potentiellen Bedrohung der Jugendlichen aller Bildungsschichten beim Übergang von der Schule zur Berufsausbildung im Osten ähnliche Auslesefaktoren wirken wie im Westen.

4. Von den Problemen beim Übergang von der Berufsausbildung ins Erwerbsleben sind potentiell alle Jugendlichen betroffen, vorrangig aber die Absolventen außerbetrieblicher Ausbildungsgänge sowie all jene, die aufgrund sozialer bzw. individueller Nachteile bereits an der ersten Schwelle auf Ersatzlösungen angewiesen waren. Das Scheitern an den Schwellensituationen birgt für diese Jugendlichen die Gefahr des langfristigen, durch „Maßnahmen" oder unsichere Arbeitsverhältnisse unterbrochenen Ausschlusses vom Erwerbsleben.

5. Wird der Erwerb des Berufsstatus' als Voraussetzung für die Bewältigung der jugendtypischen Entwicklungsaufgaben (z.B. Ablösung aus dem Elternhaus, Erwerb ökonomischer Selbständigkeit, Übernahme der Familienrollen) verhindert oder unangemessen verzögert, sind Probleme bei der Integration in die Gesellschaft zu befürchten. In diesem Zusammenhang können auch gravierende Veränderungen der Jugendphase nicht unberücksichtigt bleiben. So ist z.B. eine fortschreitende Verlängerung und Verkomplizierung der Jugendphase im Ergebnis der zunehmenden „Individualisierung" von Lebensverläufen zu beobachten, was zwar ein Mehr an persönlichen Entscheidungsfreiheiten, aber gleichzeitig auch eine Zunahme an Eigenverantwortlichkeit bedeutet, die gerade durch Jugendliche als Überforderung erlebt werden kann.

6. Arbeitslosigkeit im Jugendalter gilt aufgrund der mit ihr verbundenen Anforderungen an die Handlungskompetenzen der Betroffenen als biographische Herausforderung. Mögliche Folgen lassen sich zusätzlich vor dem Hintergrund der nach wie vor hohen Wertbindung von Arbeit und Beruf durch ostdeutsche Jugendliche ermessen. Im Zuge der wirtschaftlichen Auswirkungen der „Wende", den sich nunmehr eröffnenden neuen Möglichkeiten der Schul- und Berufswahl bzw. der Lebensgestaltung insgesamt, aber auch angesichts der ungewohnten Konkurrenz um die knapper werdenden Ausbildungsplätze und Arbeitsstellen treten arbeits- und berufsbezogene Wertvorstellungen der ostdeutschen Jugendlichen verstärkt als hohe Sicherheits- und Leistungsorientierung, materielle Ansprüche, als ausgeprägter Selbstverwirklichungsanspruch sowie als Erwartung einer interessanten und sinnerfüllten Tätigkeit auf.

7. Der individuelle Umgang mit der Situation der Arbeitslosigkeit ist sehr vielgestaltig. Bei der Erforschung der Betroffenenperspektive ist daher grundsätzlich eine Heterogenität anzunehmen, die sich entsprechend verschiedenartig in den Biographien der Betroffenen auswirkt und individuelle Bewältigungsstrategien erfordert. Diesen Anspruch erfüllt am ehesten der in westdeutschen Untersuchungen mehrfach erprobte Ansatz der differentiellen *und* qualitativen Arbeitslosenforschung, der die Möglichkeit der fallübergreifenden Beschreibung und Typenbildung bietet.

8. Zur Bewältigungsproblematik jugendlicher Arbeitsloser liegen für den ostdeutschen Raum bislang nur wenige Forschungsergebnisse vor. Als hinreichend erwiesen gilt, daß Jugendliche im Vergleich zu älteren Erwerbslosen der Situation der Arbeitslosigkeit eher mit aktiven, lösungsorientierten Strategien, so z.B. einer höheren Mobilitäts- oder Konzessionsbereitschaft, begegnen. Eine differenzierte Untersuchung individueller Bewältigungsstrategien bleibt die freilich noch junge ostdeutsche Arbeitslosenforschung jedoch bislang schuldig. Hier sehen wir Forschungsbedarf.

9. Trotz der wahrgenommenen gesellschaftlichen Risiken sehen die Jugendlichen in den neuen Bundesländern überwiegend optimistisch in die Zukunft. Die Zuversicht für einen erfolgreichen Einstieg in Berufsausbildung und Erwerbsleben fällt zwar etwas gedämpfter aus als der allgemeine Zukunftsoptimismus, ist aber angesichts der realen Möglichkeiten der Integration ins Berufsleben insgesamt recht hoch. Trotz der gegenwärtigen und sich abzeichnenden ökonomischen Problemlagen in den neuen Bundesländern ist die Mehrzahl der Jugendlichen davon überzeugt, die anstehenden Schwierigkeiten erfolgreich bewältigen zu können.

10. Die Geschlechtszugehörigkeit sowie das angestrebte Schul- bzw. Berufsbildungsniveau, vor allem aber die mehr oder weniger positive Ausprägung personaler Ressourcen wie Selbstvertrauen, Selbstwertgefühl, individuelles Leistungsvermögen scheinen die Sicht auf die persönliche Zukunft insgesamt wie auch auf die individuellen beruflichen Aussichten nachhaltig zu beeinflussen. Ökonomische Risiken werden demnach vor allem dann als persönlich bedeutsam und für die eigene Zukunft bedrohlich empfunden, wenn bestimmte, im zunehmenden Konkurrenzdruck um Lehrstellen und Arbeitsplätze erforderliche Voraussetzungen nicht oder nur zum Teil erfüllt werden.

4. Literatur

Alheit, P./Glaß, C.: Beschädigtes Leben. Soziale Biographien arbeitsloser Jugendlicher. Ein soziologischer Versuch über die „Entdeckung“ neuer Fragestellungen. Frankfurt a. M./New York, 1986

Baethge, M./Hantsche, B./Pelull, W./Voskamp, U.: Jugend: Arbeit und Identität. Lebensperspektiven und Interessenorientierungen von Jugendlichen. Opladen, 1989

Beer, D./Granato, M./Schweikert, K.: In der Mitte der Ausbildung. Auszubildende in den neuen Bundesländern. Vorläufige Ergebnisse zum Forschungsprojekt 1.509 „Jugend und Berufsausbildung in Deutschland“. Berlin, 1995

Behnken, I./Günther, C./Kabat vel Job, O./Keiser, S./Karig U./Krüger, H./Lindner, B./von Wensierski, H./Zinnecker, J.: Schülerstudie ’90. Jugendliche im Prozeß der Vereinigung. Weinheim/München: Juventa Verlag, 1991

Bertram, B.: Unterschiedliche Lebenswege und Chancen für die Geschlechtergruppen? In: Bertram, B./Bien, W./Gericke, Th./Höckner, M./Lappe, L./Schröpfer, H.: Gelungener Start – unsichere Zukunft? Der Übergang von der Schule in die Berufsbildung. Ergebnisse der Leipziger Längsschnittstudie 2. München: DJI Verlag Deutsches Jugendinstitut, 1994, S. 277-301

Bien, W./Karig, U./Kuhnke, R./Lang, C./Reißig, M.: „Cool bleiben – erwachsen werden im Osten. Ergebnisse der Leipziger Längsschnittstudie. München: DJI Verlag Deutsches Jugendinstitut, 1994

Böhnisch, L.: Das Scheitern jugendlicher Lebensbewältigung bei Arbeitslosigkeit. Konzeptionelle Leitfragen der Sozialpädagogik in der Bekämpfung der Arbeitslosigkeit benachteiligter Jugendlicher. In: Steinmetz, B./Homfeldt, H./Ries, H. A.: Benachteiligte Jugendliche in Europa. Konzepte gegen Jugendarbeitslosigkeit. Opladen: Leske + Budrich, 1994, S. 43ff.

Brämer, R./Heublein, U.: Studenten in der Wende? Versuch einer deutsch-deutschen Typologie vor der Vereinigung. In: Aus Politik und Zeitgeschichte. Beilage zur Wochenzeitung Das Parlament, B44/1990, S. 3-16

Brock, D./Otto-Brock, E.: Hat sich die Einstellung der Jugendlichen zu Beruf und Arbeit verändert? Wandlungstendenzen in den Berufs- und Arbeitsorientierungen Jugendlicher im Spiegel quantitativer Untersuchungen (1955-1985). In: Zeitschrift für Soziologie 6/1988, S. 436-450

Brock, D./Hantsche, B./Kühnlein, G./Meulemann, H./Schober, K. (Hrsg.): Übergänge in den Beruf. Zwischenbilanz zum Forschungsstand. München: DJI Verlag Deutsches Jugendinstitut, 1991

Bundesjugendbericht 1994. Bundesministerium für Familie, Senioren, Frauen und Jugend (Hrsg.): Neunter Jugendbericht. Bericht über die Situation der Kinder und Jugendlichen und die Entwicklung der Jugendhilfe in den neuen Bundesländern. Bonn, 1994

Diezinger, A./Marquardt, R./Bilden, R./Dahlke, H.: Zukunft mit beschränkten Möglichkeiten. Entwicklungsprozesse arbeitsloser Mädchen. 2 Bände. Deutsches Jugendinstitut München, 1983

Ehrhardt, G./Hahn, T.: Verläufe und Verarbeitungsformen von Arbeitslosigkeit. Ergebnisse einer Paneluntersuchung in Ostberlin. In: Institut für Arbeitsmarkt- und Berufsforschung der Bundesanstalt für Arbeit, MittAB 26/1993 1, S. 36ff.

Felber, H./Gabriel, G.: Fehlstart in den Beruf? Anmerkungen zur „Arbeitsweltbezogenen Jugendsozialarbeit". In: Diskurs 2/1993, S. 36ff.

Förster, P./Friedrich, W./Müller, H./Schubarth, W.: Jugend Ost. Zwischen Hoffnung und Gewalt. Opladen: Leske + Budrich, 1993

Friedrich, W./Förster, P.: Ostdeutsche Jugend 1990. In: Deutschland-Archiv 4/1991a, S. 349-361 (I. Teil) und ebd. 7/1991b, S. 701-714 (II. Teil)

Friedrich, W./Förster, P.: Jugendliche in den neuen Bundesländern. In: Veen, H.-J. u.a.: *Eine* Jugend in Deutschland? Orientierungen und Verhaltensweisen der Jugend in Ost und West. Opladen: Leske + Budrich, 1994, S. 119-152

Gabriel, G.: Abwege oder Umwege? Jugendliche und junge Erwachsene in den Projekten der arbeitsweltbezogenen Jugendsozialarbeit in den neuen Bundesländern. DJI-Arbeitspapier 1-083, München, 1993

Gesellschaft für Wirtschafts- und Strukturforschung e.V. (GEWIS): Zur Bedeutung des gesellschaftlichen Phänomens Arbeitslosigkeit in den Zukunftserwartungen Jugendlicher. Ergebnisse einer Befragung unter Neubrandenburger Jugendlichen 1995 (unveröffentlichtes Manuskript)

Gieseke, W.: Emotionale Beziehungsarbeit als Bedingung für Qualifizierungsprozesse benachteiligter Jugendlicher. In: Vonderach, G. (Hrsg.): Jugendarbeitslosigkeit – Biographische Bewältigung und sozialpolitische Programme. Bamberg: Wissenschaftliche Verlagsgesellschaft WVB, 1991, S. 151ff.

Gille, M.: Lebensziele und Politikvorstellungen von Jugendlichen in Ost und West. In: Deutsches Jugendinstitut (Hrsg.): Schüler an der Schwelle zur deutschen Einheit. Politische und persönliche Orientierungen in Ost und West. Opladen: Leske + Budrich, 1992, S. 18ff.

Glaß, Ch.: Jugendarbeitslosigkeit als Gegenstand und Aufgabe qualitativer Sozialforschung. In: Vonderach, G. (Hrsg.): Jugendarbeitslosigkeit – Biographische Bewältigung und sozialpolitische Programme. Bamberg: Wissenschaftliche Verlagsgesellschaft WVB, 1991, S. 61ff.

Glaß, Ch. und Voigt, B.: Gegenstrategien zu sozialen Desintegrationstendenzen und politischer Radikalisierung – Aktuelle Themen und forschungsrelevante Fragestellungen. In: Jugend, Beruf, Gesellschaft 2/1993, S. 71ff.

Glaß, Ch.: Anmerkungen zu einigen aktuellen sowie langfristigen Problemen Jugendlicher/Schüler an der sog. „Ersten Schwelle". In: Jugend, Beruf, Gesellschaft 1/1994, S. 21-26

Golz, L./Heller, P.: Jugendliche im Transformationsprozeß. Panelforschungsbericht. Neubrandenburg, 1995 (unveröffentlichtes Manuskript)

Golz, L./Heller, P.: Jugend im Transformationsprozeß. Untersuchungen zum Sozialisationsprozeß Jugendlicher in der strukturschwachen Region Neubrandenburg. Graue Reihe der KSPW. Berlin, 1996

Heiliger, Ch./Kürten, K.: Jugend '92: Ergebnisse der IBM-Jugendstudie. In: Institut für empirische Psychologie (Hrsg.): Die selbstbewußte Jugend. Orientierungen und Perspektiven 2 Jahre nach der Wiedervereinigung. IBM-Jugendstudie '92. Köln: Bund-Verlag, 1992, S. 68-156

Hermanns, M.: Auswirkungen der Jugendarbeitslosigkeit. In: Aus Politik und Zeitgeschichte. Beilage zur Wochenzeitung Das Parlament, B27/1991 (28.06.1991), S. 20ff.

Hille, B.: Einstellungen und Lebensperspektiven weiblicher Jugendlicher. In: Veen, H.-J. u.a.: *Eine* Jugend in Deutschland? Orientierungen und Verhaltensweisen der Jugend in Ost und West. Opladen: Leske + Budrich, 1994, S. 101-118

IBM-Studie '95. Institut für empirische Psychologie (Hrsg.): „Wir sind o.k.!" Stimmungen, Einstellungen, Orientierungen der Jugend in den 90er Jahren. Die IBM Jugendstudie. Köln: Bund-Verlag, 1995

Jugendwerk der Deutschen Shell (Hrsg.): Jugend '92. Lebenslagen, Orientierungen und Entwicklungsperspektiven im vereinten Deutschland, Bd. 1-4. Opladen: Leske + Budrich, 1992

Kaiser, M./Görlitz, H. (Hrsg.): Bildung und Beruf im Umbruch. Zur Diskussion der Übergänge in die berufliche Bildung und Beschäftigung im geeinten Deutschland. Institut für Arbeitmarkt- und Berufsforschung der Bundesanstalt für Arbeit, Nürnberg, 1992, BeitrAB 153.2.

Kasek, L./Spitzky, N.: Probleme junger Arbeitsloser. In: Kaiser, M./Görlitz, H. (Hrsg.): Bildung und Beruf im Umbruch. Zur Diskussion der Übergänge in die berufliche Bildung und Beschäftigung im geeinten Deutschland. Institut für Arbeitmarkt- und Berufsforschung der Bundesanstalt für Arbeit, Nürnberg, 1992, BeitrAB 153.2, S. 128ff.

Kirchhöfer, D./Steiner, I.: Zur Situation der Schuljugend in Ost-Berlin. Expertise für die Sachverständigenkommission Neunter Jugendbericht. Berlin, 1993 (unveröffentlichtes Manuskript)

Krekel-Eiben, E. M./Ulrich, J. G.: Berufschancen von Jugendlichen in den neuen Bundesländern. In: Aus Politik und Zeitgeschichte, Beilage zur Wochenzeitung Das Parlament 19/1993 (7.5.93), S. 13ff.

Kuhnke, R.: Der gesellschaftliche Umbruch und seine Folgen für die Befindlichkeit, Identität und Verhaltensorientierung. In: Bien, W./Karig, U./Kuhnke, R./Lang, C./Reißig, M.: Cool bleiben – erwachsen werden im Osten. Ergebnisse der Leipziger Längsschnittstudie. München: DJI Verlag Deutsches Jugendinstitut, 1994, S. 31-78

Kunert-Schroth, H./Rauch, N./Siewert. H.: Jugendarbeitslosigkeit – lokale Ausprägungen und Strategien. Berlin: DIfU 1987

Lex, T.: „Männlich, deutsch und fit" – Determinanten des Weges ins Arbeitsleben bei benachteiligten Jugendlichen. DJI-Arbeitspapier 1-077, München, 1993

Mansel, J. (Hrsg.): Reaktionen Jugendlicher auf gesellschaftliche Bedrohung. Untersuchungen zu ökologischen Krisen, internationalen Konflikten und politischen Umbrüchen als Stressoren. Weinheim/München: Juventa Verlag, 1992

Mansel, J./Pollmer, K./Hurrelmann, K.: Gestreßt – in Ost und West. Problematische Lebensbedingungen, Wahrnehmung von Arbeitsmarktrisiken und psychosoziale Befindlichkeit von Jugendlichen beim Übergang von der Schule in den Beruf. In: Neubauer, G./Melzer, W./Hurrelmann, K. (Hrsg.): Jugend im deutsch-deutschen Vergleich. Die Lebenslage der jungen Generation im Jahr der Vereinigung. Berlin: Luchterhand, 1992, S.43-92

Meier, U.: Berufseinstiegsprobleme, Berufsorientierungen und soziale Einstellungen von Auszubildenden in den neuen Bundesländern. In: Seyfried, B./Wordelmann, P. (Hrsg.): Neue Länder – neue Berufsausbildung? Prozeß, Probleme und Perspektiven des Übergangs der Berufsausbildung in den neuen Bundesländern. Berlin, 1992, S. 193-213

Melzer, W.: Jugend und Politik in Deutschland. Gesellschaftliche Einstellungen, Zukunftsorientierungen und Rechtsextremismus-Potential Jugendlicher in Ost- und Westdeutschland. Opladen: Leske + Budrich, 1992

Otto, H.-U./Prüß, F.: Expertise zum ersten Jugendbericht des Landes Mecklenburg-Vorpommern. Zur Situation der Jugend in Mecklenburg-Vorpommern. Einstellungen, Orientierungen, Werthaltungen und Problembelastungen junger Menschen in Mecklenburg-Vorpommern. Bielefeld/Rostock, 1993

Palentien, Ch./Pollmer, K./Hurrelmann, K.: Ausbildungs- und Zukunftsperspektiven ostdeutscher Jugendlicher nach der politischen Vereinigung Deutschlands. In: Aus Politik und Zeitgeschichte, Beilage zur Wochenzeitung Das Parlament 24/1993 (11.6.93), S. 3ff.

Raab, E.: Hilfen zur beruflichen Integration – ein neues Handlungsfeld in einem veränderten Übergangssystem. In: Brock, D./Hantsche, B./Kühnlein, G./Meulemann, H./Schober, K. (Hrsg.): Übergänge in den Beruf. Zwischenbilanz zum Forschungsstand. München: DJI Verlag Deutsches Jugendinstitut, 1991, S.290ff.

Reißig, M.: Familiäre Lebensbedingungen aus der Sicht Jugendlicher. In: Bien, W./Karig, U./Kuhnke, R./Lang, C./Reißig, M.: Cool bleiben – erwachsen werden im Osten. Ergebnisse der Leipziger Längsschnittstudie. DJI Verlag Deutsches Jugendinstitut, München: DJI Verlag Deutsches Jugendinstitut, 1994, S. 79-111

Sacks, P.: Die Qualifikation benachteiligter Jugendlicher und junger Erwachsener als bildungspolitischer Auftrag. In: Jugend, Beruf, Gesellschaft 4/1993, S. 187-90

Schober, K.: Ausbildungs- und Beschäftigungssituation junger Frauen in den neuen Bundesländern. In: Gewerkschaftliche Bildungspolitik 5/1994, S. 116ff.

Schober, K.: Ausbildungsstellenmarkt auch 1995 noch nicht im Gleichgewicht. Institut für Arbeitsmarkt- und Berufsforschung der Bundesanstalt für Arbeit, IAB-kurzbericht, 3/20.3.1995a

Schober, K.: Keine Entwarnung an der zweiten Schwelle. Institut für Arbeitsmarkt- und Berufsforschung der Bundesanstalt für Arbeit, IABkurzbericht, 5/25.4. 1995b

Schober, K.: Gute Noten trotz schwieriger Arbeitsmarktlage. Institut für Arbeitsmarkt- und Berufsforschung der Bundesanstalt für Arbeit, IABkurzbericht, 8/13.7.1995c

Schröder, H./Melzer, W.: Ökonomische Risiken und Verunsicherungspotentiale Jugendlicher in Ost- und Westdeutschland. Vergleichende Befunde aus dem Jahr nach der Wende. In: Mansel, J. (Hrsg.): Reaktionen Jugendlicher auf gesellschaftliche Bedrohung. Untersuchungen zu ökologischen Krisen, internationalen Konflikten und politischen Umbrüchen als Stressoren. Weinheim/München: Juventa Verlag, 1992, S.163ff.

Schröpfer, H.: Kontrollüberzeugungen und handlungsleitende Motivationen. In: Bertram, B./Bien, W./Gericke, Th./Höckner, M./Lappe, L./Schröpfer, H.: Gelungener Start – unsichere Zukunft? Der Übergang von der Schule in die Berufsbildung. Ergebnisse der Leipziger Längsschnittstudie 2. München: DJI Verlag Deutsches Jugendinstitut, 1994, S. 157-187

Schumacher, E.: Arbeitslosigkeit und psychische Gesundheit. Ergebnisse der Forschung. München, 1986

Seiring, K.: Ostdeutsche Jugendliche fünf Jahre nach der Wiedervereinigung. In: Aus Politik und Zeitgeschichte, Beilage zur Wochenzeitung Das Parlament, B20/1995, S.43-55

Starke, U.: Jugend in Leipzig 1991. Zur Situation Jugendlicher in einer ostdeutschen Großstadt. Leipzig, 1991 (unveröffentlicht)

Thiele, G.: Arbeitslosigkeit – Probleme und Perspektiven. Erste und letzte repräsentative Befragung unter Arbeitslosen vom ZJI Leipzig. Unveröffentlichter Forschungsbericht, Zentralinstitut Leipzig, 1990

Thiele, G.: „Jugend ohne Arbeit". Expertise zum Jugendreport. Leipzig, DJI 1991 (unveröffentlicht)

Ulrich, J. G./Westhoff, G.: Die Ausbildung absolviert, den Umbruch auch? – Zum Verbleib junger Fachkräfte aus den neuen Bundesländern. In: Berufsbildung in Wissenschaft und Praxis 4/1994, S. 16ff.

Veen, H.-J. u.a.: *Eine* Jugend in Deutschland? Orientierungen und Verhaltensweisen der Jugend in Ost und West. Opladen: Leske + Budrich, 1994

Vollbrecht, R.: Ost-west-deutsche Widersprüche. Ostdeutsche Jugendliche nach der Wende und Integrationserfahrungen jugendlicher Übersiedler im Westen. Opladen: Leske + Budrich, 1993

Vonderach, G.: Jugendarbeitslosigkeit – Biographische Bewältigung und sozialpolitische Programme. Texte zur Sozialforschung, Bd. 3. Bamberg: Wissenschaftliche Verlagsgesellschaft WVB, 1991

Vonderach, G: Arbeitslosigkeit und Lebensgeschichte. In: Hochschule „Thomas Müntzer" Bernburg, Institut für Recht und Soziologie (Hrsg.): Arbeit und Arbeitslosigkeit im ländlichen Raum. Beiträge der Tagung der Sektion Land- und Agrarsoziologie der Deutschen Gesellschaft für Soziologie vom 28.5.-30.5.92 in Bernburg. Bernburg, 1992, S. 57ff.

Wacker, A.: Arbeitslosigkeit. Soziale und psychische Voraussetzungen und Folgen. Frankfurt a. M./Köln, 1976

Wacker, A.: Psychosoziale Folgen von Arbeitslosigkeit. In: Keupp, H./Kleiber, D./Scholten, B. (Hrsg.): Im Schatten der Wende. Helferkrisen – Arbeitslosigkeit – Berufliche Rehabilitation. Forum für Verhaltenstherapie und psychosoziale Praxis, Bd. 8. Deutsche Gesellschaft für Verhaltenstherapie (DGVT), Tübingen/München, 1985, S. 99ff.

Wertewandel bei Jugendlichen und jungen Erwachsenen in Ostdeutschland

Ralf Kuhnke

Inhalt

0. Vorbemerkungen

Jede Gesellschaft ist durch einen charakteristischen Kanon vorherrschender gesellschaftlicher Werte (Grundwerte, soziale Werte) gekennzeichnet. In bezug auf die Wertvorstellungen des Individuums besitzt der gesellschaftliche Wertekanon eine Orientierungs-/Soll-Funktion. Daher lassen sich trotz beobachtbarer großer interindividueller Variabilität in den Werthaltungen der Mitglieder einer Gesellschaft (u.a. in Abhängigkeit von ihrer spezifischen Stellung innerhalb der Gesellschaft) typische Wertmuster/Grundmuster nachweisen. Gesellschaftliche Entwicklung ist immer auch mit der spezifischen Veränderung gesellschaftlicher Werte verbunden. H. Klages spricht in diesem Zusammenhang von der „Wertewandelsgesellschaft" als angemessener aktueller Gesellschaftskennzeichnung (Klages 1993).

Mit dem globalen Zusammenbruch des sozialistischen Systems setzte im Osten Deutschlands nicht nur ein rasant verlaufender gesellschaftlicher Wandel ein, sondern es wurde mit der Einheit Deutschlands quasi über Nacht die bis dahin existierende Gesellschaftsordnung durch die Grundordnung der Bundesrepublik ersetzt, die bekanntlich zumindest offiziell bis zum Herbst 1989 in der DDR als feindlich betrachtet und gesellschaftlich bekämpft worden war.

Im Zusammenhang mit der Transformationsforschung stellen sich daher insbesondere auch in bezug auf die Werteproblematik vielfältige Fragen, u.a.:

Führte der Zusammenbruch der sozialistischen Ordnung tatsächlich zu einem (wie oft postulierten) generellen Werteumbruch im Osten Deutschlands?

Welche Aussagen über die Ausprägung und über Veränderungen von Wertvorstellungen in der DDR-Bevölkerung lassen sich im Rückblick auf die DDR-Geschichte auf der Grundlage empirischer Forschungsergebnisse nachweisen und besitzen sie Erklärungswert für den späteren Systemzusammenbruch?

Welche Auswirkungen hatte und hat die Wende auf Werthaltungen und Wertorientierungen, d.h. auf zentrale Dispositionen der Verhaltensorientierung bei Ostdeutschen?

Welche möglichen Auswirkungen hat die DDR-Sozialisation auf die gegenwärtige Entwicklung von Werthaltungen in den neuen Bundesländern?

Betrachtet man die zahlreiche Literatur zur Werteproblematik seit 1990, so ist die Situationsbeschreibung, die Klages Ende 1989 für die „Werteforschung jenseits von Inglehart" in der Bundesrepublik formuliert hat, nach wie vor aktuell. Festzustellen ist eine problematische methodische und begriffliche Heterogenität. Mit der Zielstellung, aussagefähige Zeitreihen zur Werteentwicklung zu erheben, ist in der Regel ein Zwang zu methodischer Kontinuität verbunden, und somit wird sich sicher noch auf längere Sicht nichts an der festzustellenden Zersplitterung ändern.

Zu einer ähnlichen Situationsbeschreibung kommt man, unabhängig von der Tatsache, daß das Inglehart'sche Materialismus/Postmaterialismus-Konzept in der empirischen Werteforschung der DDR keine Rolle spielte, wenn man die Werteforschung im Osten Deutschlands zu DDR-Zeiten betrachtet.

Eine relativ lange Tradition und vergleichsweise große methodische Kontinutität von empirischen Untersuchungen zur Werteproblematik in der DDR ist mit den Forschungen des Zentralinstituts für Jugendforschung (ZIJ) in Leipzig gegeben. Unterzieht man sich allerdings dem Unterfangen einer differenzierten Reanalyse des umfangreichen Datenmaterials, so bleiben trotz starker Bemühungen um eine Standardisierung von Erhebungsinstrumenten und der Sicherung der Vergleichbarkeit von Stichproben am ZIJ einige Probleme.

Im folgenden Beitrag sollen ausgewählte Forschungsergebnisse der Leipziger Jugendforschung vor und nach der Wende vorgestellt werden. Dabei werden im Abschnitt 1 auf der Grundlage eines in Längsschnittsuntersuchungen eingesetzten Lebensziel-Inventars Befunde zur Entwicklung von Werthaltungen Jugendlicher in den 80er Jahren diskutiert. Anschließend geht es in einem 2. Abschnitt um den Einfluß der Wende auf die Ausprägung von Werthaltungen und Wertorientierungen. Neben Ergebnissen, die mit Hilfe verschiedener Lebensziel-Inventare erhoben wurden, werden ein am ZIJ entwickeltes Verfahren zur Analyse von Wertorientierungen sowie damit gewonnene Befunde zum Vor-Nachwende-Vergleich vorgestellt. Im Abschnitt 3 geht es um Lebenszielausprägungen im Ost-Westvergleich und abschließend wird im Abschnitt 4 über erste im Längsschnitt deutlich werdende Entwicklungstendenzen nach der Wende berichtet.

Werthaltungen beziehen sich auf die individuellen Ausprägungsmuster von Werten, wobei unter Wert „... eine explizite oder implizite, für ein Individuum oder eine Gruppe charakteristische Konzeption des Wünschenswerten, welche die Auswahl unter verfügbaren Handlungsarten, -mitteln und -zielen beeinflußt“ (Kluckhohn in Parsons/Shils 1951, zit. bei Oerter 1970: 117) oder „... ein kulturell und sozial determiniertes (und geltendes), dynamisches, ichzentriertes, selbstkonstitutives Ordnungskonzept, eine Orientierungsleitlinie, die den Systeminput einer Person (Wahrnehmung) selektiv organisiert und akzentuiert sowie ihren Output (Verhalten) reguliert, mithin eine ichdirigierte aktive Planung und Ausrichtung des Verhaltens über verschiedene Situationen hinweg ermöglicht“ (Kmieciak 1976: 150), verstanden werden soll. Von (generellen) Wertmustern hingegen soll hier gesprochen werden, wenn es um (gruppen)typische Ausprägungsmuster von Werthaltungen geht.

Werthaltungen als habituelle psychische Dispositionen der menschlichen Verhaltensregulation mit einer generell orientierenden Funktion bilden sich im Laufe eines individuellen Wertungsprozesses der Wirklichkeit auf der Grundlage von Kenntnissen und Erfahrungen in bezug auf das Wertungsobjekt, von entsprechenden sozialen Wertungen sowie in Abhängigkeit von den objektiven Lebensbedingungen und der konkreten Lebenssituation des Individuums im späten Kindes-/frühen Jugendalter heraus. Ihre Herausbildung ist als eine zentrale Entwicklungsaufgabe anzusehen (Oerter 1976, Hurrelmann u.a. 1985). Werthaltungen erhalten verhaltensorientierende Relevanz, wenn sie sich in den generellen Zielsetzungen für Verhalten niederschlagen.

Als Erhebungsinstrumente zur Ermittlung der Ausprägung von Werthaltungen fungieren sehr häufig Itembatterien[1], bestehend aus (mehr oder weniger theoretisch fundierten) Zusammenstellungen allgemeiner Werteitems oder – auf einem niedrigeren Abstraktionsniveau – Fragen nach konkreten Lebenszielen, als Indikatoren für hypothetisch zugrundeliegende Werthaltungen. Erfaßt wird dabei die Bewertung der subjektiven Bedeutsamkeit jedes Items mit Hilfe einer vorgegebenen zumeist unipolaren Intensitätsskala, bzw. es erfolgt die Bildung einer Rangordnung (z.B. Inglehart, Rokeach) durch die Befragten. Bei der Zusammenstellung von Itembatterien sind grundsätzlich zwei unterschiedliche Herangehensweisen möglich:

- Zum einen kann das Bemühen im Vordergrund stehen, den gesamten Werteraum möglichst gleichmäßig zu erfassen. Eine gebräuchliche Auswertungsform derartiger Itembatterien erfolgt über die Analyse der Häufigkeitsverteilung der Einzelitems und führt meistens zur Bildung und Interpretation von Rangreihen nach Mittelwert oder Ausprägung einer oder zusammengefaßter Antwortpositionen. Eine weitere Auswertungsform stellt die Dimensionierung der in den Items abgebildeten Werteräume zumeist mit Hilfe von Faktoranalysen dar. Dabei gilt es zu bedenken, daß insbesondere Faktoranalysen hochgradig abhängig sind vom jeweils zugrundeliegenden Itempool, insbesondere was die konkreten Inhalte, den Umfang des Itempools sowie auch das einheitliche Abstraktionsniveau der Operationalisierung anbelangt. Faktoranalysen über identische Itembatterien ermöglichen Einsichten über strukturelle Unterschiede in den Wertmustern von Teilgruppen bzw. über Strukturveränderungen im historischen Vergleich.
- Zum anderen können einzelne im Forschungszusammenhang relevante Wertbereiche ausgewählt und mit Hilfe mehrerer Items operationalisiert

1 Auf die Problematik einer Werteerfassung mit Hilfe offener Fragen vs. der Erhebung mittels geschlossener Itembatterien soll hier nicht eingegangen werden.

werden, deren „Dimensionsreinheit“ u.a. faktoranalytisch überprüft werden kann. Letztere Vorgehensweise liefert Skalen hoher Meßgüte, die differenzierte Analysen ermöglichen, allerdings auf die ausgewählten Dimensionen beschränkt bleiben.

Da, wie bereits festgestellt, fast jedes Forscherteam sein ganz spezielles Erhebungsinstrument besitzt, werden die eigenen Ergebnisse (womöglich in ihrer Traditionslinie) dargestellt, direkte Vergleiche zwischen unterschiedlichen Erhebungen sind kaum oder nur auf hohem Verallgemeinerungsniveau möglich.

Mit Bezug auf einen Ende der 80er Jahre am ZIJ im Rahmen der Werteforschung entwickelten Verfahrensansatz werden im Folgenden unter Wertorientierungen individuelle Wertungsdispositionen verstanden, die qualitativ unterschiedliche Dimensionen der Bezugsetzung des Menschen zu seiner Umwelt (einschließlich seiner selbst) darstellen (z.B. die soziale, politische oder ästhetische). Wertorientierungen und Lebensziele stellen nach diesem Ansatz unterschiedliche psychische Dispositionen dar. Wertorientierungen richten die Persönlichkeit auf ideelle und materielle Aspekte eines Gegenstandes, die ihr entsprechen, aus. Damit liegen noch keine Ziele fest. In der Regel bieten sich alternierende Gegenstände an, die Wertrealisierung möglich machen.

Wertorientierungen und Lebensziele stehen im Verhältnis einer gegenseitigen funktionellen Abhängigkeit: ohne Wertorientierungen keine Lebensziele und ohne Lebensziele keine tätigkeitsbedingenden Wertorientierungen. Im Regelfalle trifft zu, daß ein bestimmtes Lebensziel auf verschiedene Wertorientierungen zurückgeht und daß sich eine bestimmte Wertorientierung in verschiedenen Lebenszielen äußert. Beispielsweise kann das Lebensziel „eine große Erfindung machen“ vorrangig zurückgehen auf die erkenntnisbezogene, aber auch auf die materielle, auf die anerkennungsbezogene Wertorientierung u.a. mehr. Die ästhetische Wertorientierung eines Menschen kann sich im Ziel „eine eigene künstlerische Leistung vollbringen“ oder „die eigene Wohnung geschmackvoll einrichten“, aber auch „sich kulturell-künstlerisch bilden“ manifestieren.

1. Die Entwicklung von Werthaltungen Jugendlicher in den 80er Jahren

Die spezifische Ausprägung von Wertemustern unterliegt, wie bereits eingangs hervorgehoben, historischen Wandlungsprozessen. Ein derartiger Wandlungsprozeß wurde in den 60er bis Mitte der 70er Jahre in der Bundesrepublik registriert. Klages (1984) beschreibt diesen Prozeß als einen generellen Wandel von Pflicht- und Akzeptanzwerten zu Selbstentfaltungswerten infolge von Modernisierungsprozessen in den bürgerlichen Industriestaaten.

Ähnliche Wandlungsprozesse im Bereich der Werthaltungen lassen sich mit einer entsprechenden zeitlichen Verzögerung auch in der DDR nachweisen. In einer Vielzahl von Untersuchungen des ZIJ wurden Veränderungstendenzen in den Lebenszielen Jugendlicher nachgewiesen, die als deutliches Indiz für den sich insbesondere ab Mitte/Ende der 70er Jahre vollziehenden Wertewandel betrachtet werden können (ausführlich dazu: Müller 1985, 1991; Friedrich 1990). Auch beim beobachteten Wertewandel bei DDR-Jugendlichen ist eine stärkere Ich-Betonung – gekennzeichnet durch Zunahme des Strebens nach Selbständigkeit/Selbstgestaltung sowie hedonistischer und materieller Orientierungen wesentliches Kennzeichen, allerdings ohne daß dies mit einem gravierenden Rückgang der sogenannten Pflicht- und Akzeptanzwerte einhergeht (Förster u.a. 1993).

Im Folgenden sollen vor diesem Hintergrund empirische Befunde zur Entwicklung von Lebenszielen bei DDR-Jugendlichen in den 80er Jahren dargestellt werden. Datenbasis hierfür sind die 2. und 3. Leipziger Schülerintervallstudie des ZIJ, die auf der Grundlage einer analogen Vorgehensweise in bezug auf Stichprobenziehung und Erhebungmethodik sehr gute Vergleichsmöglichkeiten bieten. Bei den drei großen Leipziger Schülerstudien erfolgte, um den ohnehin hohen organisatorischen Aufwand zu verringern, eine regionale Beschränkung auf die Großstadt Leipzig als Untersuchungsterritorium. Als eine ökonomische Form der Datenerhebung in diesen Längsschnittprojekten wurde die Gruppenbefragung mittels standardisierter Fragebögen und Tests gewählt, bei der Schulklassen als Untersuchungseinheiten fungierten. Eine derartige Auswahl war auch unter Repräsentanzgesichtspunkten zu DDR-Zeiten aus folgenden Gründen sinnvoll: Zum einen existierte die Einheitsschule in Form der Polytechnischen Oberschule, deren Einzugsgebiet jeweils dem umliegenden Wohnterritorium entsprach; zum anderen war die Wohnbevölkerung in allen Stadtteilen unter soziodemographischen Gesichtspunkten sehr heterogen zusammengesetzt. Somit waren die Schüler einzelner Klassen selbst schon ein relativ gutes Abbild der Gesamtwohnbevölkerung.

Die 2. Leipziger Längsschnittstudie (IS II) ist die zweite große Schüler-Intervallstudie des Zentralinstituts für Jugendforschung. Sie wurde 1980 mit einer für Leipziger POS-Schüler aus 7. Klassen (jüngere Kohorte) und aus 9. Klassen (ältere Kohorte) repräsentativen Stichprobe von jeweils 900 Befragten begonnen. Einbezogen waren 18 Schulen, die per Zufall aus allen Stadtbezirken Leipzigs ausgewählt wurden. Insgesamt über 6 Wellen wurden diese Jugendlichen der Geburtsjahrgänge 1964/65 bzw. 1966/67 jeweils im März/April eines jeden Jahres bis 1985 auf ihrem Entwicklungsweg begleitet.

Die 3. Leipziger Längsschnittstudie (ISF/R)[2] wurde 1985/1986 begonnen. Wie beim vorangegangenen Längsschnitt bestand die Stichprobe aus zwei unterschiedlichen Kohorten (Panel). In jährlichen Erhebungswellen – beginnend mit je 1300 Kindern aus 3. Klassen (Geburtsjahrgang 1973/74) und 6. Klassen (Geburtsjahrgang 1976/77) – wurden die Leipziger Schülerinnen und Schüler mit unterschiedlichen methodischen Instrumentarien zumeist in mehreren Sitzungen untersucht.

Während der Laufzeit der Studie kam es zur Wende, und es läuft seit 1990 der schwierige Prozeß des Umbruchs in Ost und West hin zu einem neuen vereinigten Deutschland. Zum Zeitpunkt des gesellschaftlichen Umbruchs waren die Längsschnitteilnehmer entweder 13jährige Schüler zum Beginn ihres 7. Schuljahres (die Jüngeren) oder 16jährige zum Beginn ihres 10. Schuljahres (die Älteren).

Mit dem Aufbau der Leipziger Außenstelle durch das Deutsche Jugendinstitut München bestand u.a. die Möglichkeit, für weitere drei Jahre beide Panel – allerdings unter veränderten Fragestellungen in zwei getrennten Projekten[3] – fortzusetzen. Um territorialen Aspekten des Forschungsgegenstandes Rechnung zu tragen, wurde die jüngere Kohorte um eine analoge Schülerstichprobe aus dem ländlichen Raum erweitert. Weiterhin wurden überwiegend wendebedingte Ausfälle in der Stichprobe durch Aufnahme von neuen Schülern in die Untersuchungsgruppen sowie durch Nachziehen von Klassen derselben Altersstufe an anderen Schulen in Leipzig ausgeglichen. Als wichtiger Nebeneffekt dieser Vorgehensweise ist die Nutzung dieser Teilstichprobe als Kontrollgruppe z.B. zur Abschätzung von Paneleffekten anzusehen. Seit 1993 findet die Datenerhebung in beiden Panels in Form von Briefbefragungen statt. In einem bis Ende 1996 befristeten Projekt mit dem Titel „Chancen und Risiken des Erwachsenwerdens“ werden seit 1994 die Kohorten wieder gemeinsam fortgeführt. Im Frühjahr 1995 erfolgte die 9. Erhebungswelle in beiden Panels bei den nun 18- bzw. 21jährigen Jugendlichen.

Sowohl in der 2. als auch 3. Leipziger Längsschnittstudie[4] wurden jeweils Lebensziel-Inventare eingesetzt, die bis auf „wendebedingte Änderun-

---

2 Erläuterung zur Kurzbezeichnung: „IS“ steht für Intervallstudie; „F“ steht für Fähigkeiten (Fähigkeitsentwicklung war bis 1990 inhaltlicher Forschungsschwerpunkt); „R“ steht für Risiko (Chancen und Risiken der Jugendentwicklung sind Schwerpunkt seit 1991).

3 Informationen zu diesen Projekten sind den folgenden Publikationen zu entnehmen: Bien, W./Karig, U./Kuhnke, R./Lang, C./Reißig, M.: Cool bleiben – Erwachsenwerden im Osten. Ergebnisse der Leipziger Längsschnittstudie 1. München 1994. – Bertram, B./ Bien, W./Gericke, Th./Höckner, M./Schröpfer, H.: Gelungener Start – Unsichere Zukunft? – Wege und Umwege zum Beruf. Leipziger Längsschnittstudie 2. München 1994

4 Hier liegen vergleichbare Daten in der älteren Kohorte bis zur 6. Erhebungswelle 1990 und in der jüngeren Kohorte bis zur 7. Welle vor. Ein erneuter Einsatz einer vergleichbaren Lebenszielbatterie ist in der geplanten 10. Welle in beiden Kohorten vorgesehen.

gen" überwiegend identische Items enthielten. Die Zusammenstellung der Lebensziele/Ziele folgte der Absicht, den für Jugendliche relevanten Werteraum insgesamt möglichst gleichmäßig abzubilden, wobei die Itemzahl, bedingt durch die thematisch breite Gesamt-Anlage der Längsschnittstudien, allerdings sehr begrenzt wurde.

Übersicht über die in die Analyse einbezogenen Lebenszielitems:

A im Beruf/in der Arbeit zu den Tüchtigen gehören
B bis 1990: mich für das Kollektiv einsetzen (ab 1991: mich für alle einsetzen, mit denen ich lerne und arbeite)
C heiraten und eine Familie gründen
D enge Verbindungen zu meinen Eltern halten
E verrückte Erlebnisse haben
F eine große Tat vollbringen, die vielen Menschen Nutzen bringt
G mich modisch kleiden, mir ein bißchen Luxus leisten
H möglichst viel Wissen aufnehmen, wissenschaftliche Bücher lesen, Ausstellungen und Museen besuchen
I alle Gelegenheiten nutzen, um Geld zu verdienen
J mich mit klassischer Musik/Literatur/Theater u.ä. beschäftigen
K das Leben genießen, mir so viel wie möglich gönnen
L kritisch gegen mich selbst sein, mich selbst erziehen
M bis 1989: mich politisch für den Sozialismus einsetzen
N bis 1989: in der FDJ mitmachen
O bis 1989: die marxistisch-leninistische Weltanschauung vertreten
P ab 1990: mich politisch betätigen
Q ab 1990: in einer Jugendorganisation mitmachen
R ab 1990: eine eigene Weltanschauung vertreten

Antwortvorgaben: Das ist für mich
1 = sehr wichtig; 2 = wichtig; 3 = wenig wichtig; 4 = nicht wichtig

Für die hier vorgestellte Analyse über vier Kohorten wurden jeweils diejenigen Befragten ausgewählt, die an allen Erhebungen teilgenommen hatten und dabei alle identischen Lebenszielitems beantwortet hatten. Da bei Untersuchungen zur individuellen Bedeutsamkeit von Lebenszielen geschlechtsspezifische Unterschiede existieren, wurde in den ausgewählten Teilstichproben der einzelnen Panels jeweils die Verteilung der Geschlechtergruppen per Zufallsselektion ausgeglichen. In einem ADD-FILE erfolgte eine Gruppierung der erhobenen Lebenszieldaten über die jeweiligen Klassenstufen der Befragten. Die in der ISF/R organisatorisch-technischen Gründen geschuldete Tatsache unterschiedlicher Erfassungszeitpunkte (Herbst bzw. Frühjahr) in den Kohorten beeinträchtigt allerdings den exakten Vergleich. Weiterhin mußte auf Grund der Schulreform in Sachsen das übliche Erhebungsintervall von einem Jahr zwischen der 6. Erhebung 1991 (Frühjahr) und der 7. Erhebung 1992 (Herbst) in der jüngeren Kohorte der ISF/R auf 18 Monate ausgedehnt werden; es fehlt somit in dieser Teilgruppe der Meßpunkt 9. Klasse. Mit der Erhebung im Herbst 1992 erfolgte zugleich die bisher letzte Erfassung entsprechender Lebenszieldaten für die jüngere Kohorte, so daß die Lebenszielentwicklung nur bis zum Anfang der 10. Klasse verfolgt werden kann. Ein Vergleich der einzelnen Teilgruppen der Analysestichprobe mit den jeweiligen Panels in bezug auf die Ausprägung von Lebenszielen in den ersten Erhebungswellen erbrachte in drei Fällen insgesamt nur geringe Abweichungen, bei der jüngeren Kohorte der IS II allerdings höhere Ratings bei den Items D und M, niedrigere hingegen bei I und K (siehe Übersicht). Insgesamt deuten unsere Prüfungen auf eine, wenn auch in unserem Fall geringe, Tendenz zur Positivselektion, die in der Längsschnittforschung allgemein festzustellen ist. So lassen sich z.B. bei den erhobenen Schulleistungen Unterschiede zugunsten der Stichproben in den Panels nachweisen.

Tabelle 1: Zusammensetzung der Analysestichprobe (Angaben absolut; in Klammern Prozent, bezogen auf die jeweilige Kohorte; Umfang der Analysestichprobe: 802 Befragte)

Teilgruppen	gesamt	männlich	weiblich
IS II ältere Kohorte (Geburtsjahrg. 64/65)	77	36 (47%)	41 (53%)
IS II jüngere Kohorte (Geburtsjahrg.76/77)	266	127 (48%)	139 (52%)
IS III ältere Kohorte (Geburtsjahrg.66/67)	197	93 (47%)	104 (53%)
IS III jüngere Kohorte (Geburtsjahrg.76/77)	262	125 (48%)	137 (52%)

Erste Analysen der Lebenszieldaten über die vier Vergleichskohorten deuten auf mögliche Bezugssystemeffekte hin. So sind bei der Mehrzahl der Lebensziele deutliche Ausprägungsunterschiede zwischen den Kohorten der IS II auf der einen und denen der ISF/R auf der anderen Seite erkennbar. Aus diesem Grund entschlossen wir uns zu einer Datenbereinigung, für die ein entsprechendes SPSS-Makro entwickelt wurde. Die Bereinigung erfolgte über eine lineare Transformation auf der Grundlage von kohorten- und meßpunktspezifischen Mittelwertsdifferenzen jener 12 Lebenszielitems, für die in allen Kohorten und zu allen betrachteten Meßpunkten Daten vorlagen. Als Bezugsgruppe diente die ältere Kohorte der ISF/R.

Für einen historischen Vergleich von Werteprofilen bezogen auf die 80er Jahre haben wir uns für den Querschnittsvergleich der 10. Klasse entschieden, da für diesen Erhebungszeitpunkt für alle vier Kohorten Daten vorliegen. Aus Gründen der Übersichlichkeit wird bei den folgenden Darstellungen der Ausprägung von Lebenszielen anstelle von Balkendiagram-

Abbildung 1: Veränderungen von Lebenszielen bei Leipziger Schülerinnen und Schülern 10. Klassen in den 80er Jahren

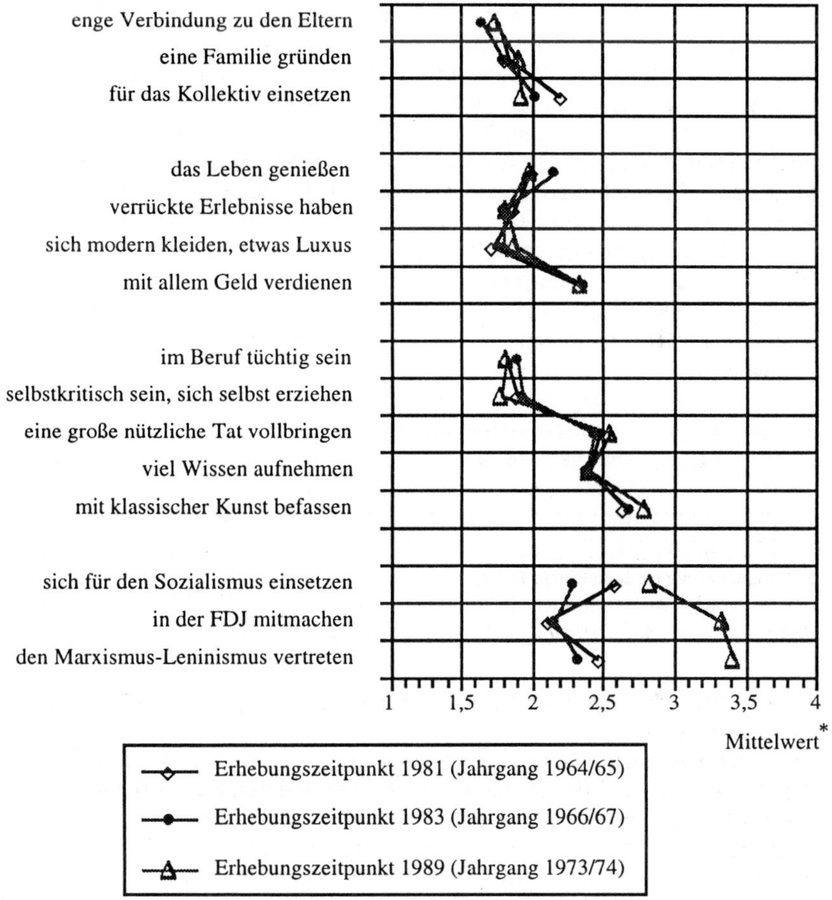

* auf einer 4stufigen Antwortskala mit 1=sehr wichtig bis 4=nicht wichtig

men die Form von Liniendiagrammen gewählt. Abbildung 1 stellt die Mittelwertsprofile für die 3 Meßpunkte in den 80er Jahren (1981, 1983 und 1989) dar. Faktoranalysen der hier betrachteten Lebenszielitems legen trotz beträchtlicher Nebenladungen eine Gruppierung in vier Wertebereiche nahe, die wir hier mit folgenden Wortmarken benannt haben: „soziale Orientierungen", „Hedonismus/Materialismus", „Selbstständigkeit/Selbstgestaltung" und „politisch-ideologische Orientierungen". Grundlage für diese Gruppierung der Lebenszielitems bildet die ermittelte Faktorstruktur der Schüler 10. Klassen von 1989.

Augenfällig im Querschnittsvergleich sind die großen Unterschiede in der Bedeutsamkeit politisch-ideologischer Lebensziele (Items: M N O) zwischen den drei Meßpunkten[5]. Sehen wir von diesen erst einmal ab, so sind über die drei betrachteten Meßpunkte nur bei den Items „mich für das Kollektiv einsetzen“, „das Leben genießen, mir so viel wie möglich gönnen“ und „kritisch gegen mich selbst sein, mich selbst erziehen“ relativ geringe Unterschiede erkennbar. Dieser Befund kann, was die Ausprägung von Lebenszielen in den thematisierten Wertebereichen anbelangt, als Hinweis auf eine relative Stabilität im betrachteten historischen Zeitabschnitt angesehen werden. Separate Faktoranalysen für die Meßpunkte Anfang bzw. Ende der 80er Jahre verweisen allerdings auf interessante strukturelle Veränderungen von Wertmustern innerhalb des betrachteten Zeitraums. So wurde für die einbezogenen Lebenszielitems 1981/83 eine 3-Faktoren-Lösung ermittelt, in der neben den politisch-ideologischen Orientierungen und dem humanistischen Ideal „große Tat“ (F) auch das als sogenannter Pflichtwert zu charakterisierende Lebenszielitem „Tüchtigkeit“ (A) sowie das Item zur Kollektivorientierung (B) einen gemeinsamen Faktor bildeten. Die familienbezogenen Lebensziele (C und D) sind in dieser Faktorstruktur mit ihren Hauptladungen auf einem Faktor präsentiert, der durch die Items zur Selbständigkeit/ Selbstgestaltung (H J L) gebildet wurde. Im Gegensatz zu diesem Ergebnis läßt sich für den Erhebungszeitpunkt 1989 eine 4-Faktor-Struktur ermitteln. In dieser Struktur bilden die durch einen starken Bedeutungsverlust gekennzeichneten politisch-ideologischen Orientierungen einen separaten Faktor, die Items „große Tat“ (F) und „Tüchtigkeit“ (A) hingegen ordnen sich dem Wertebereich „Selbständigkeit/Selbstgestaltung“ zu, und es wird ein vierter Faktor „soziale Orientierung“ gebildet, auf welchem neben den familienbezogenen Zielen auch das Item „für das Kollektiv einsetzen“ mit der Hauptladung präsent ist. Die Items zu „Hedonismus/Materialismus“ bilden in den Analysen jeweils einen eigenständigen stabilen Faktor.

Wenden wir uns nun spezieller den politisch-ideologischen Lebenszielen zu und betrachten deren längsschnittliche Entwicklung. Dabei nutzen wir die Möglichkeit von Längsschnittstudien mit unterschiedlichen Kohorten, um auf der Grundlage des Vergleichs der Ausprägungen entsprechender identischer Items zwischen den Kohorten den spezifischen Einfluß von ontogenetischen und historischen Prozessen (aktuelle wie generelle) auf Entwicklungsverläufe nachzuweisen. Allgemein kann bei einer derartigen Be-

5 Zur Beurteilung der Signifikanz ist die Anzahl simultaner Prüfungen in Rechnung zu stellen. Unter Anwendung der sogenannten Bonferoni-Formel (Bortz 1993: 248f.) erfolgte eine entsprechende Korrektur.

Abbildung 2: Die längsschnittliche Entwickung von Lebenszielen im Kohortenvergleich – Item „eine große Tat vollbringen, die vielen Menschen Nutzen bringt“

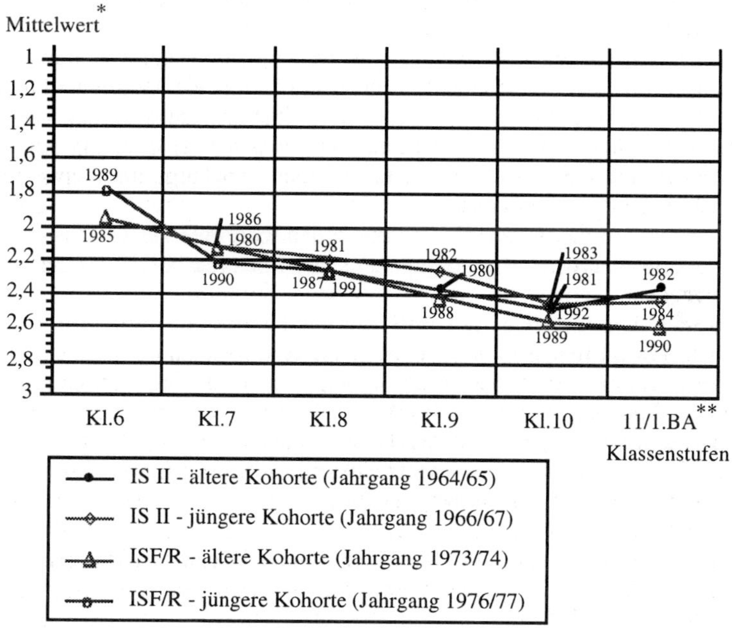

* auf einer 4stufigen Antwortskala mit 1=sehr wichtig bis 4=nicht wichtig

** 11/1 BA bedeutet: 11. Klasse bzw. 1. Jahr Berufsausbildung

trachtung davon ausgegangen werden, daß vergleichsweise identische Entwicklungsverläufe in unterschiedlichen Kohorten insbesondere bei Inkonstanz der gesellschaftlichen Rahmenbedingungen für einen dominanten Einfluß ontogenetischer Faktoren auf die Entwicklung der betreffenden Orientierung sprechen, wohingegen Ausprägungsunterschiede zwischen den Kohorten bei ähnlichem Entwicklungsverlauf als mögliches Indiz für historische Wandlungsprozesse zu bewerten sind. Unterschiedliche Entwicklungsverläufe zwischen den Kohorten deuten auf aktuelle Einflüsse (vgl z.B. im folgenden Abb. 3 und 4). Ontogenetisch betrachtet, kommt es mit zunehmendem Alter zu einer sowohl an der Realität als auch der eigenen Identitätsfindung und Lebensplanung orientierten Überprüfung von Wertvorstellungen, die oft mit einem Bedeutungsverlust, zugleich aber auch mit einer

Zunahme an Stabilität und Verhaltensrelevanz der entsprechenden Orientierung verbunden sein können. Solch ein Bedeutungsverlust betrifft insbesondere normativ gesetzte Wertbezüge (z.B. Idealnormen) sowie utopische Wunschziele mit geringem Verhaltensbezug (hier wären z.B. kindliche Traumberufe wie „Kosmonaut" einzuordnen).

Bevor wir uns der Darstellung politisch-ideologischer Orientierungen zuwenden, soll der letztgenannte Sachverhalt durch ein Beispiel illustriert werden. In der Abbildung 2 ist die altersspezifische Entwicklung der Bedeutsamkeit des Lebensziels „große Tat" (F) in den Vergleichskohorten anhand der bereinigten Mittelwerte dargestellt, die mit dem jeweiligen Erhebungszeitpunkt versehen wurden.

Die annähernd identischen Verläufe in den Kohorten verweisen zugleich auf einen dominanten Einfluß ontogenetischer Faktoren bei der Entwicklung dieses Ziels.

Wenden wir uns nun den politisch-ideologischen Orientierungen zu. Über politisch-ideologische Orientierungen liegen verständlicherweise nur Vergleichsdaten bis zur Wende vor; sie betreffen neben den Kohorten der IS II somit (außer dem Meßpunkt 1989) nur die älteren Jugendlichen der ISF/R. Die Abbildungen 3 und 4 veranschaulichen die Entwicklung des Ziels „sich für den Sozialismus einzusetzen" und „die marxistisch-leninistische (m/l.) Weltanschauung vertreten".

Abbildung 3: Die längsschnittliche Entwicklung von Lebenszielen im Kohortenvergleich – Item „sich politisch für den Sozialismus einsetzen"

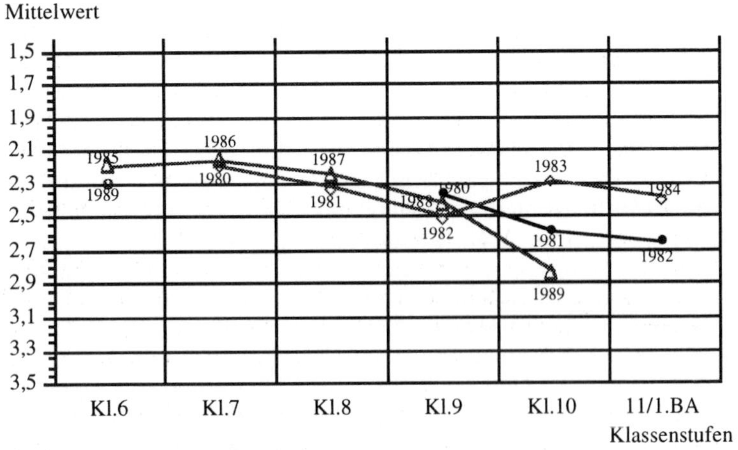

Abbildung 4: Die längsschnittliche Entwicklung von Lebenszielen im Kohortenvergleich – Item „die marxistisch-leninistische Weltanschauung vertreten“

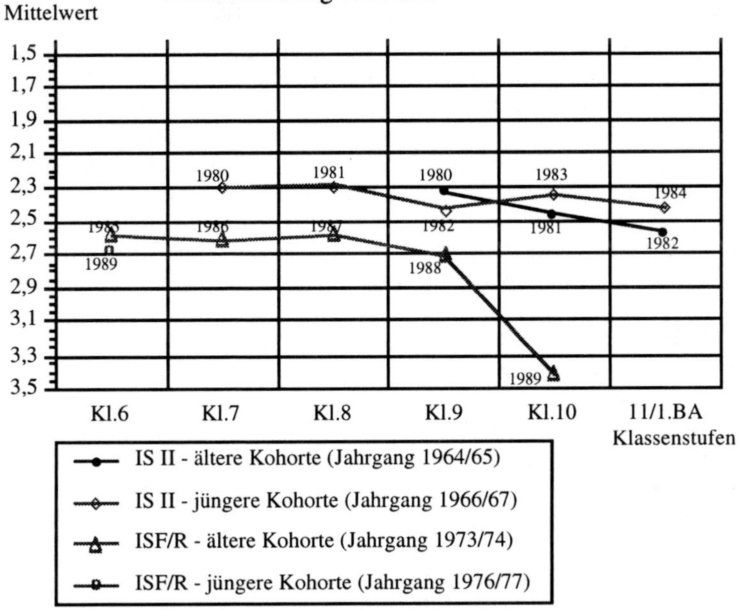

Insgesamt läßt sich feststellen: Im Entwicklungsverlauf zeigen sich bei beiden Lebenszielitems zwischen den Kohorten deutlich gegenläufige Veränderungen von der 9. zur 10. Klasse. Darüber hinaus deutet die Entwicklung des Ziels „sich für den Sozialismus einsetzen“ auf eine tendenzielle Abnahme der Wichtigkeit mit dem Alter; eine durchgängige Mittelwertsdifferenz zwischen den Kohorten des IS II und der älteren Kohorte der ISR/F verweist bei der Ausprägung der m/l. Weltanschauung auf einen generellen historischen Bedeutungsverlust bei den letztgenannten Jugendlichen. Betrachten wir die kohortenspezifischen Unterschiede zwischen der 9. und 10. Klasse in den Abbildungen 3 und 4, so zeigt sich einerseits beim Geburtsjahrgang 1973/74 im Vorfeld der Wende von 1988 zu 1989 erwartungsgemäß ein stärkerer Bedeutungsverlust; anderseits tritt bei den Jugendlichen des Jahrgangs 1966/67 von 1982 zu 1983 ein tendenziell gegenläufiger Bedeutungsgewinn ein. W. Friedrich spricht unter Bezugnahme auf die ZIJ-Forschungen insgesamt von einer vorübergehenden „Bekräftigung sozialistischer Identifikation“ Anfang der 80er Jahre (Friedrich 1990: 26). Diese Entwicklung ist zugleich verbunden mit einem Anstieg der Kollektivorientierung.

Die festgestellten unterschiedlichen Entwicklungsverläufe zwischen den Kohorten verweisen auf aktuelle Einflüsse unterschiedlicher historischer Ereignisse. Der Bedeutungsverlust sozialistischer Orientierungen in der Vorwendezeit bedarf sicher keines besonderen Kommentars. Vergegenwärtigt man sich die historische Situation 1982/83 und sucht nach Begründungen für den in der jüngeren Kohorte der IS II erkennbaren „Bedeutungsschub" bei den politisch-ideologischen Items zwischen 1982 und 1983, so könnte in diesem Zusammenhang – in einer durch SS 20 und NATO-Doppelbeschluß sehr bedrohlichen und propagandistisch emotional sehr angeheizten Lage – von der zunehmend eigenständigen, propagandistisch groß aufgezogenen Friedenspolitik der DDR in jener Zeit eine mögliche derartige Wirkung ausgegangen sein (ein Beispiel: die Unterstützung des schwedischen Vorschlags für eine von nuklearen Gefechtsfeldwaffen freie Zone in Europa durch Honecker in einem Brief an Kohl im Februar 1983). Unter der Jugend, so belegen Untersuchungen, stieß diese Politik auf breite Zustimmung. Dieser in unseren Daten nachweisbare Bedeutungsschub sozialistischer Orientierungen geht zugleich einher mit einer stärkeren Kollektivorientierung. Eine geschlechtsdifferenzierte Betrachtung zeigt, daß der nachgewiesene Bedeutungsschub sozialistischer Orientierungen von 1982 zu 1983 insgesamt stärker durch weibliche Jugendliche getragen wurde, bei denen zugleich eine Abnahme der Orientierung auf Lebensgenuß nachweisbar ist.

Insgesamt verdeutlichen die Ergebnisse des Kohortenvergleichs bei Schülerinnen und Schülern 10. Klassen im Verlauf der 80er Jahre relativ geringe Veränderungen bei den erhobenen Lebenszielen. Von dieser Feststellung ausgenommen ist der Bereich der politisch-ideologischen Orientierungen. Nach einer vorübergehenden Zunahme sozialistischer Identifikation Anfang der 80er Jahre zeigt sich bei Gleichaltrigen 6 Jahre später ein genereller Bedeutungsverlust in bezug auf die persönliche Orientierung an der marxistisch-leninistischen Weltanschauung. Im Vorfeld der Wende kommt es erwartungsgemäß zu einem gravierenden Rückgang in den gesellschaftskonformen politisch-ideologischen Orientierungen. Faktoranalysen deuten in diesem Zusammenhang auf eine „Entkopplung" von vormals strukturell verbundenen Pflicht- und Moralwerten einerseits und politisch-ideologischen Orientierungen anderseits.

2. Umbruch und Wertewandel

In diesem Abschnitt wollen wir uns speziell dem unmittelbaren Einfluß der Wende auf die Ausprägung von Werthaltungen und Wertorientierungen zuwenden. Unter diesem Blickwinkel sollen drei unterschiedliche Datenquellen genutzt werden:

- Ergebnisse zu Lebenszielen aus den im ersten Abschnitt bereits in bezug auf die Entwicklung in den 80er Jahren genutzten Längsschnittstudien
- Ergebnisse eines Vor-Nachwende-Vergleichs auf der Basis von Lebenszielen aus Vorwendestudien, die in einer 1990 durchgeführten Meinungsumfrage erneut eingesetzt wurden
- Untersuchungsergebnisse, die mit Hilfe eines am ZIJ entwickelten Verfahrens zur Analyse von Wertorientierungen bei Schülern und Studenten ermittelt wurden.

2.1. Die Ausprägung von Lebenszielen bei den Jugendlichen der ISF/R im Vor-Nachwende-Vergleich

Einen ersten Überblick über Veränderungen im Zusammenhang mit der Wende gibt ein Querschnittsvergleich der Kohorten der ISF/R zum Meßpunkt 10. Klasse. Die Jugendlichen der älteren Kohorte (Jahrgang 1973/74) wurden zu Beginn des Schuljahres im Herbst 1989 befragt; in der jüngeren Kohorte (Jahrgang 1976/77) fand die Erhebung im Herbst 1992 statt und ermöglicht so einen Vor-Nachwende-Vergleich. Auf der Grundlage der Ergebnisse eines Profilvergleichs zum Meßpunkt 8. Klasse (1987/1991) wurde zuvor der Frage nachgegangen, ob vom Erhebungszeitpunkt im Umfeld der Ereignisse des Herbst '89 aktuelle Einflüsse auf die Beurteilung der Wichtigkeit der in den Vergleich einbezogene Lebensziele erkennbar sind. Hinweise in dieser Richtung wurden nicht festgestellt.

Insgesamt verdeutlicht ein Mittelwertsvergleich bei Schülern 10. Klassen (wie auch beim Vergleich zum Meßpunkt 8. Klasse 1987/1991) vor und nach der Wende relativ geringe Unterschiede in der Ausprägung der einbezogenen Lebensziele. So ist ein, wenn auch geringer, Unterschied in der Kollektivorientierung erkennbar. Dieser basiert auf einem kontinuierlichen Rückgang der Bedeutsamkeit dieses Ziels bei den jüngeren Jugendlichen (Jahrgang 1976/77) von der 6. Klasse (1989) bis zur 10. Klasse (1992). Im Gegensatz dazu zeigt sich bei den 3 Jahre älteren von der 6. Klasse (1985) bis zur 10. KLasse (1989) eine vergleichsweise stabil hohe Bedeutsamkeit.

Darüber hinaus zeigt sich eine höhere Wichtigkeitsbeurteilung der Lebensziele „das Leben genießen" und „alle Gelegenheiten nutzen, um Geld zu verdienen" nach der Wende. Insbesondere der Bedeutungswandel in bezug auf Gelderwerb (Abb. 6) im Zusammenhang mit der Wende ist deutlich erkennbar im Anstieg der Wichtigkeit „alle Gelegenheiten (zu) nutzen, um Geld zu verdienen" in der jüngeren Kohorte der ISF/R von 1989 zu 1990. Dieser verläuft entgegengesetzt zur entsprechenden Entwicklung in der älte-

Abbildung 5: Vor-Nachwende-Vergleich von Lebenszielen bei Leipziger Schülerinnen und Schülern aus 10. Klassen

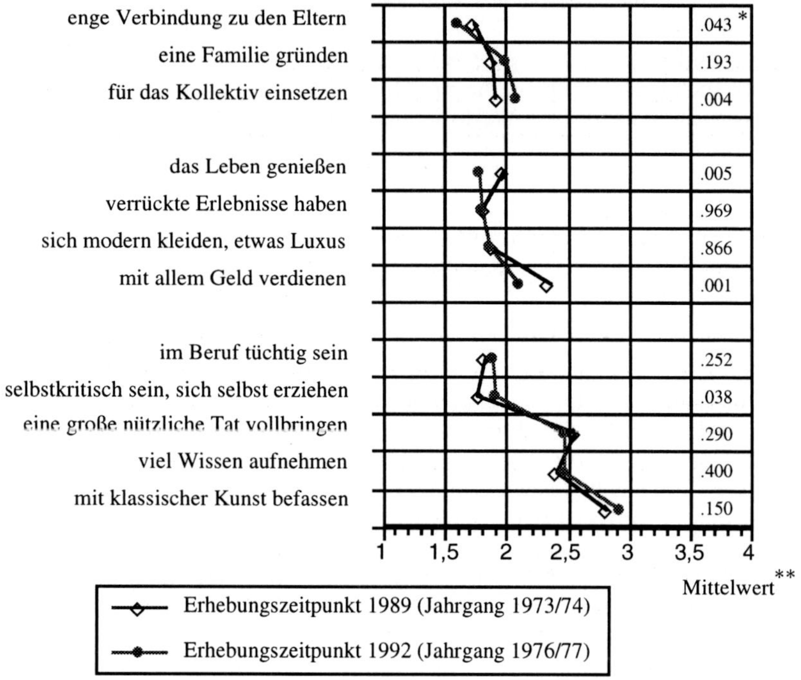

* p-Wert t-Test

** auf einer 4stufigen Antwortskala mit 1=sehr wichtig bis 4=nicht wichtig

ren Kohorte der ISF/R. Hier zeigt sich von 1985 bis 1988 ein Rückgang in der Wichtigkeit, vermutlich auch eine Reflexion auf die zunehmende Verschlechterung im konsumtiven Bereich in jener Zeit.

Der gesellschaftliche Umbruch und die damit verbundenen tiefgreifenden Veränderungen 1990 fallen für die Jugendlichen der älteren Kohorte der ISF/R (Geburtsjahrgang 1973/74) mit der Bewältigung des Übergangs von der Schule in die berufliche bzw. in die gymnasiale Ausbildung im Herbst 1990 als zentraler Entwicklungsaufgabe zusammen. Es stellt sich die Frage nach spezifischen Veränderungen in den Lebenszielen dieser Jugendlichen von 1989 zu 1990, die Rückschlüsse auf Wirkungen der sich verändernden gesellschaftlichen Rahmenbedingungen ermöglichen. Folgende Unterschiede lassen sich bei den Jugendlichen des Jahrgangs 1973/74 im Vergleich zu den Kohorten der IS II erkennen: ein tendenzieller Bedeutungszuwachs der

Abbildung 6: Die längsschnittliche Entwicklung von Lebenszielen im Kohortenvergleich – Item „alle Gelegenheiten nutzen, um Geld zu verdienen“

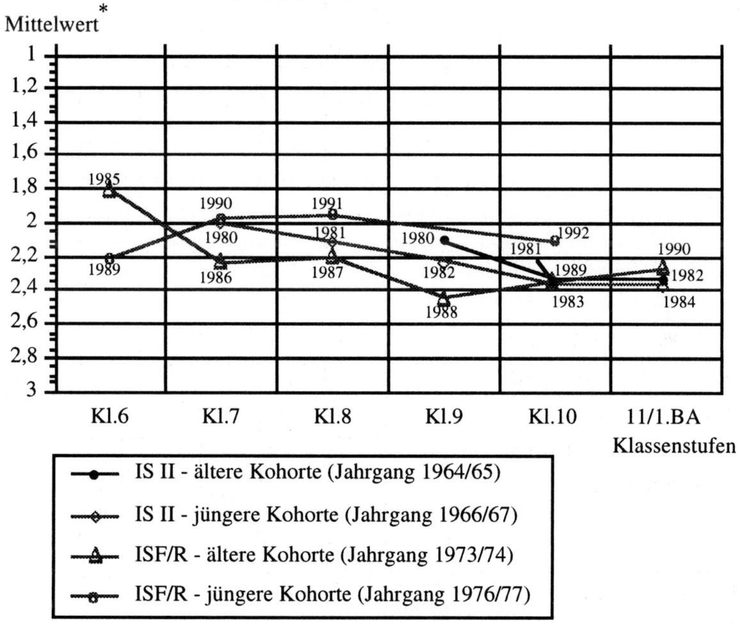

* auf einer 4stufigen Antwortskala mit 1=sehr wichtig bis 4=nicht wichtig

Ziele „tüchtig im Beruf“ (A), „selbstkritisch“ (L) und „viel Wissen“ (H), hingegen kein (wie sich bei den Kohorten der IS II andeutender) Bedeutungszuwachs in der Orientierung auf eine eigene Familie.

Eine Zunahme der Bedeutung in den drei erstgenannten Orientierungen ließe sich als eine erhöhte Anstrengungsbereitschaft der Jugendlichen deuten, die veränderten Bedingungen und neuartigen Anforderungen zu bewältigen, möglicherweise auch in Verbindung mit einer wachsenden Einsicht, daß Leistungsbereitschaft und ein höheres Bildungsniveau die Chancen für die eigenen Entwicklungsmöglichkeiten erhöht.

2.2. Vor-Nachwende-Vergleich der Ausprägung von Lebenszielen auf der Basis einer 1990 durchgeführten DDR-repräsentativen Meinungsumfrage

Die mit der Wende einhergehenden Veränderungen boten auch für die empirische Sozialforschung in der DDR ganz neue Möglichkeiten. Und so wurde auch vom ZIJ damit begonnen, neben einer Begleitforschung der Leipziger Montagsdemos (den sogenannten D's) den einsetzenden Transformationsprozeß insbesondere durch für Ostdeutschland repräsentative Meinungsumfragen (den sogenannten M's) zu dokumentieren. Vom Herbst 1989 bis zur Abwicklung des ZIJ Ende 1990 wurden insgesamt neun Umfragen (teilweise als Auftragsstudien) durchgeführt, davon sieben über Interview, die fünfte und neunte Umfrage (M 5 und M 9) als Briefbefragungen.

An dieser Stelle sollen Ergebnisse zur Ausprägung von Lebenszielen dargestellt werden, die einen globalen Vor-Nachwende-Vergleich für eine größere Altersspanne Ostdeutscher gestatten. Zu diesem Zweck wurden im Rahmen der achten repräsentativen Meinungsumfrage M 8 des ZIJ (im Auftrag des Nachrichtenmagazins DER SPIEGEL) im September 1990 bei 1200 Befragten Lebenszielitems eingesetzt, die aus Untersuchungen des ZIJ vor der Wende (1987 bzw. 1988) ausgewählt worden waren. Dabei wurden Studien gewählt, in die neben Jugendlichen auch ältere Befragte in die Untersuchungsstichprobe einbezogen waren. Für den Lebenszielvergleich waren dies:

- die Friedensstudie '87 mit insgesamt 1877 Befragten im Alter von 16 bis über 60 Jahren aus den Tätigkeitsgruppen Lehrlinge, Arbeiter und Angestellte
- die im Rahmen einer Kooperation mit der Deutschen Hochschule für Körperkultur und Sport durchgeführte Studie Sport '88 mit insgesamt 1830 Befragten im Alter von 16 bis über 60 Jahren aus den Tätigkeitsgruppen Lehrlinge, Studenten, Arbeiter und Angestellte.

Aus diesen beiden Studien wurden für einen Vor-Nachwende-Vergleich solche Auswahlstichproben gezogen, die bezüglich ihrer Zusammensetzung einen differenzierten querschnittlichen Vergleich mit der Repräsentativstichprobe der M 8 ermöglichten.

Als exemplarische Ergebnisdarstellung haben wir in den Abbildungen 7 und 8 die Mittelwertprofile[6] identischer Lebenszielitems im Vor-Nachwende-Vergleich in den Altersgruppen der 18- bis 29jährigen bzw. der 30- bis 44jährigen dargestellt.

---

6 geordnet nach der Ausprägung der Mittelwerte in der Gruppe der 18- bis 29jährigen zur Vorwendeerhebung

Abbildung 7: Vor-Nachwende-Vergleich von Lebenszielen bei 18-29jährigen Ostdeutschen

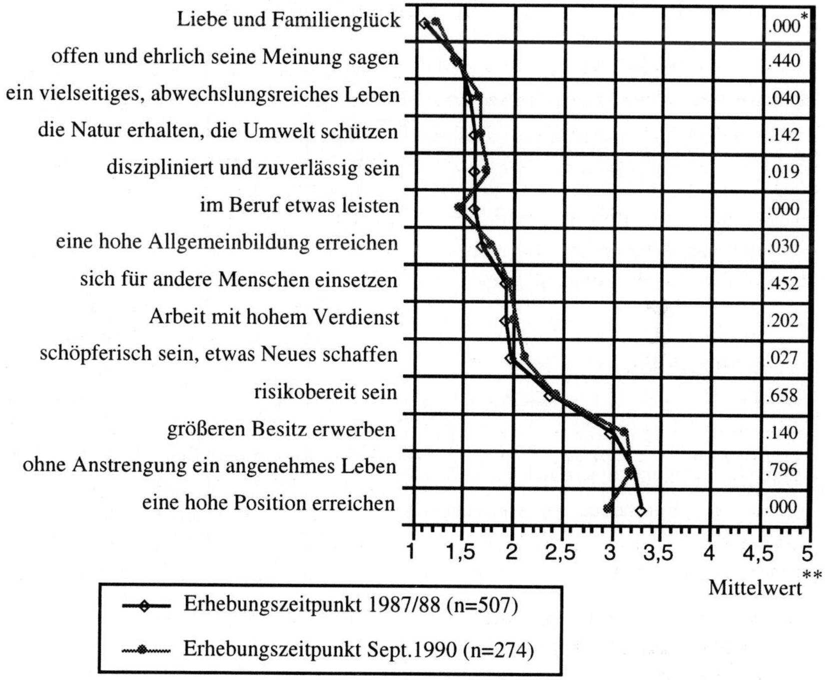

* p-Wert t-Test

** auf einer 5stufigen Antwortskala mit 1=sehr große Bedeutung bis 5=überhaupt keine Bedeutung

Abbildung 8: Vor-Nachwende-Vergleich von Lebenszielen bei 30-44jährigen Ostdeutschen

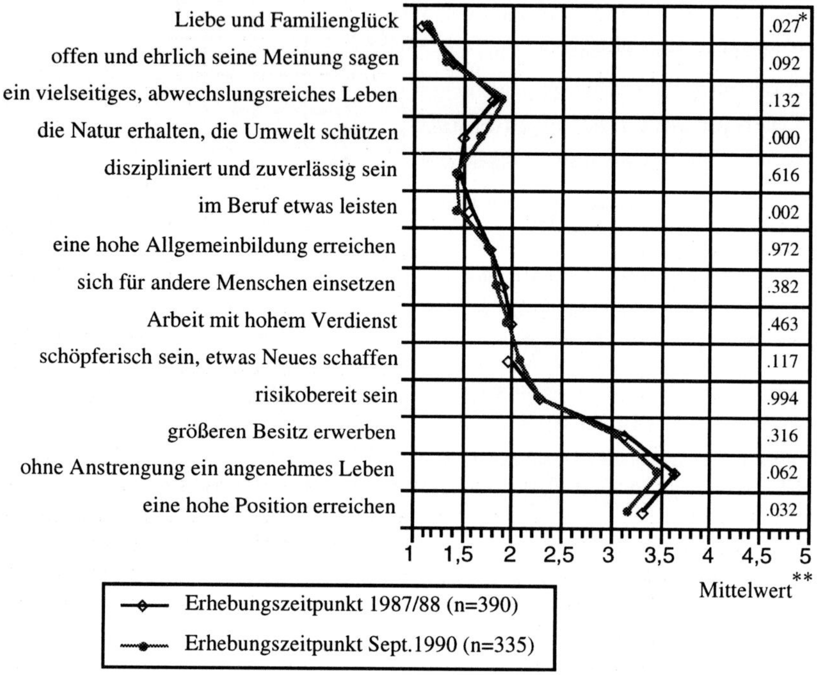

* p-Wert t-Test

** auf einer 5stufigen Antwortskala mit 1=sehr große Bedeutung bis 5=überhaupt keine Bedeutung

Ein erster Überblick verdeutlicht relativ geringe Unterschiede zwischen den Erhebungszeitpunkten. Die schon im Rahmen des Kohortenvergleichs getroffene Feststellung, daß von einer generellen Orientierungskrise in bezug auf die Werthaltungen Jugendlicher während des gesellschaftlichen Umbruchs keinesfalls die Rede sein kann, läßt sich anhand dieser Daten für höhere Altersgruppen erweitern.

Sowohl vor wie auch nach der Wende ist die individuelle Orientierung auf ein partnerschaftlich erfülltes Leben erwartungsgemäß sehr stark ausgeprägt. Ebenfalls hoch ist die subjektive Bedeutsamkeit bezogen auf allgemeine Tugenden wie Ehrlichkeit, Disziplin und Zuverlässigkeit. Dem gegenüber beispielsweise wesentlich geringere Bedeutung für die Mehrheit der

Befragten haben Ziele, die sich auf materiellen Besitz und ein angenehmes Leben ohne eigene Anstrengungsbereitschaft beziehen. Alterstypische Unterschiede in der Bedeutsamkeit einzelner Lebensziele sind auch nach der Wende in analoger Weise nachweisbar (z.B. eine größere Bedeutung eines vielseitigen, abwechslungsreichen Lebens für Jüngere).

Gehen wir davon aus, daß die sich andeutenden Unterschiede mit dem gesellschaftlichen Umbruch im Zusammenhang stehen, so lassen sich, bezogen auf die exemplarisch dargestellten sowie darüber hinaus durchgeführten Vergleiche, verallgemeinernd folgende Effekte feststellen:

Nachweisbar über alle Vergleichsgruppen ist eine Aktivierung von Leistungsbereitschaft. Besonders deutlich zeigt sich dies bei der altersmäßig jüngsten Vergleichsgruppe, den Lehrlingen. In dieser Gruppe ist 1990 außerdem ein Bedeutungsverlust der – vor der Wende im Vergleich zu Älteren feststellbaren stärkeren – Orientierungen auf ein angenehmes Leben ohne eigene Anstrengung sowie auf materiellen Besitz verbunden. Aufgrund der geringen Fallzahl von Lehrlingen in der Erhebung von 1990 ist eine Verallgemeinerbarkeit dieses Befundes auf der Basis anderer Untersuchungen weiter zu prüfen.

Die sehr hohe Ausprägung der Orientierung auf ein partnerschaftlich erfülltes Leben erfährt bei männlichen Befragten – so der Vergleich bei jungen Erwachsenen – einen Bedeutungsverlust. Auch bei der Bedeutung von „Disziplin und Zuverlässigkeit“ sowie bei der ökologischen Orientierung deutet sich bei jungen Männern ein Rückgang an; in der Gruppe der jungen Frauen hingegen sind hier stabil hohe Ausprägungen erkennbar (siehe dazu die Abbildungen 9 und 10).

Mit der Wende scheint sich – besonders bei jüngeren Männern – ein Wandel in bezug auf eine Karriereorientierung anzudeuten. In der DDR war bekanntlich das Streben nach einer hohen Position aus verschiedenen Gründen wenig attraktiv. Nach der Wende allerdings verringert sich der Anteil derjenigen, für die das Ziel, im künftigen Leben eine hohe Position zu erreichen, keinerlei Bedeutung hat, deutlich. So sind es in der Altersgruppe der 18- bis 29jährigen bei den männlichen Befragten nur noch 2% gegenüber 25% 1988. Bei weiblichen Befragten dieser Altersgruppe war dem gegenüber 1988 der Anteil Ablehnender mit 15% geringer und sank 1990 auf 8%.

Für Annahmen, daß mit der Wende die Ausprägung der prosozialen Orientierung deutlich zurückgehen würde, zeigen sich bei unserem Datenvergleich keine Hinweise.

Abbildung 9: Vor-Nachwende-Vergleich von Lebenszielen bei 18-29jährigen differenziert nach Geschlecht

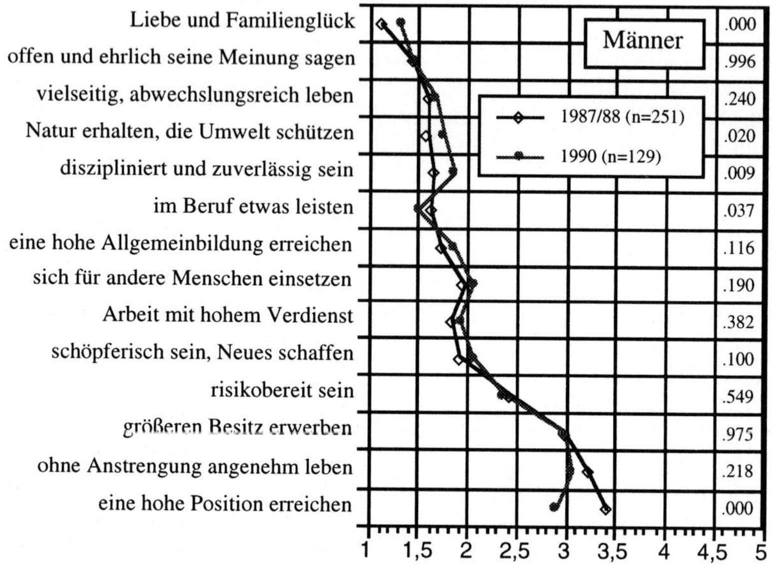

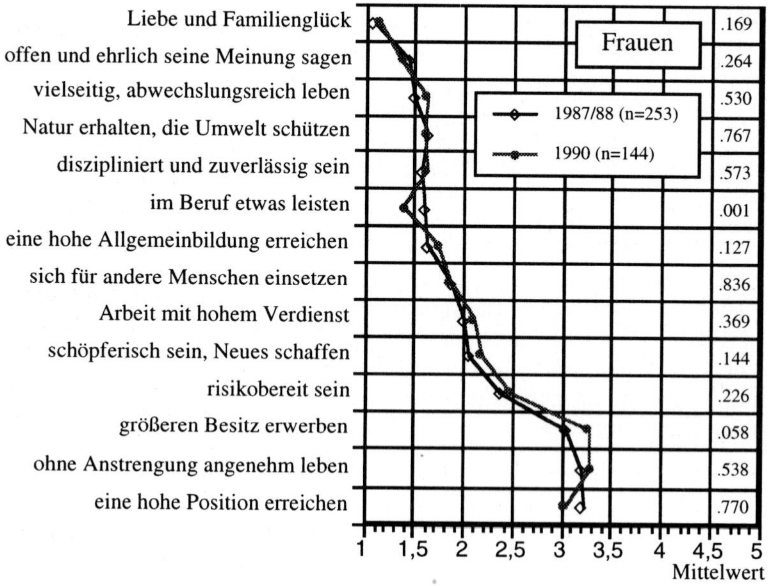

2.3. Zur Analyse von Wertorientierungen bei Schülern und Studenten im Kontext der Wende

2.3.1 Vorbemerkungen zur Erfassungsmethodik

Aus Bemühungen am ZIJ, ein emipirisches Forschungsinstrument zur Erfassung von Wertorientierungen zu entwickeln, welches von einer psychologischen Perspektive her weniger das Resultat von Wertungsprozessen – so wie sie sich beispielsweise in der Identifikation des Individuums mit vorgegebenen Werten ausdrücken – in das Zentrum der Betrachtung rückt, sondern mehr den Prozeß der Wertung und seine individuellen Determinanten, entstand Ende der 80er Jahre das Wertorientierungsverfahren (WOV).

Ausgangspunkt für die Verfahrensentwicklung ist ein Verständnis von Wertorientierungen als Wertungsdispositionen, die qualitativ unterschiedliche Dimensionen der Bezugsetzung des Menschen zu seiner Umwelt (einschließlich seiner selbst) darstellen (z.B. die soziale, politische oder ästhetische). Diese Bezugsdimensionen sind allerdings voneinander nur relativ abgrenzbar, da „Überschneidungen" und wechselseitige Beziehungen (z.B. Ziel-Mittel-Relation) existieren. Als komplexe Struktur bilden Wertorientierungen eine habituelle Grundlage der Realitätsbewertung und richten Verhalten über adäquate Motivierung von Tätigkeiten entsprechend ihrer Ausprägung aus.

Nach dieser Auffassung erfolgt die qualitative Bestimmung von Wertorientierungen nicht extern (in bezug auf das wertende Individuum) durch Objekte der Orientierung (vorgegebene Werte), sondern intern durch jene genannten Dimensionen der Bezugsetzung des Menschen zur Umwelt, die sich auf der Basis grundlegender Bedürfnisse des wertenden Individuums herausbilden. Unseres Erachtens gestattet es diese Betrachtensweise von Wertorientierungen, wichtige Aspekte der Verhaltensorientierung der Persönlichkeit in ihrer Einheit von individueller und sozialer Determination zu erfassen.

In Hinblick auf das im Rahmen einer umfassenderen Befragung methodisch „Machbare" wurden acht Wertorientierungen für die Verfahrensentwicklung ausgewählt. Für die folgenden Ergebnisdarstellungen wird auf die Kurzform des WOV zurückgegriffen, bestehend aus einer Wertorientierungsbatterie. Für die Formulicrung der Wertorientierungsitems wurde entsprechend ihrem allgemeinen Charakter ein übergreifender Bereich „Leben insgesamt" definiert. Die Ermittlung der Ausprägung der acht Wertorientierungen erfolgt über Punktsummenbildung. Nach N-Normierung (5stufige Skala mit M=3, SD=1) der entsprechenden Rohpunktwerte erfolgt eine Darstellung der Kennwerte in Form von Ausprägungsprofilen.

Tabelle 2 gibt einen Überblick über die Wertorientierungen, die jeweils thematisierten Dimensionen der Bezugsetzung des Individuums zur Umwelt sowie die in den Wertorientierungs-Items operationalisierten Aspekte.

Tabelle 2: Wertorientierungen des WOV

Bezeichnung	Dimension der Bezug setzung zur Umwelt	operationalisierte Aspekte
politische Wertorientierung (PO)	der Mensch als politisches Subjekt; Verhältnis zur politischen Umwelt, zur Gesellschaft	– bürgerliches Engagement – pol. Prinzipien – (m/l Weltanschauung) – pol. Aktivität (ab 1990)
erkenntnisbezogene Wertorientierung (ER)	der Mensch als erkennendes Subjekt; Verhältnis zur Umwelt als Gegenstand der Erkenntnis	– Vervollkommnung des Wissens – Schöpfertum – Ursachen/Erklärungen finden
selbständigkeitsbezogene Wertorientierung (SE)	der Mensch als sich selbst bestimmendes, eigenständiges Subjekt; Verhältnis zur Umwelt als Feld eigenständiger Lebensgestaltung	– Standfestigkeit/Beharrlichkeit – Eigenverantwortung – Zielgerichtetheit
genußbezogene Wertorientierung (GE)	der Mensch als sensitives emotionales Subjekt; Verhältnis zur Umwelt als Quelle positiver Sinnesempfindungen und Emotionen	– Spannung/Erregung/ Abwechslung/Abenteuer – sinnlicher Genuß – entbehrungsfreier Lebensstil
soziale Wertorientierung (SO)	der Mensch als soziales Wesen, Subjekt sozialer Beziehungen; Verhältnis zur unmittelbaren sozialen Umwelt	– Hilfsbereitschaft/ Kameradschaft – Zuwendung zum anderen, Verständnis – Opferbereitschaft
erwerbsbezogene Wertorientierung (EW)	der Mensch als Subjekt der eigenen materiellen Existenzsicherung; Verhältnis zur Umwelt als Feld der Erlangung materieller Mittel	– hoher Arbeitslohn – Zusatzerwerb – Wohlstand
anerkennungsbezogene Wertorientierung (AN)	der Mensch als Subjekt sozialer Anerkennung; Verhältnis zur sozialen Umwelt als Quelle der Anerkennungszusprechung	– Autorität – Achtung – Beachtung
ästhetische Wertorientierung (ÄS)	der Mensch als Subjekt sinnlicher Wahrnehmung und Wertung in bezug auf ästhetische Kategorien; Verhältnis zur Umwelt als Quelle dieser Wahrnehmung und Wertung	– künstlerisch-musische Betätigung – Reflexion der ästhetischen Kategorie Schönheit – Kunstbeziehung

Einen politisch notwendigen Kompromiß im Rahmen der Verfahrensentwicklung stellte die Aufnahme des bereits aus dem Lebensziel-Inventar bekannten Items zur marxistisch-leninistischen Weltanschauung in die politische Wertorientierung dar. 1990 wurde ein neues Item zur politischen Aktivität aufgenommen. In den hier dargestellten Auswertungen wurden jeweils nur für die zwei identischen Items zur politischen Orientierung nachträglich N-Normwerte berechnet und berücksichtigt.

Leider gelang es nicht mehr, das Verfahren Ende der 80er Jahre in für die DDR-Jugend repräsentativen Untersuchungen einzusetzen, so daß eine wünschenswerte Betrachtung aller Teilgruppen der DDR-Jugend gegenwärtig nicht geleistet werden kann. Inwieweit Recherchen im gesicherten ZIJ-Datenbestand ein ausreichendes Basismaterial hierfür liefern, ist noch ungeklärt.

Repräsentative Normwerte liegen nur für die Teilgruppe der DDR-Studenten vor. Grundlage dafür bildete die DDR-repräsentative Erhebung „Student '89". Im Rahmen dieser Untersuchung von 3918 Studenten aus 13 ausgewählten Hoch- und Fachschulen/Universitäten der DDR wurde in einer repräsentativen Teilstichprobe von n = 581 Befragten das Gesamtverfahren eingesetzt.

Grundlage für Normwerte bei Schülern bilden die Daten einer Sportstudie von Ende 1988[7] mit einer Stichprobe von 268 Jungen und Mädchen aus 8. Klassen und 302 aus 10. Klassen Polytechnischer Oberschulen des Landkreises Zwickau, in der das Wertorientierungverfahren eingesetzt worden war. Weiterhin wurde die Kurzform des WOV in mehreren Erhebungen der 3. Leipziger Längsschnittstudie (ISF/R) eingesetzt (siehe Tabelle 3).

2.3.2 Wertorientierungen bei Schülern

Ausgehend von den im Rahmen der Sportstudie von Ende 1988 bei 570 Schülern erhobenen Daten, sollen im folgenden Ergebnisse zu Wertorientierungen dargestellt werden. Dabei geht es insbesondere um Vergleiche, die Auskunft über Stabilität bzw. Veränderung von Wertorientierungen im Kontext der Wende sowie ihrer Entwicklung danach (im Abschnitt 5) geben können. Zu diesem Zweck werden Daten vergleichbarer Altersgruppen der ISF/R herangezogen. Auf Grund von geschlechtsspezifischen Ausprägungsunterschieden (siehe Abbildung 10) ergab sich, wie auch bei den Lebenszielvergleichen, die Notwendigkeit einer Parallelisierung der Geschlechteranteile in den Vergleichsgruppen.

---

7 Bei dieser Erhebung handelt es sich um eine Studie, die im Rahmen eines Zentralen Forschungsvorhabens der Deutschen Hochschule für Körperkultur und Sport von der Forschungsgruppe der PH Zwickau um K. Rohrberg durchgeführt wurde, und in der in Kooperation mit dem ZIJ das WOV eingesetzt worden war.

Tabelle 3

	1988	1989	1991	1992
8. Klasse	Sportstudie '88 (Herbst)		6. Welle Längsschnitt jüngere Kohorte (Frühjahr)	
10. Klasse	Sportstudie '88 (Herbst)	5. Welle Längsschnitt ältere Kohorte (Herbst)		7. Welle Längsschnitt jüngere Kohorte (Herbst)

Betrachten wir nun in einem Querschnittsvergleich zum Erhebungszeitpunkt 10. Klasse die Ausprägung von Wertorientierungsprofilen vor und nach der Wende. Wieder interessieren uns erkennbare Veränderungen, die auf einen möglichen Einfluß des gesellschaftlichen Umbruchs auf die Ausprägung von Wertorientierungen verweisen. Geht man von den bisher dargestellten Befunden zu Lebenszielen aus, so sind grundlegende Ausprägungsunterschiede bei den mit dem WOV erhobenen generellen Wertorientierungen im unmittelbaren Vor-Nachwende-Vergleich nicht zu erwarten. Auskunft über Ausprägungsunterschiede zwischen Schülerinnen und Schülern 10. Klassen von 1988, 1989 bzw. 1992 gibt die Abbildung 11. Beim Datenvergleich lassen sich für Schüler 10. Klassen 1988 und 1992 nahezu identische Ausprägungsprofile erkennen.

2.3.3 Wertorientierungen bei Studenten im Vor-Nachwende-Vergleich

Grundlage der folgenden Befunde zur Ausprägung von Wertorientierungen bei Studenten bildet ein Vergleich von zwei Untersuchungen der Abteilung Studentenforschung des Zentralinstituts für Jugendforschung:

„Student '89": Eine repräsentative Untersuchung bei 3918 Studenten aus 13 Hoch- und Fachschulen/Universitäten der DDR im Frühjahr 1989, in der in einer repräsentativen Teilstichprobe von 581 Studenten das Wertorientierungsverfahren (WOV) eingesetzt wurde.

„Student '90" : Eine Untersuchung bei 1635 Studenten unterschiedlicher Studienrichtungen aus Leipzig, Berlin, Jena, Dresden, Potsdam, Wismar im Frühjahr 1990, in deren Rahmen das WOV in Form eines Zusatzbogens von einer Teilstichprobe von 295 Studenten beantwortet wurde.

Da bei ersten Verfahrensauswertungen fachrichtungsspezifische Unterschiede in der Ausprägung von Wertorientierungen nachgewiesen wurden, erfolgte eine Auswahl vergleichbarer Fachrichtungen. Bei Gesamtvergleichen zwischen den Erhebungen wurde analog zur Vorgehensweise bei den Schülerstichproben eine Anpassung der Geschlechteranteile durch eine Reduktion (per Zufall) von Probanden der überrepräsentierten Geschlechtsduktion (per Zufall) von Probanden der überrepräsentierten Geschlechtsgruppe vorgenommen.

Abbildung 10: Die geschlechtsspezifische Ausprägung von Wertorientierungsprofilen bei POS-SchülerInnen 8. und 10. Klassen 1988

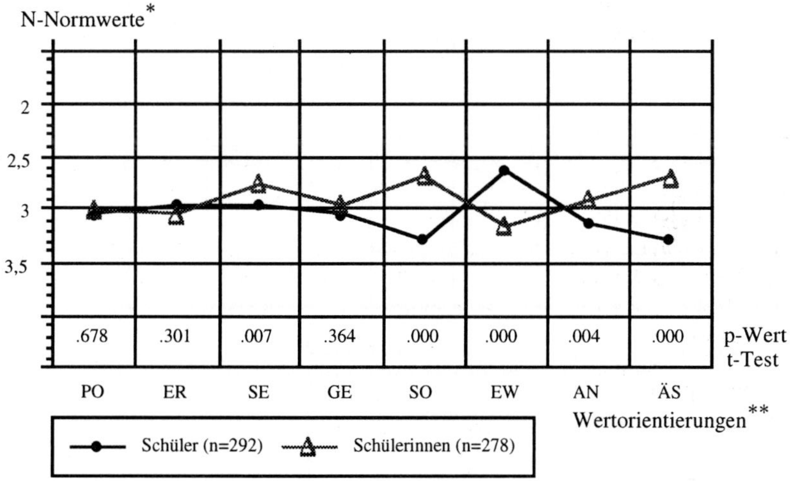

* Normwert 1 entspricht der stärkstenWertorientierungsausprägung, Normwert 5 der schwächsten.

** PO = politische Wertorientierung
ER = erkenntnisbezogene Wertorientierung
SE = selbständigkeitsbezogene Wertorientierung
GE = genußbezogene Wertorientierung
SO = soziale Wertorientierung
EW = erwerbsbezogene Wertorientierung
AN = anerkennungsbezogene Wertorientierung
ÄS = ästhetische Wertorientierung

Abbildung 11: Vor-Nachwende-Vergleich von Wertorientierungsprofilen bei Schülerinnen und Schülern aus 10. Klassen (Erhebungszeitpunkte: Herbst 1988, Herbst 1989 bzw. Herbst 1992)

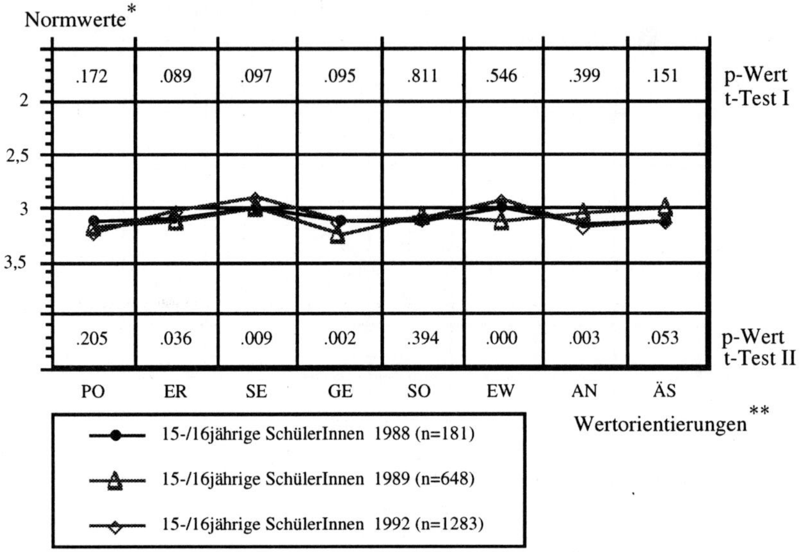

Signifikanzprüfungen:
Prüfung I: 1988/1989
Prüfung II: 1989/1992

* Normwert 1 entspricht der stärkstenWertorientierungs-ausprägung, Normwert 5 der schwächsten.

** PO = politische Wertorientierung
ER = erkenntnisbezogene Wertorientierung
GE = genußbezogene Wertorientierung
SE = selbständigkeitsbezogene Wertorientierung
SO = soziale Wertorientierung
EW = erwerbsbezogene Wertorientierung
AN = anerkennungsbezogene Wertorientierung
ÄS = ästhetische Wertorientierung

Die Abbildung 12 gibt eine Gesamtübersicht über den Vergleich der Ausprägungsprofile von DDR-Studenten 1989 und 1990. Grundlage dieses Vergleichs sind die 1989 ermittelten DDR-repräsentativen Normwerte für Studenten.

Abbildung 12: Die Ausprägung von Wertorientierungsprofilen bei Studenten im Vor-Nachwende-Vergleich

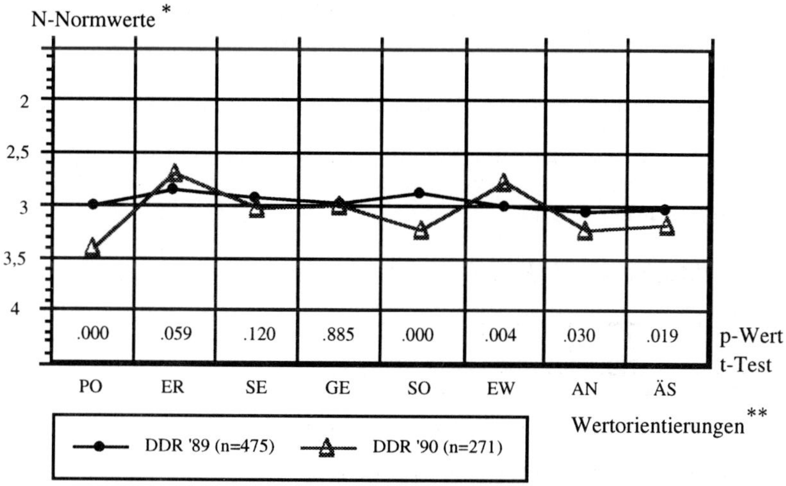

* Normwert 1 entspricht der stärkstenWertorientierungs-ausprägung, Normwert 5 der schwächsten.

** PO = politische Wertorientierung
ER = erkenntnisbezogene Wertorientierung
GE = genußbezogene Wertorientierung
SE = selbständigkeitsbezogene Wertorientierung
SO = soziale Wertorientierung
EW = erwerbsbezogene Wertorientierung
AN = anerkennungsbezogene Wertorientierung
ÄS = ästhetische Wertorientierung

Betrachten wir den Vor-Nachwende-Vergleich bei den DDR-Studentenstichproben, so sind nach der Wende ein Rückgang in der politischen und sozialen Wertorientierung, hingegen ein Anstieg der materiellen Orientierung erkennbar. Während die erstgenannten Orientierungen zu DDR-Zeiten im Vergleich zu anderen Teilgruppen der Jugend bei Studenten stärker ausgeprägt waren, war die materielle Orientierung durchgängig geringer. Der sich hier andeutenden Gegenläufigkeit weiter nachzugehen, wäre sicher interessant, ist hier aber nicht zu leisten.

Eine Differenzierung nach Geschlecht verweist 1989 für DDR-Studentinnen – neben der für weibliche Befragte typischen stärkeren Ausprägung der sozialen und der ästhetischen Orientierung – auf höhere Werte bei selbstbezogenen Wertorientierungen (Selbständigkeit, Anerkennung, Hedonismus). 1990 zeigt sich hingegen bei DDR-Studenten eine große Ähnlichkeit in den geschlechtsspezifischen Ausprägungsprofilen. Erkennbar ist lediglich eine stärkere soziale Orientierung von Studentinnen und eine sowohl für 1989 und 1990 höhere Erkenntnisorientierung bei männlichen Studierenden.

Die Ergebnisse des Vor-Nachwende-Vergleichs von Wertorientierungsprofilen bei Schülern und Studenten bestätigen einen insgesamt gesehen eher geringen unmittelbaren Einfluß des gesellschaftlichen Umbruchs auf individuelle Wertvorstellungen. Wenn, bezogen auf Lebenszielsetzungen insgesamt, also keinesfalls von einer generellen Orientierungskrise gesprochen werden kann, so heißt dies keinesfalls, daß ein tiefgreifender Einfluß des Umbruchs auf wichtige Orientierungsbereiche generell in Frage gestellt werden soll. Die Orientierungskrise im politisch-ideologischen Bereich ist ein deutlicher Beleg dafür, u.a. sichtbar in einer infolge der Wende zunehmenden Tendenz zum politischen Extremismus.

3. Ost-West-Vergleich

3.1 Vergleich von Lebenszielen auf der Grundlage repräsentativer Meinungsumfragen

Parallel zur repräsentativen Meinungsumfrage M 8 wurde durch Emnid (ebenfalls im Auftrag des SPIEGEL) im September 1990 eine Erhebung bei insgesamt 2097 Bürgern in der BRD durchgeführt. In dieser Umfrage wurde ein Lebensziel-Inventar eingesetzt, das bei der Mehrzahl der Items einen Vergleich zur Meinungsumfrage M 7 vom August 1990[8] ermöglichte.

Eine Datenprüfung verweist auf vorhandene Bezugssystemeffekte bei der Beantwortung der Lebenszielitems zwischen den Vergleichsgruppen. Die über Mittelwertsdifferenzen effektbereinigten Ergebnisse bilden die Grundlage eines Ost-West-Vergleichs für den Zeitpunkt August/September 1990[9] in unterschiedlichen Altersgruppen. In der Abbildung 13 sind die Ergebnisse dieses Vergleichs für die Altersgruppe der 18- bis 29jährigen dargestellt.

Trotz vorhandener Unterschiede verdeutlichen die Ausprägungsmuster insgesamt eine große Ähnlichkeit. Unterschiede zwischen Ost- und Westdeutschen werden allerdings deutlich, wenn es um die Orientierung auf eine

8 im Auftrag der Friedrich-Ebert-Stiftung.

9 Die BRD-Daten wurden dem Arbeitsdaten-Tabellenband des SPIEGEL SPEZIAL „Das Profil der Deutschen. Was sie vereint, was sie trennt“ entnommen.

Abbildung 13: Ost-West-Vergleich von Lebenszielen bei 18- bis 29jährigen jungen Erwachsenen

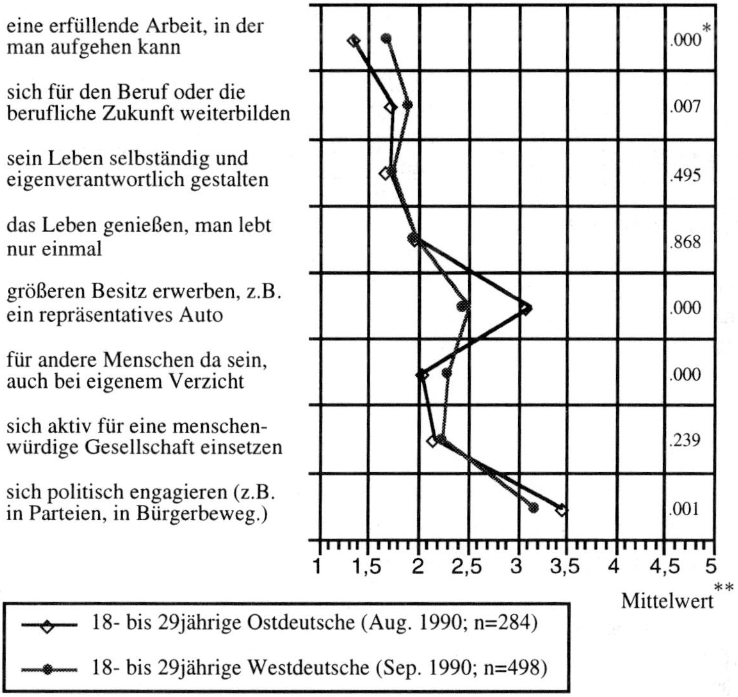

* p-Wert t-Test

** auf einer 5stufigen Antwortskala mit 1=sehr große Bedeutung bis 5=überhaupt keine Bedeutung

erfüllende Arbeit geht. Mit der neuen Erfahrung nach der Wende, daß der Arbeitsplatz nicht mehr etwas Selbstverständliches ist, gewinnt Arbeit (insbesondere eine, die vom Inhalt her den eigenen Vorstellungen entspricht) einen zunehmend zentralen Stellenwert im individuellen Wertesystem. Die potentielle Infragestellung führt zu einer Wertlabilisierung. Eine adäquate Gegenregulation ist die Verstärkung von entsprechenden Verhaltensorientierungen, die „wertsichernd" wirken, wie z.B. die Orientierung auf berufliche Weiterbildung. In diesem Zusammenhang sind auch die im Vor-Nachwende-Vergleich dargestellten Tendenzen einer höheren Leistungs- und Anstrengungsbereitschaft zu sehen.

Beim Lebensziel „uneigennützig für andere da zu sein“, sind insbesondere in den Teilgruppen der 18- bis 29jährigen sowie auch der 45- bis 59jährigen Ostdeutschen im August 1990 höhere Ausprägungen erkennbar. Selbständigkeit/Selbstgestaltung aber auch Lebensgenuß sind, wie bereits festgestellt wurde, charakteristische Merkmale des zumindest bei Jugendlichen seit Mitte/Ende der 70er Jahre empirisch nachgewiesenen Wertewandels, der u.a. durch systemeigene Modernisierungs- und Individualisierungsprozesse in der DDR hervorgerufen wurde. Der Ost-West-Vergleich weist hier keine Unterschiede mehr aus. Die Orientierung auf Besitz ist im Spätsommer 1990 für eine größere Anzahl von Altbundesbürgern von höherer Wichtigkeit als bei den Noch-DDR-Bürgern.

Betrachtet man die Ergebnisse zur politischen Orientierung, so scheint vom verstärkten politischen Engagement vieler DDR-Bürger in der unmittelbaren Wendezeit (Oktober 1989 bis April 1990) im August 1990 nicht viel übrig geblieben zu sein (siehe auch Abb. 12). Im Kontext der in den Vergleich einbezogenen Lebensziele besitzt eine Orientierung auf politische Aktivität mit Abstand die geringste Wichtigkeit und dies deutlicher als bei den Befragten aus den Altbundesländern.

Geschlechtsspezifische Unterschiede in der Ausprägung von Lebenszielen fallen bei den 18- bis 29jährigen im Westen deutlicher aus.

3.2 Vergleich von Wertorientierungsprofilen bei Studenten

Parallel zur Untersuchung „Student ’90“ der Abteilung Studentenforschung des Zentralinstituts für Jugendforschung wurde in Kooperation mit der Universität-Gesamthochschule Siegen 1990 eine Vergleichsuntersuchung bei 562 Studierenden aus den alten Bundesländern durchgeführt.

Aus beiden Untersuchungen wurden für einen Ost-West-Vergleich von Wertorientierungen vergleichbare Teilstichproben gezogen. Beträchtliche Diskrepanzen in der Geschlechterzusammensetzung verschiedener Fachrichtungen (Wirtschaftswissenschaften, Technik) konnten dabei nicht völlig ausgeglichen werden. Vergleichsgrundlage bilden die 1989 bei DDR-Studenten ermittelten Normwerte.

Abbildung 14 verdeutlicht zwischen den Studenten aus Ost und West insbesondere Unterschiede in der sozialen, der erwerbsbezogenen und der anerkennungsbezogenen Wertorientierung. Es ist zu vermuten, daß die vergleichsweise höhere Ausprägung in der Anerkennungsorientierung wie auch ein tendenziell höheres Selbständigkeitsstreben auf einen vorhandenen „Individualisierungsrückstand“ bei ostdeutschen Studenten hinweist.

Die vergleichsweise stärkere materielle Orientierung von Oststudenten ist unter dem Aspekt eines legitimen Nachholbedarfs plausibel.

Abbildung 14: Die Ausprägung von Wertorientierungsprofilen bei Studenten im Ost-West-Vergleich

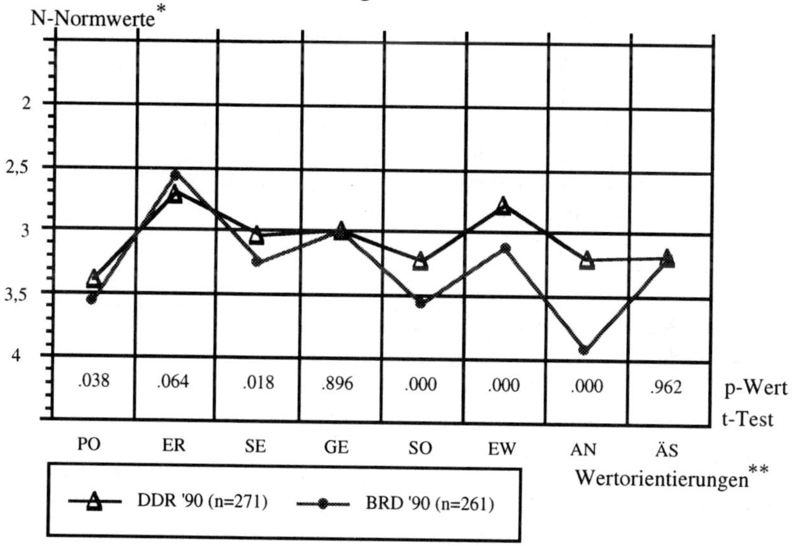

* Normwert 1 entspricht der stärksten Wertorientierungsausprägung, Normwert 5 der schwächsten.

** PO = politische Wertorientierung
ER = erkenntnisbezogene Wertorientierung
GE = genußbezogene Wertorientierung
SE = selbständigkeitsbezogene Wertorientierung
SO = soziale Wertorientierung
EW = erwerbsbezogene Wertorientierung
AN = anerkennungsbezogene Wertorientierung
ÄS = ästhetische Wertorientierung

Obwohl im Vor-Nachwende-Vergleich ein Rückgang in der soziale Wertorientierung sichtbar ist (Abb. 12), läßt der Profilvergleich eine stärkere Ausprägung bei Ost-Studenten erkennen. Es ist zu erwarten, daß dieser Befund, der sich in Ost-West-Vergleichen zum Anfang der 90er Jahre bei Jugendlichen insgesamt, aber auch in anderen Teilgruppen der Bevölkerung zeigt, nicht lange Bestand haben wird. Zu bedenken sind in diesem Zusammenhang z.B. die möglichen negativen Begleiterscheinungen von Individualisierungsprozessen (Entsolidarisierung, Entwertung sozialer Gemeinschaft, Egoismus). Befunde zur Entwicklung nach der Wende verdeutlichen einen weiteren Bedeutungsverlust prosozialer Orientierungen.

Trotz der aufgezeigten Unterschiede ist insgesamt gesehen die Übereinstimmung in den generellen Lebensorientierungen in Ost und West relativ hoch. Darauf verweisen auch große repräsentative Vergleichsuntersuchungen zwischen Jugendlichen aus den alten und neuen Bundesländern (Deutsch-deutsche Schülerstudie 1990; die Shell-Studie 1992; der Jugendsurvey des DJI 1992). Eine der entscheidenden Ursachen für diesen Sachverhalt ist darin zu sehen, daß sich, wenn auch mit zeitlicher Verzögerung, auch in der DDR ab Mitte/Ende der 70er Jahre ein Wertewandel vollzogen hat, der in vielem dem von Klages (a.a.O.) für den Westen beschriebenen Wertewandel vergleichbar ist.

4. Die Entwicklung von Lebenszielen nach der Wende

Während bisher vor allem die Ergebnisse zu Lebenszielen und Wertorientierungen aus der 3. Leipziger Längsschnittstudie genutzt wurden, um generelle Tendenzen in der Werteentwicklung der Leipziger Jugendlichen Ende der 80er Jahre sowie Einflüsse des Umbruchs zu verdeutlichen, soll abschließend differenzierter auf längsschnittliche Veränderungen der Ausprägung von Lebenszielitems in der jüngeren Kohorte eingegangen werden. Die Daten seit 1991 wurden im Rahmen des Projekts „Risikolagen und Risikoverhalten bei Jugendlichen in Ostdeutschland" an der Außenstelle Leipzig des Deutschen Jugendinstituts erhoben.

In unserem Panel hatten 901 Jugendliche sowohl im Früjahr 1991 als auch im Herbst 1992 an den Erhebungswellen teilgenommen und die Lebenszielitems jeweils vollständig beantwortet. Ihre Daten sind Grundlage für die folgende Darstellung. Abbildung 15 zeigt die Mittelwertsprofile zu beiden Meßzeitpunkten.

Der Profilvergleich verdeutlicht zwischen der 8. und 10. Klasse bei einer Vielzahl von Zielen einen Rückgang der Wichtigkeit bei den befragten Jugendlichen des Geburtsjahrgangs 1976/77. Dies betrifft gleichermaßen soziale Orientierungen, den Wissenserwerb und Pflichtwerte, aber auch die Orientierung auf Gelderwerb, die ja mit der Wende einen deutlichen Bedeutungszuwachs erlebte (vgl. Abbildung 6).

Ein analoger Vergleich von der 8. zur 10. Klasse in den Geburtsjahrgängen 1964/65 (ältere Kohorte IS II), 1966/67 (jüngere Kohorte IS II) sowie 1973/74 (ältere Kohorte ISF/R) legt in bezug auf den erkennbaren Bedeutungsverlust einen dominanten Einfluß von entwicklungspsychologischen Faktoren nahe, wie sie bereits mit den Prozessen einer mit zunehmen-

Abbildung 15: Längsschnittliche Entwicklung von Lebenszielen bei Leipziger Schülern von der 8. zur 10. Klasse (Mittelwertsvergleich)

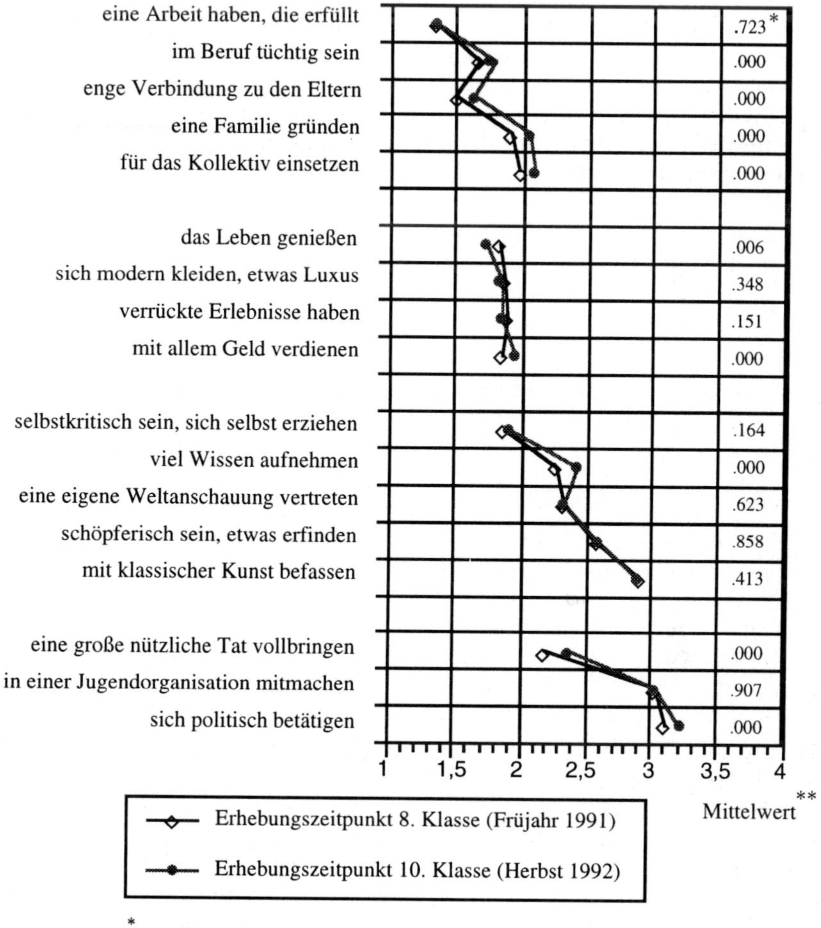

* p-Wert t-Test

** auf einer 4stufigen Antwortskala mit 1=sehr wichtig bis 4=nicht wichtig

dem Alter erfolgenden Überprüfung von Wertvorstellungen im Zusammenhang mit Selbstfindung, individueller Lebensplanung und sich neu stellenden Verhaltensanforderungen beschrieben wurden. Darüber hinaus ist von Wirkungen der sich nach der Wende verändernden materiellen wie ideellen gesellschaftlichen Rahmenbedingungen auszugehen. Der weitere Bedeutungsverlust bei der ohnehin geringen Bereitschaft zu politischer Partizipation verweist auf die gravierenden Probleme im Bereich politischer Orientierungen. Die geringe Bedeutung, die politische Betätigung bei den von uns befragten Schülern besitzt, findet ihren Niederschlag im Verhalten. Insgesamt nur 11 Jugendliche (erwartungsgemäß meist linksorientierte), d.h. nicht einmal 1%, waren Ende 1992 in politischen Jugendorganisationen aktiv.

Obwohl entsprechende Lebenszielitems eine stark ausgeprägte soziale Orientierung der befragten Jugendlichen – insbesondere was die Herkunftsfamilie betrifft – belegen, zeigen sich allerdings verglichen mit den früheren Geburtsjahrgängen deutlichere Rückgänge in der Wichtigkeit: So besitzt die Gründung einer eigenen Familie, ein von ostdeutschen Jugendlichen immer mit an die Spitze in bezug auf die persönliche Bedeutsamkeit gesetztes Lebensziel, heute nur noch bei etwa einem Drittel der Befragten sehr große Bedeutung. Dieser Befund wird auch aus anderen Untersuchungen berichtet (z.B. Jugend in Sachsen 1994, Starke 1994, 1995). Deutlich zeichnet sich hier der größer gewordene Entscheidungsspielraum für die individuelle Lebensgestaltung ab, der, so belegen auch die Ergebnisse des Vergleichs zwischen den Studien „Schüler '90" und „Jugend und Medien '92", zu einer Angleichung in der Orientierung auf eine eigene Familie an die bei westdeutschen Jugendlichen 1990 festgestellten Werte führt (Kuhnke 1994: 58ff.). Auch ist, wie die Ergebnisse ausweisen, der Anteil derjenigen, die soziales Engagement für andere als persönlich sehr wichtig ansehen, zurückgegangen.

Ein tendenzieller Bedeutungszuwachs deutet sich nur beim Streben nach Lebensgenuß an. Ausgeprägte hedonistische und materielle Orientierungen, für die nach Jahren in der Mangelwirtschaft mit der Wende die Realisierungsmöglichkeiten beträchtlich zugenommen haben, verdeutlichen einen vorhandenen Nachholbedarf.

Wenn auch ein leichter Rückgang in den Orientierungen auf Leistung und Gelderwerb erkennbar ist, so nimmt nach wie vor der (künftige) Beruf einen zentralen Stellenwert im Rahmen von individuellen Lebensorientierungen ein, und dies nicht nur bei den Jugendlichen – wie bereits festgestellt. Das Ziel, künftig eine Arbeit mit einem erfüllenden Arbeitsinhalt zu haben, verdeutlicht insgesamt eine sehr hohe Ausprägung und Stabilität. Hier zeigen sich auch bei einem Vergleich der Befunde der Untersuchungen „Schüler '90" und „Jugend und Medien '92" auf der Ebene der Einzelitems noch fortdauernde tendenzielle Unterschiede zwischen Ost und West (eine stärkere Orientierung auf eine erfüllende Arbeit, eine geringere Freizeit- und höhere Leistungsorientierung). Dieser ermittelte Befund ist möglicherweise Ausdruck der Wirkung einer in der DDR propagierten und teilweise gelebten Wertekohärenz auf den historischen Wertewandel im Osten, die eine weitaus größere Wertesynthese (Behnken u.a. 1991) ermöglichte. Die hohe Ausprägung berufsbezogener Orientierungen spiegelt sich in den Vorstellungen über den Arbeitsinhalt und den Verdienst im künftigen Beruf wider. So gehen 89% der Jugendlichen unserer Stichprobe z.B. davon aus, nach ihrer Ausbildung eine Tätigkeit zu erhalten, die ihren Wünschen entspricht, und 70% erwarten, sich dann viel leisten zu können.

Sieht man die hohen berufsbezogenen Erwartungen der Jugendlichen und ihre starke Fixierung auf einen erfüllenden Arbeitsinhalt auf der einen Seite und die sich kaum positiv ändernde Verfügbarkeit von attraktiven Lehrstellen (und zwar solchen, die sich auch künftig auf dem Arbeitsmarkt „einlösen" lassen) sowie die generelle Arbeitsmarktsituation auf der anderen, so werden Diskrepanzerlebnisse mit hoher Wahrscheinlichkeit nicht ausbleiben.

Die vorhandene Diskrepanz zwischen Anspruch und Wirklichkeit frühzeitig reflektierend, befürchteten schon 1991 (damals in der 8. Klasse) insgesamt 87% der von uns Befragten mehr oder weniger stark, daß sie später keine Lehrstelle erhalten könnten. Im Herbst 1992, zu Beginn der 10. Klasse, waren es 78%. Selbst Schüler mit überdurchschnittlichen schulischen Leistungen äußerten zu 74% derartige Befürchtungen, wenn auch weniger stark. Insbesondere Mädchen haben häufiger Sorgen, keine Lehrstelle zu erhalten, weniger aufgrund schlechter Schulleistungen, sondern mehr wegen der allgemeinen schlechten wirtschaftlichen Lage, die zu einer weiteren Zunahme der Benachteiligung von Mädchen auf dem Ausbildungsmarkt führt.

Ein Großteil der von uns befragten Jugendlichen versuchte, befürchtete Probleme durch den Bildungsweg über die Gymnasialstufe erst einmal zu umgehen. 54% der von uns 1991 befragten Schülerinnen und Schüler 8. Klassen strebten eine gymnasiale Ausbildung an. 78% von ihnen haben im Herbst 1992 nach der Umstrukturierung der Schulen in Leipzig dieses Ziel erreicht. Einerseits erhofften sie sich durch höhere Bildungsabschlüsse bessere Chancen auf dem Arbeitsmarkt, andererseits einen zeitlichen Aufschub, der sich mit der Erwartung verband, daß sich die Arbeitsmarktsituation in ein paar Jahren bessern würde. Zwei Drittel der Jugendlichen gingen 1991 von dieser Prognose aus. Ende 1992 glauben das nur noch gut die Hälfte. Eine zweite Lösungsvariante deutete sich in einer hohen Bereitschaft an, das befürchtete Ausbildungs- oder Arbeitsmarktproblem in der Heimatregion notfalls durch ein (zumindest vorübergehendes) Verlassen der Heimat zu lösen. Die Gefahr besteht durchaus, daß ein großer Teil dieser Jugendlichen dem Osten Deutschlands auf Dauer den Rücken kehrt und damit in den neuen Bundesländern Nachwuchsprobleme für den Arbeitsmarkt entstehen.

Differenzierende Betrachtungen unterschiedlicher Teilgruppen Jugendlicher, auf die im Rahmen dieses Beitrags leider nicht näher eingegangen werden kann, sollen trotzdem abschließend kurz erwähnt werden. Sie zeigen zumeist die erwarteten Unterschiede.

Abbildung 16: Unterschiede in der Ausprägung von Lebenszielen bei Leipziger Schülern aus unterschiedlichen Schultypen

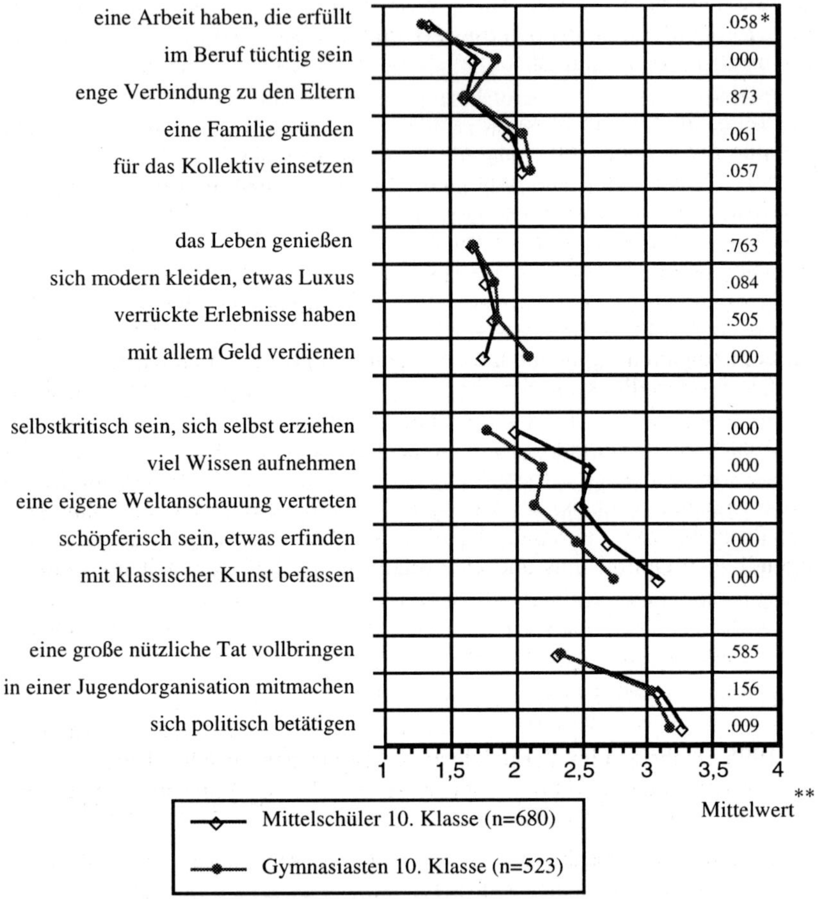

* p-Wert t-Test

** auf einer 4stufigen Antwortskala mit 1=sehr wichtig bis 4=nicht wichtig

So verdeutlichen unsere Befunde beispielsweise den neben der höheren sozialen Orientierung empirisch vielfach nachgewiesenen Sachverhalt einer im Vergleich zu Jungen stärker ausgeprägten kulturell-künstlerischen Orientierung bei Mädchen.

Bei der Differenzierung nach Schultypen in Abbildung 16 zeigt sich ebenfalls das zu erwartende Bild. So besitzen Jugendliche, die ein Gymnasium besuchen, im Vergleich zu ihren Altersgefährten aus Mittelschulen ein stärkeres Erkenntnisstreben sowie eine ausgeprägtere politische Orientierung. Bei Mittelschülern ist hingegen eine stärkere materielle Orientierung festzustellen. Weiterhin ist für sie die Gründung einer eigenen Familie bedeutsamer.

Versucht man ein Resümee, so ist sicher festzustellen, daß empirische Befunde zur Werteentwicklung weit weniger spektakulär sind, als es die öffentliche Wertedebatte vermuten ließe. Betrachtet man die Entwicklung von Werthaltungen im Kontext des gesellschaftlichen Transformationsprozesses, so fallen Veränderungen insgesamt (einmal vom politisch-ideologischen Bereich abgesehen) vergleichsweise gering aus. Betrachtet man die Entwicklungstendenzen von Lebenszielen nach der Wende, so ist zu erwarten, daß es mit der Angleichung der Lebensverhältnisse von Ost und West auch zu einer weiteren Angleichung in den Lebensorientierungen kommen wird.

Die festgestellte hohe Stabilität in den Werthaltungen ist sicher auch eine Grundlage dafür, daß – trotz tiefgreifender Veränderungen in den Lebenszusammenhängen sowie der Vielzahl neuartiger Anforderungen und der damit verbundenen oft starken Verunsicherungen – die überwiegende Mehrheit der jungen Ostdeutschen die eigene Lebensperspektive bisher ohne größere Probleme aktiv gestaltet. Auch in aktuellen Erhebungen überwiegt bei Jugendlichen Optimismus und eine relativ große Zufriedenheit mit dem eigenen Leben. Allerdings verweisen die Ergebnisse der 9. Welle des Längsschnittprojekts 1995 auch auf problematische Tendenzen in bezug auf die Entwicklung der Zukunftszuversicht:

1. auf einen tendenziellen Rückgang mit zunehmendem Alter
2. auf einen geringeren Optimismus bei den zum Zeitpunkt der Erhebung 1995 18jährigen im Vergleich zu den 18jährigen im Jahre 1992
3. auf zunehmende Unterschiede zwischen den Geschlechtergruppen zuungunsten weiblicher Befragter.

Insbesondere wenn Befürchtungen zur Realität werden, hohe Erwartungen und Hoffnungen hingegen seltener in Erfüllung gehen, ist die Gefahr für Frustrationen unübersehbar. Die Frage ist, was geschieht, wenn der für die psychische Stabilität so wichtige Zukunftsoptimismus bei einem größer werdenden Teil Jugendlicher verloren geht. Angesichts der großen Mehrheit der Jugendlichen, die vergleichsweise unauffällig in die entsprechenden Erwachsenenrollen „hineinwachsen“, darf nicht der Blick verloren gehen für das Ausmaß und die Entwicklung von „Problemverhalten“, wenn dieses auch zahlenmäßig nur kleinere Teilgruppen der Jugend betrifft. Aktuelle Zahlen zur Kriminalitätsentwicklung sind hier ein nicht zu übersehendes Warnsignal.

5. Literatur

Behnken, I. u.a.: SCHÜLERSTUDIE ’90. Jugendliche im Prozeß der Vereinigung. Weinheim und München: Juventa 1991

Bertram, B./Bien, W./Gericke, Th./Höckner, M./Schröpfer, H.: Gelungener Start – Unsichere Zukunft? – Wege und Umwege zum Beruf. Längsschnittstudie 2. München: DJI-Verlag 1994

Bien, W./Karig, U./Kuhnke, R./Lang, C./Reißig, M.: Cool bleiben – Erwachsenwerden im Osten. Ergebnisse der Leipziger Längsschnittstudie 1. München: DJI-Verlag 1994

Bortz, J.: Statistik für Sozialwissenschaftler. Berlin: Springer 1993

Förster, P./Friedrich, W./Müller, H./Schubarth,W.: Jugend Ost. Zwischen Hoffnung und Gewalt. Opladen: Leske + Budrich 1993

Friedrich, W.: Mentalitätswandlungen der Jugend der DDR. In: Aus Politik und Zeitgeschichte. Beilage zur Wochenzeitung „Das Parlament“ B 16-17/90, 1990, S. 25-37

Hoffmann-Lange, U. (Hrsg.): Jugend und Demokratie in Deutschland. Opladen: Leske + Budrich 1995

Hurrelmann, K./Rosewitz, B./Wolf. H.-K.: Lebensphase Jugend. Eine Einführung in die sozialwissenschaftliche Jugendforschung. Weinheim und München: Juventa 1985.

Jugendwerk der Deutschen Shell (Hrsg.): Jugend ’92. Lebenslagen, Orientierungen und Entwicklungsperspektiven im vereinigten Deutschland. Band 1-4. Opladen: Leske + Budrich 1992

Klages, H.: Wertorientierungen im Wandel. Rückblick, Gegenwartsanalyse, Prognosen. Frankfurt/New York: Campus 1984

Klages, H.: Traditionsbruch als Herausforderung. Perspektiven der Wertewandelsgesellschaft. Frankfurt/New York: Campus 1993

Kmieciak, P.: Wertstrukturen und Wertwandel in der Bundesrepublik Deutschland. Göttingen: Schwartz 1976

Kuhnke, R.: Der gesellschaftliche Umbruch und seine Folgen für die Befindlichkeit, Identität und Verhaltensorientierung. In: Bien, W./Karig, U./Kuhnke, R./Lang, C./Reißig, M.: Cool bleiben – Erwachsenwerden im Osten. Ergebnisse der Leipziger Längsschnittstudie 1. München: DJI-Verlag 1994, S. 31-78

Kuhnke, R./Mittag, H.: Wertewandel bei Jugendlichen und jungen Erwachsenen in Ostdeutschland. KSPW-Expertise (unveröff.) 1995

Müller, H.: Jugend im Wandel ihrer Werte. IS II. ZIJ-Forschungsbericht F85/83. Leipzig 1985

Müller, H.: Lebenswerte und nationale Identität. In: H. Griese, W. Friedrich (Hrsg.): Jugend und Jugendforschung in der DDR. Opladen: Leske + Budrich 1991, S. 124-135

Oerter, R.: Struktur und Wandlungen von Werthaltungen. München 1970

Oerter, R.: Moderne Entwicklungspsychologie. Donauwörth 1976

Rokeach, M.: The nature of human values. New York: The Free Press 1973

SPIEGEL SPEZIAL: Das Profil der Deutschen. Was sie vereint, was sie trennt. 1/1991 Arbeitsdaten-Tabellenband

Starke, U. u.a.: Jugend in Sachsen 1994. Bericht (KSPW). Leipzig 1994

Starke, U.: Jugend in Leipzig: Wertorientierungen nach der Wende. In: Sydow, H./Schlegel, U./Helmke, A. (Hrsg.): Chancen und Risiken im Lebenslauf: Wandel in Ostdeutschland. Berlin: Akademie-Verlag 1995

Partner- und Sozialverhalten ostdeutscher Jugendlicher und gesellschaftlicher Umbruch

Kurt Starke

Inhalt

1. Einleitung

Dieser Beitrag stützt sich auf umfangreiche eigene Forschungen zum Thema. Die Ergebnisse entstammen verschiedenen sozialwissenschaftlich-sexuologischen Untersuchungen seit 1972 (siehe Übersicht, Abschnitt 5), insbesondere den von mir geleiteten Partnerstudien unter 11.313 16-48jährigen und der Ost-West-Vergleichsstudie „Jugendsexualität". Diese Untersuchungen sind 1972-1990 am Zentralinstitut für Jugendforschung Leipzig durchgeführt (Starke 1991 und 1992a) und nach dessen Auflösung (1990) von der von mir geleiteten Forschungsstelle Partner- und Sexualforschung fortgeführt und durch neuere Studien ergänzt worden. Innerhalb der Forschungsstelle, die bei der Gesellschaft für Sexualwissenschaft e.V. und der Gesellschaft für Jugend- und Sozialforschung e.V. angesiedelt wurde, ist dabei die Partnerschaft mit Prof. Dr. Konrad Weller zu würdigen, mit dem ich seit über 15 Jahren eng zusammenarbeite. Innerhalb der Gesellschaft für Jugend- und Sozialforschung ist besonders auf Dr. habil. Uta Starke von der Universität Leipzig als der Forschungsleiterin insbesondere von Nachwendestudien zu verweisen. Von den auswärtigen Kooperationspartnern hebe ich besonders Prof. Dr. Gunter Schmidt von der Abteilung Sexualforschung der Universität Hamburg hervor, mit dem ich bereits vor der gemeinsamen Interviewstudie Kontakt geschlossen habe, der bis heute anhält und inzwischen zu weiterer Zusammenarbeit geführt hat, vor allem anläßlich der 1996 begonnenen Replikationsstudie „Studentensexualität", die wiederum einen Ost-West-Vergleich beinhaltet. Die unten genannten Untersuchungen sind von verschiedenen Instanzen gefördert und von vielen Personen unterstützt worden. Bei ihnen, vor allem aber bei den Befragten, möchte ich mich bedanken, ebenso bei der KSPW, die die diesem Beitrag zugrundeliegende Expertise angeregt und gefördert hat.

Im vorliegenden Beitrag kommt es nicht auf die umfangreiche Darstellung des empirischen Materials, sondern auf die Herausarbeitung von Entwicklungstendenzen, auf die soziokulturellen und sexuologischen Hintergründe und die Benennung von Problemen an. Dominierend sind synoptische Aussagen. Auf die verschiedenen Teilgruppen der Jugend kann dabei nicht eingegangen werden. Grundsätzlich allerdings wird auf den Geschlechtervergleich Wert gelegt, diese Präferenz ist eindeutig gesetzt. Der Beitrag beschränkt sich im wesentlichen auf die heterosexuelle Mehrheit. Aussagen über Homosexuelle und Homosexualität sind in meinem Buch „Schwuler Osten" zu finden (Starke 1994).

Dennoch ist die differentia sexualis, die in vielem auch eine differentia specifica ist, im folgenden immer mitgedacht worden. Das jugendliche Partner- und Sexualverhalten ist, wie das jugendliche Gesamtverhalten, von einer großen Differenziertheit gekennzeichnet. Seit längerem, nicht erst nach der Wende, aber nun verstärkt und anders geartet, ist eine größere Bandbreite in jugendlichen Einstellungen und Verhaltensweisen und eine Auffächerung der inneren Struktur von Jugend zu beobachten, verbunden mit einer Verkomplizierung und Neugestaltung des Verhältnisses zwischen jugendlichen Untergruppen, vor allem zwischen den beiden Geschlechtergruppen, zwischen sozial Integrierten und weniger Integrierten, zwischen den Bildungs- und Einkommensgruppen und auch zwischen den Altersgruppen, die jeweils ihr eigenes Profil haben. Dieser Differenzierungsprozeß, der vor allem soziale Ursachen hat, ist verbunden mit einer Polarisierung bis hin zur Extremisierung.

Um Gruppenunterschiede erklären, aber auch intra- und interpersonelle Problemlagen erkennen zu können, ist der Blick auf die Umstände notwendig, unter denen sich jugendliches Gesamtverhalten entwickelt. Der abrupte und dramatische Wandel der Lebenslagen und der gesamten sozialen Rahmenbedingungen in Ostdeutschland schafft einen spezifischen Erfahrungs- und Kommunikationsraum (Starke 1990).

Im wechselvollen Prozeß der Transformation kommt es insbesondere bei Jugendlichen zu einem dynamischen Wechselverhältnis von Konsistenz und Inkonsistenz der Einstellungen und des Verhaltens. Die Anpassung an die neuen Lebensbedingungen und die Interiorisation der veränderten Wertewirklichkeit führen einerseits dazu, daß sich die individuelle Hierarchie der Lebenswerte verändert und neue Werte hinzukommen. Andererseits wird versucht, die eigenen Werte in die neue Wirklichkeit einzubringen. Die Konsistenz versus Inkonsistenz jugendlichen Verhaltens ist nicht nur aus der Gegenwart und den vergangenen sechs Jahren zu erklären, sondern bedarf einer Einordnung in größere historische Bögen einschließlich zukünftig möglicher Entwicklungen.

Dabei sind Ost-West-Vergleiche wichtig, und sie werden an einigen Stellen des Beitrages geboten. Aber sie stehen nicht im Vordergrund. Keinesweg kommt es darauf an, irgendwelche Prozentzahlen in den Raum zu werfen, deren mediale Beliebigkeit schon lange nur Überdruß hervorruft, oder die einen an den anderen wertend zu messen und damit ihnen fremden Maßstäben zu unterwerfen. Vielmehr geht es um eine soziologisch-vergleichende Sichtweise und die Benennung und Erklärung von Spezifitäten. Der Blick ist dabei auf die ostdeutschen Habitualitäten in ihrem historischen Gewordensein und ihren aktuellen Veränderungen gerichtet.

2. Die Wende im Bett – Eine teils persönliche, teils theoretisch-historische Reflexion

2.1 Der Hintergrund einer Frage

Die typische Frage, die mir seit 1989/90 von Ost und häufiger noch von West gestellt wird, lautet: Wie hat sich das Sexualverhalten der Ostdeutschen verändert? Hat es sie gegeben, die Wende im Bett?

In dieser Frage schwingt *erstens* die Erkenntnis mit, daß Sexualverhalten Sozialverhalten ist und daß es wie dieses erlernt wird. Das sexuelle Handeln ist ein Teil des Insgesamt der Lebensäußerungen einer Persönlichkeit, die sich in je spezifischen Lebensumständen und in einem bestimmten Normensystem entwickelt. Sie hat je spezifische Gestaltungsmöglichkeiten und Spielräume. Ändern sich die Umstände, dann ändern sich auch die Menschen und ihr Sexualverhalten. Der Umbruch im Osten hat tief in die Lebenssituation der Menschen eingegriffen und sie in eine völlig veränderte Wertewirklichkeit gestellt. Es ist klar, daß das die Frage provozieren muß, inwieweit diese Veränderungen auch das Partner- und Sexualverhalten erreichen.

In welcher Weise gravierende Ereignisse – wie ein gesellschaftlicher Umbruch oder, um ein ganz anders geartetes Phänomen, zu erwähnen: Aids – das Sexualverhalten einer Bevölkerung habituell verändern, ist schwer nachzuweisen. Wahrscheinlich muß dabei in größeren historischen Bögen gedacht und geforscht werden. Auf der Oberfläche mögen zwar Verhaltensänderungen nachweisbar sein – im Falle von Aids zum Beispiel die Wiederentdeckung und massenhafte Anwendung des Kondoms. Aber Tiefenwirkungen sind wohl nur im Kontext vieler Faktoren und allmählich zu erwarten.

Die Frage nach der Wende im Bett beinhaltet auch die Vermutung, daß es sich beim Sexuellen um eine sensible, leicht beeinflußbare, flexible Größe handelt. Dies ist sie jedoch nicht, jedenfalls nicht im sozialpsychologisch-soziologischen Sinne. Da erweist sie sich als ziemlich stabil, wenngleich auch als reaktionsfähig.

Zu definieren wäre auf jeden Fall, nach welchen Kriterien die Wende im Bett gemessen und an welchen Erscheinungsformen sie fest- bzw. locker gemacht werden soll. An den Stellungen beim Geschlechtsverkehr? An der Zahl der Koitusse? An der Nutzung von Kontrazeptiva? An der sexuellen Gewalt? An der Einstellung zum vorehelichen Geschlechtsverkehr?

Sofort wird klar, daß es völlig unsinnig wäre, in jedem Verhaltens- und Einstellungsbereich eine Wende anzunehmen.

Zweitens insistiert diese Frage darauf, daß nicht nur die *politische* Wende notwendig geworden sei und allerlei Freuden mit sich gebrachte habe, sondern auch eine im Bett erforderlich und erstrebenswert gewesen sei. Wenn eine Strukturanpassung im ökonomischen, im politischen und in sonstigen Bereichen erfolgt, dann müßte die mentale folgen und schließlich auch die sexuelle stattfinden.

Speziell steht *drittens* hinter der Wende-im-Bett-Frage die Annahme, daß ihnen, den Ostdeutschen, gerade die Segnungen des westlichen Sex-Know-Hows, das Sex-Business, die Sex-Shops, die Prostitution, die Pornographie, die Kunstpenisse und all die anderen Sächelchen zum wahren Liebesglück noch gefehlt hätten, daß es höchste Zeit war, die ostdeutsche miefige Provinzialität freiheitlich zu öffnen (Weller 1991a).

Viertens vermutete ich noch einen ganz anderen Akzent: Die Fragesteller nehmen an oder hoffen gar, daß sich im Osten doch nicht alles den westlichen Standards angleiche und zwar in dem Sinne, daß Werte und Verhaltensweisen, die als gut, vernünftig, wichtig, schön bewertet wurden und werden, nicht einfach kaputt gehen, sondern erhalten bleiben und als dynamisches Element in die neue Zeit eingebracht werden.

Welche Ober- und Untertöne bei der Wende-im-Bett-Frage auch immer mitschwingen, eines gilt offenbar als gesetzte Größe in der öffentlichen Meinung: Die Ostdeutschen waren auch im Bett anders, und sie sind es auch heute und zukünftig noch.

Wenn in der DDR familiale Freiräume gegeben waren, wenn Partnerbeziehungen Jugendlicher toleriert wurden, wenn auf diesem Gebiet ein individueller Glücksanspruch akzeptiert wurde und realisiert werden konnte, wenn insbesondere für die 70er Jahre eine Enttabuierung des Sexuellen nachgewiesen werden kann, dann lohnt es sich schon zu fragen, wie dies zum gesellschaftlichen System paßt, was daran Notwendigkeit und Zufall, Spontaneität oder Gesetzmäßigkeit war.

2.2 Die großen historischen Bögen

Das Partner- und Sexualverhalten in der DDR und nach derem Ende läßt sich nicht nur mit Blick auf die DDR und die Post-DDR erklären. Das wäre entschieden zu kurz gefaßt. Erforderlich ist das Denken in größeren historischen Zusammenhängen:

(1) der sittengeschichtlich-kulturelle Raum Mitteleuropa, das Christentum, die Reformation, die Säkularisierung und deutsche Traditionen,
(2) die moderne Industriegesellschaft,

(3) die großen emanzipatorischen Prozesse in diesem Jahrhundert, vor allem in bezug auf die Befreiung der Frau, die Liebe und die gleichberechtigte Gestaltung von Partnerschaften,
(4) die proletarischen, linken, sozialistischen Traditionen; die Wirkungen des sozialistischen Weltsystems,
(5) die speziellen Bedingungen in der DDR als einem deutschen Teilstaat an der Grenze zwischen den beiden Weltsystemen im kalten Krieg.

Jeder dieser fünf historischen Bögen hat seine Besonderheiten und Widersprüchlichkeiten, ist aber in jedem Falle zur Erklärung von Partner- und Sexualverhalten erforderlich.

Beispiele:
Die 1990 von der Abteilung für Sexualwissenschaft der Universität Hamburg gemeinsam mit dem Zentralinstitut für Jugendforschung bzw. dann unserer Forschungsstelle Partner- und Sexualforschung durchgeführte deutsch-deutsche Interviewstudie „Jugendsexualität und Aids" erbrachte bei zwei Drittel der Indikatoren kongruente Ost-West-Antwortverteilungen. Das ist zweifellos nur durch die Wirksamkeit von (1) bis (3) zu erklären (Weller/Starke 1993, Starke/Weller 1991a,b, 1993).

1990 erforschten wir im Rahmen unserer Partnerstudie III das kontrazeptive Verhalten in der DDR. 96% der über 40jährigen Frauen hatten Pillen-Erfahrung. In der Sowjetunion (Leningrad) waren es 15% und in Polen nur 4%. Wäre (4) dominant gewesen, dann hätte es diese gewaltigen Unterschiede nicht geben dürfen.

In unseren Partnerstudien fanden wir keine, sehr geringe oder nur ganz ausnahmsweise Unterschiede im Sexualverhalten zwischen Religiösen und Nicht-Religiösen. Ohne die Säkularisierung, den ohnehin reformatorischen Geist in weiten Teilen des Landes und den speziellen Säkularisierungsschub der DDR wären solche Befunde nicht verstehbar.

In der DDR fristete, ganz im Unterschied zu den sozialistischen Weltstädten Warschau und Budapest, die Prostitution ein äußerst beschränktes Dasein. Im sozialistischen China wurden Prämien für das Nichtgebären von Kindern, in der sozialistischen DDR für das Gebären von Kindern gezahlt. Homosexuelle gerieten in der Sowjetunion und in Rumänien ins Gefängnis, in Polen grenzte sie die Kirche aus, in der DDR wurden bei der Kirche Arbeitskreise Homosexueller gegründet. In Leningrad waren Wohnheime für männliche und für weibliche Studenten streng getrennt, in der DDR gab es Wohnheime für Studenteneltern, in der alten BRD waren Studentenwohnheime genauso selten wie Studentinnen mit Kind.

Weitere Beispiele dieser Art ließen sich in großer Zahl nennen.

So sehr die Politik auch in die Lebensverhältnisse der Menschen eingreift, so energisch die jeweilige Macht versucht, ihre Interessen auch im privaten Bereich durchzusetzen, so wenig kann davon ausgegangen werden, daß sich die liebenden Menschen in ihrem persönlichen Verhalten nach den Politikern richten. Das wäre eine Überschätzung von Politik und Politikern, ganz abgesehen davon, daß auch diese in einem kultur- und sittengeschichtlichen Kontext stehen, unter bestimmten Normen aufgewachsen sind und diese interiorisiert haben. Freilich gehört es wohl zu den Eigenheiten jeder Ideologie, den Sinnesfreuden und dem privaten Glück nicht gerade freundlich gesonnen zu sein. Ideologie setzt – insbesondere in dramatischen, revolutionären, kriegerischen Zeiten – außerindividuelle Zwecke, hinter denen das Persönliche zurückstehen muß.

2.3 Die DDR und das Sexuelle

Ob es DDR-Unikalitäten in Liebe und Sexualität gegeben hat, sei dahingestellt. Solche Phänomene wie die DDR-FKK-Bewegung oder die DDR-Studentin mit Kind – im Verlaufe des Studiums heirateten über 50% der Studenten und fast 40% hatten bei Studienende eigene Kinder zu versorgen (Neubauer et. al. 1992) – oder die totale Dominanz der Pille deuten darauf, daß einige DDR-spezifische Eigenarten, Seltsamkeiten, Absonderlichkeiten vorhanden waren. Aber im Sexualverhalten hat es zu allen Zeiten und bei den verschiedenen Völkern alles nur Denkbare und Unvorstellbare gegeben, so daß es ein hoffnungsloses Unterwinden wäre, ausgerechnet in der DDR Einmaligkeiten zu suchen. Darauf kommt es auch gar nicht an.

Tatsache ist, daß die DDR einen durchaus besonderen Kontext auch für das Partner- und Sexualverhalten bot. Eingeschlossen in die genannten historischen Zusammenhänge (und in ihr eigenes Territorium) erwarb die Sexualität durchaus ihr eigenes Profil und trug das Sexualverhalten bemerkenswerte Züge. Zum Glück liegen umfangreiche empirische Befunde vor. An einer integrativen theoretischen Aufarbeitung aus heutiger Sicht fehlt es jedoch.

Wovon war das Partner- und Sexualverhalten in der DDR grundlegend bestimmt? Was hat zu seinem Profil, seinem teils spezifischen und teils unspezifischen, beigetragen? Was rechtfertigt überhaupt – über das Phänomenologische hinaus – einen Sonderstatus DDR-Sexualität anzunehmen? Erst die Beantwortung dieser Fragen ermöglicht es, die nachfolgenden Entwicklungen zu interpretieren und Prognosen für die Zukunft zu wagen.

Dazu sollen hier einige thesenhafte Gedanken geäußert werden. Eine systematische Darstellung steht bislang aus.

1. In der DDR herrschten grundlegend andere ökonomische Verhältnisse als in allen Gesellschaften vorher. Partnersuche und Partnerfindung, Familien-

gründung, Sexualität waren nicht mehr oder nur in beschränkter Weise an Eigentum geknüpft. Die Geschlechter- und Sexualverhältnisse waren im Wesen keine ökonomisch-finanziellen Verhältnisse mehr. Das Geschäft mit dem Sex fehlte im Grunde völlig oder realisierte sich nur in abstrusen und kuriosen Formen. Jedenfalls war der Staat nicht darauf aus, durch Sex-Business ökonomischen Gewinn zu erzielen. Sozialistische Freudenhäuser wären unvorstellbar und unorganisierbar gewesen. Pornos wurden im Inland nicht legal vertrieben, sie waren verboten. In der bescheidenen DDR-Werbung waren – immer etwas auf den Westen schielend – auch Frauen präsent. Aber im Grunde mußten Frauen ihre Haut nicht zu Markte tragen, und sie konnten es auch nicht.

Die Tendenz, daß der Sex sich vom Menschen abhebt, sich verselbständigt und vermarktet wird, hatte in der DDR keine oder nur geringe Chancen. Dies beeinflußte die individuellen Normen, die Einstellungen zum Sexuellen und auch die sexuellen Verhaltensweisen. Eine 16jährige, die sich in einen 16jährigen verliebte, ging selbstverständlich davon aus, daß dieser noch keinen Kontakt zu Prostituierten hatte, ja sie stellte sich diese Frage gar nicht. Mir geht es dabei nicht um eine Wertung oder Verurteilung, sondern allein darum, Distinktionen in der Sexualkultur zu benennen. Für die Denk- und Fühlweisen der jungen Generation ist es durchaus wichtig, ob sie den Faktor Prostitution – dies nur als ein charakteristisches Beispiel – einkalkuliert bzw. einkalkulieren muß oder nicht, genauso wie für die monogamischen Partnerbeziehungen im Erwachsenenalter nicht ohne Interesse ist, ob (dem Mann, und weitgehend nur diesem) das Ventil oder der Ausweg oder das Abenteuer oder die Chance Bordell zur Verfügung steht.

Was die Partnerwahl nach ökonomischen Kriterien anbelangt, so kann nicht behauptet werden, daß in allen anderen Gesellschaften nur oder hauptsächlich dieses Kriterium gilt, und es ist nicht zu leugnen, daß es in der DDR Partnerwahlen und Familiengründungen mit materiellem Hintergrund gegeben hat. Doch das dominierende Kriterium war der ökomomische Faktor schon lange nicht mehr, und bei den meisten jungen Liebenden spielte er überhaupt keine Rolle. Das hatte bereits unsere erste Partnerstudie 1972 ergeben (Starke 1980, 1981), genauso wie alte Standesunterschiede bedeutungs- und gegenstandslos geworden waren. Am ehesten waren noch das Bildungs- und Qualifikationsniveau und der Beruf von Belang. So waren Eheschließungen zwischen Studenten oder zwischen Genossenschaftsbauern häufiger, was allerdings weniger mit Reichtum und sozialen Wertungen als mit Kommunikationsräumen, Kontaktgelegenheiten und Gestaltungsmöglichkeiten des privaten Lebens zusammenhing.

In dem Maße wie sich der Über-50-Prozent-Anteil an weiblichen Studierenden im Hoch- und Fachschulwesens seit den 50er Jahren auswirkte, verringerte sich auch die Zahl der Familien mit dem klassischen Bildungsgefälle Mann-Frau. Prozesse, wie die relativ gleiche Schulbildung, die starke Urbanisierung in der DDR, die geringen Lohnunterschiede (z.B. zwischen einem Facharbeiter und einem Ingenieur), die Unmöglichkeit, sein Einkommen in Kapital umzuwandeln, vor allem aber die Entwertung von Eigentum an Produktionsmitteln, Grund und Boden minderten den Einfluß ökonomischer Faktoren bei der Partnerwahl.

2. Von ihrem Anspruch her hatten Sozialismus und DDR das Glück der Menschen auf ihr Panier geschrieben. Wir wissen, daß dieses Glück mit sehr eigenartigen Methoden durchgesetzt werden sollte, daß es zum Teil komisch definiert wurde und daß es, sofern es um Macht ging, auch rücksichtslos vernachlässigt oder zerstört wurde. Insbesondere in den herben 50er Jahren galt das private Familienglück als ausgesprochen kleinbürgerlich, zumal bei denen, die zum Vortrupp gehören wollten und ihr Leben der Partei weihten. Partei und Staat mischten sich in oft schlimmer Weise in Familien- und Partnerbeziehungen ein. Später lockerte sich dies alles oder spielte überhaupt keine Rolle mehr.

Spätestens seit den siebziger Jahren wurden Partnerbeziehungen Jugendlicher mehr und mehr toleriert. Das Liebes- und Sexualleben in den eigenen vier Wänden wurde entpolitisiert und war normalerweise nicht mehr Gegenstand der Führungstätigkeit der Partei, vor allem, wenn es nicht auffällig war. An den Schulen, in den Betrieben und Einrichtungen lockerten sich die Normen, nicht zuletzt dadurch, daß die Frauen, die Kolleginnen, machten, was sie wollten und wozu sie Lust hatten.

Es schien so, als ob ein Rest von dem ursprünglichen Anspruch übriggeblieben war, den individuellen Glücksanspruch des Menschen durchzusetzen. Jedenfalls reflektierten das viele Befragte in unseren Untersuchungen so. Sie sahen sich in bezug auf Liebe und Sexualität durchaus im Einklang mit der Gesellschaft bzw. kümmerten sich nicht groß um diese. In der Rangliste der kritischen Punkte, die die von unserem Institut befragten Jugendlichen in bezug auf die DDR nannten, dominierten ganz andere Probleme als Liebe und Sexualität. Es wurde Reise- und Informationsfreiheit, aber nicht sexuelle Freiheit gefordert.

Freilich, die DDR war eine sehr kontrollierte Gesellschaft. Im Machtfalle achtete der Staat die privaten Grenzen nicht. Nach und nach aber schufen sich die DDR-Bürger ihre Nischen und ihre Freiräume, ihre eigene Liebeswelt.

3. Eng zusammen mit Ökonomie und Politik in der DDR hängt der Stellenwert von Beruf und Arbeit im Leben des DDR-Bürgers. Es bestand bekanntlich eine Pflicht zur Arbeit und ein Recht auf Arbeit. Jede und jeder gehörte irgendeinem Arbeitskollektiv an. Hier, in der Arbeitswelt oder vorher in der Lernwelt wurden meist die Partner gesucht und gefunden. Das Eingebundensein in ein Arbeitskollektiv und das damit verbundene regelhaf-

te Leben erschwerten oder verhinderten zusammen mit dem Organisationsmonopol des Staates (nur er sanktionierte die Bildung von Organisationen, Bewegungen, Vereinen) die Bildung von Szenen aller Art, von organisierten Subkulturen, einer Unterwelt, auch von sexuellen Szenen, in die man abtauchen und in der man sich sexuell ausleben konnte. Das war nur ausnahmsweise der Fall, am ehesten noch in den großen Städten, insbesondere in Berlin. Wessen persönliches Leben immer mit staatlichen Entscheidungen einher ging, von der Schul- und Berufswahl, über die Wohnungszuweisung bis zu Kindergeld oder Schwangerenberatung, der konnte schlecht außerhalb dieses Systems leben, richtete sich entsprechend ein und nutzte die gegebenen Möglichkeiten für sich, ohne daß daraus der Schluß zu ziehen wäre, das private Verhalten sei utilitaristisch oder opportunistisch nur von den jeweiligen staatlichen Maßnahmen determiniert gewesen. Ein Beispiel für kurzschlüssiges Denken: Die DDR-Bürger hätten nur deshalb Kinder gezeugt, weil dies staatlich gefördert wurde.

Beruf und Arbeit – insbesondere eine interessante, anspruchsvolle Arbeit – wurden zu einem zentralen Lebenswert der DDR-Bürger. Die nachrückenden Generationen wuchsen unter diesem Vorzeichen auf. Die Kinder und Jugendlichen wurden auf die Vereinbarkeit von Beruf/Arbeit und Partnerschaft/Familie hin sozialisiert, und zwar so stark, daß sie bis heute nicht davon lassen können. Wenn ein junger Mann eine junge Frau freite, dann wußte er, daß diese ihre Haupttätigkeit im Lernen, Studieren oder Arbeiten sah, daß sie eine künftige Facharbeiterin oder Ingenieurin sein wollte, die allenfalls nach der Geburt eines Kindes vorübergehend zu Hause bleiben mochte und ansonsten auf lebenslange Berufsarbeit und darauf eingestellt war, ihren Lebensunterhalt selbst zu verdienen und sich auch in einer möglichst interessanten Arbeit, durch die Teilhabe an gesellschaftlichen Primärtätigkeiten selbst zu verwirklichen. Die junge Frau wiederum, die sich einen Mann erwählte, ging selbstverständlich davon aus, daß dieser eben diese Lebensauffassung nicht nur billigend in Kauf nahm, sondern voraussetzte und selbst als Wert betrachtete.

4. Mit der Berufstätigkeit der Frau und – das ist als bedeutsam einzuschätzen – der beruflichen Qualifikation und dem Bildungsgrad entstanden spezifische Partner- und Familiensituationen, und zwar dem Wesen nach symmetrische, partnerschaftliche. Die Berufstätigkeit von Mann und Frau wirkte sich auf die gesamte Familie und die Kindererziehung aus. Für die Kinder war die Berufstätigkeit von Vater und Mutter gegebener Umstand, und sie hatten bestimmte Pflichten und Freiräume, die sich aus der häuslichen Abwesenheit der Eltern ergaben.

Die neuen Familienstrukturen erwiesen sich als emotional intensiv und demokratisch. Weniger und weniger konnte die Familie als die sogenannte kleinste Zelle des Staates und als verlängerter Arm der Macht betrachtet werden, die vorwiegend über einen Patriarchen in der Familie durchgesetzt wurde. Der Herbst 1989 wäre ohne die demokratischen Veränderungen in der Familie und die veränderten Familienstrukturen nicht so verlaufen, wie er verlaufen ist. Demokratisierung und Liberalisierung in der Familie bezogen sich auf alle Lebensbereiche, eingeschlossen Liebe und Sexualität und die intimen Verhältnisse zueinander.

Die Annahme, daß die Berufstätigkeit der Frau die Familie in der DDR zerrüttet habe (welche Sorte von Familie?) und sich auf die Kinder schädlich auswirkte, ist inzwischen von Familienforschern in Ost und West widerlegt worden. Im Gegenteil, gerade durch die Teilhabe der Frau an den gesellschaftlichen Primärtätigkeiten erwarb die Familie in der DDR eine besonders hohe Stabilität. Die ständig zwischen Beruf und Familie hin- und hergerissenen Eltern, die permanent Wertekonflikte austragen mußten und von Gewissensbissen gepeinigt waren, hatten im übrigen nur ein Bestreben: so oft wie möglich mit der Familie zusammen zu sein und etwas gemeinsam zu unternehmen.

Jedenfalls ist erwiesen, daß die DDR-Familien emotional sehr stabil gewesen sind und daß sich dies günstig auf die Partnerschaftsqualitäten, die Liebesfähigkeit und das sexuelle Erleben der Kinder aus diesen Familien auswirkte.

5. Die Gleichberechtigung von Mann und Frau mag in der DDR in vielem bloß Losung oder Fiktion gewesen sein. Gewiß war sie niemals das, was sich Partei- und Staatsführung, der DFD oder die Frauenkommission beim Politbüro darunter vorstellten. Vor allem mangelte es an der ökonomischen Grundlage für eine Gleichberechtigung auf hohem Niveau. Zudem gab es viele Relikte aus der alten Zeit, die durch neue Formen der Nichtgleichstellung von Mann und Frau ersetzt oder ergänzt wurden, darunter auch kuriose und makabre.

Dennoch ist aus Sicht der Jugendforschung dazu zu stehen, daß sich in der DDR in vielem eine politische, soziale, rechtliche, kulturelle und psychologische Gleichstellung von Mann und Frau herausbildete, und in der Sexualforschung ist das an vielen Ergebnissen zu belegen (Starke/Friedrich 1984).

6. Im Grunde genommen hatte sich in der DDR ein Verhältnis zwischen den Geschlechtern herausgebildet, das mit westlichen Maßstäben nicht meßbar und von marktwirtschaftlich Sozialisierten nicht nachvollziehbar ist. Die erwarteten Widersprüche, Gräben, Machtverhältnisse zwischen den beiden Geschlechtergruppen, die FrauenforscherInnen, BiografieforscherInnen, SoziologInnen nach der Wende in der DDR suchten, sie fanden sie nicht. Die klassische DDR-Frau betrachtete nicht den Mann als solchen, und gleich gar

nicht ihren eigenen Mann, als den Hauptfeind, und sie sah auch keinen Sinn darin, die beiden Geschlechtergruppen als die sich antagonistisch gegenüberstehenden Grundklassen der Gesellschaft zu betrachten.

Den Schlüssel wie die Folge kann man in einer zunehmenden Nivellierung der beiden Geschlechtergruppen in der DDR sehen, jedenfalls in sozialer Hinsicht. Insofern damit ein Verlust an Profil und Vielgestaltigkeit verbunden gewesen ist, wäre das zu beklagen. Jedenfalls zeigten die Ergebnisse der Jugendforschung in vielen Einstellungs- und Verhaltensbereichen keine oder nur geringe Unterschiede zwischen den beiden Geschlechtergruppen. Dazu kommt ein Aspekt, der insbesondere infolge unserer deutsch-deutschen Vergleichsuntersuchungen artikuliert wurde: Die Jugendlichen (und auch die Erwachsenen) in der DDR sahen sich weniger als im Westen in ihrer Geschlechterrolle, reflektierten sich weniger stark als Mann oder Frau und erlebten die Geschlechterverhältnisse weniger konflikthaft, weniger akzentuiert, weniger polarisiert. Feministisches Denken war kaum verbreitet und beeinflußte die heranwachsenden Mädchen nicht in der kritischen Wahrnehmung des Mannes, dieser wiederum erfuhr damit zusammenhängende Verunsicherungen nicht. Ereignisse ihres Lebens, Erfolge und Mißerfolge, bezogen sie weniger auf die Zugehörigkeit zu einer Geschlechtergruppe und tendenziell mehr auf ihre Gesamtperson. Als dieses „Gesamt" und nicht bloß als Mann oder Frau bzw. als das gestanzte Muster davon, nicht als Gegenentwurf zum Mann oder zur Frau, als das jeweilige andere Geschlecht, sondern als ihr unverwechselbares Ich wollten sie idealerweise bewertet werden und so brachten sie sich auch in die Partnerbeziehung ein.

Gegen die Macht des Mannes an sich zu kämpfen, war in der DDR weitgehend gegenstandslos geworden. Da standen ganz andere Fragen und Probleme zu Debatte. Die meisten Sorgen und Nöte betrafen Männer und Frauen gleichermaßen und mußten und wollten von ihnen gemeinsam gelöst werden. Dies ist ein prinzipieller und zukunftsweisender Ansatz, nicht nur für die Partner- und Sexualverhältnisse, aber auch für diese. Kein Problem in der Welt läßt sich gegen eine der beiden Geschlechtergruppen dauerhaft lösen. Alle Aktivitäten in dieser Richtung sind nur Irrwege oder Scheingefechte.

Aufgrund der angedeuteten ökonomischen und anderen Verhältnisse in der DDR haben sich die ostdeutschen Männer gewandelt, mehr aber noch die Frauen – in bezug auf ihr eigenes Selbstbild, die Stellung in der Gesellschaft und in Paargruppe und Familie. Die Veränderungen, die wir in unseren Partnerstudien 1980 und 1990 ermittelt haben, waren vor allem Veränderungen im Sexualverhalten von Frauen. Und durch dieses veränderte Verhalten der Frau änderte sich auch das Sexualverhalten von Männern, nicht umgekehrt. Dieser Prozeß wird anhalten. Die ostdeutschen Frauen werden das eigentlich dynamische Element sein, nicht nur im Bett.

7. Lebensweise und Familienstrukturen änderten sich in der DDR auch dadurch, daß das Heiratsalter sehr niedrig war und früh Kinder gezeugt wurden. Dadurch rückten Eltern und Kindern, später auch die Großeltern altersmäßig stärker zusammen, die generationsspezifischen Kommunikationsräume lagen enger beieinander. Den klassischen Generationskonflikt der westlichen Länder hatte es in der DDR ohnehin nie gegeben, und bis auf den heutigen Tag beurteilen die Heranwachsenden im Osten ihre Elternhäuser positiver, liebevoller, milder als die im Westen (Brähler/Richter 1995: 11ff.). Scheidungen brachten Leid, aber – ebenfalls im Unterschied zur alten BRD – in der DDR wurden die Scheidungen meist entweder nach kurzer oder nach sehr langer Ehedauer ausgesprochen, seltener dann, wenn schulpflichtige Kinder in der Familie waren; fast 90% der Kinder wuchsen in sogenannten vollständigen Familien auf.

8. In den sechziger, vor allem aber in den siebziger Jahren vollzogen sich in der DDR bedeutende Veränderungen im öffentlichen und privaten Umgang mit Sexualität und in der Sexualmoral. Die sexuelle Liberalisierung, wie sie infolge der 68er Bewegung in den westlichen Ländern eintrat, brachte Enttabuierungen und emanzipatorischen Aufbruch mit sich. Sie stellte insbesondere das Verhalten der Eltern in Frage. In manchem aber ist sie eine Scheinliberalisierung gewesen – es gelang ja nicht einmal, den § 218 oder den § 175 zu streichen. Die Liberalisierung in der DDR verlief keineswegs so spektakulär, lärmend und öffentlich wie im Westen. Sie vollzog sich mehr im Stillen, war nichtsdestotrotz aber tiefgreifend (Starke 1980, Starke/Friedrich 1984, Weller 1991a).

Ein äußerliches Indiz für diese Liberalisierung ist der veränderte Umgang mit Nacktheit in der Familie und im öffentlichen Raum, verbunden mit einer veränderten Einstellung zum eigenen Körper und veränderten Lebensbedingungen: In der überheizten Neubauwohnung schritt niemand im Bademantel zum Bad; die kleine Wanne wurde zum beliebten Familientreff, zur warmen Nische, deren räumliche Enge durch herzliche Weite und gymnastisches Können ausgeglichen wurde. Die Atmosphäre im Elternhaus war offener geworden. Der Anteil der Eltern, die es vermieden, sich ihren heranwachsenden Kindern nackt zu zeigen, war auf 10-15% gesunken. Daß sich die Familienmitglieder untereinander nackt zeigten, nahm genauso zu wie die Vorliebe für FKK-Baden. Dahinter verbargen sich verschiedene kulturelle Aspekte, unter anderem der einer veränderten, freieren Einstellung zum eigenen Körper und zu dem des anderen. Insbesondere Frauen waren die eigentlichen Motoren dieses souveränen Umgangs mit Nacktheit, so als ob die einst entfremdeten, vermarkt- und verwertbaren, zu bloßen Lustobjekten des Mannes benutzten Frauenkörper gerade darauf gewartet hätten, endlich das zu sein, was sie wirklich sind, nämlich der Körper eines Menschen. Die Kinder sahen von klein auf die unterschiedliche Beschaffenheit von Mädchen/Frauen und Jungen/Männern in der Familie, am FKK-Strand, auch im Kindergarten schon. Die einst landläufige Unwissenheit, die dunkle Neugier, die Verklemmtheiten mit der Tendenz zur Neurose traten gar nicht erst auf, genauso wie die als typisch bewerteten Doktorspiele rasch an Verbreitung verloren.

Die Sexualerziehung in der DDR profilierte sich vor diesem Hintergrund und im Verein mit anderen Faktoren primär im unmittelbaren Lebenskreis der Heranwachsenden. Zwar bemühten sich fortschrittliche Sexualpädagogen um eine liberale Sexualerziehung auch im öffentlichen, insbesondere schulischen Raum. Aber die Erfolge waren bescheiden. In der Lehrerweiterbildung beispielsweise fand das Thema Sexualität keinen Platz, von einigen Aktivitäten in den späten 80er Jahren infolge von Aids abgesehen. Immerhin aber trugen sexualpädagogische und aufklärerische Anstrengungen dazu bei, die Atmosphäre zu entkrampfen und Eltern ein Rüstzeug in die Hand zu geben. Einen ausgezeichneten Überblick über die Sexualerziehung in der DDR bieten Stumpe/Weller (1995).

Bevorzugte Kommunikationspartner in bezug auf Themen wie Liebe, Sexualität, Körperlichkeit waren eindeutig die Eltern. Insbesondere in den 70er Jahren kam das Buch dazu. Literatur über Liebe und Sexualität war rar und äußerst gefragt. Sie erschien in hohen Auflagen und ging von Hand zu Hand. Das war eine ganz andere Literatursituation und eine ganz andere Kommunikationsweise als heute, da eine bunte und doch immer wieder gleichartige Wegwerfliteratur gute Bücher überspült.

Zur sexuellen Liberalisierung in der DDR ist unbedingt auch zu rechnen, daß – beginnend mit der ersten Sexualberatungsstelle in Leipzig – ein flächendeckendes System kostenloser Ehe- und Sexualberatung entstand, das im Bedarfsfall mehr und angenommen wurde.

9. Im Vergleich zu den meisten anderen Ländern der Welt hatte die DDR eine in bezug auf Sexualität und sexualitätsrelevante Bereiche liberale Gesetzgebung. Beispiele dafür sind die Haltung der DDR zum Schwangerschaftsabbruch (Liberalisierung 1972), die Gesetzgebung in bezug auf ehelich und nicht ehelich geborene Kinder, die rechtliche Entdiskriminierung der ledigen Mutter, ein die Frau nicht benachteiligendes Scheidungsrecht, das Erbrecht, auch die artifizielle Insemination, dagegen nicht die Sterilisation. Manches davon war von so erheblicher Bedeutung, daß es sogar die Planungen und Planierungen der Wende überstand und zu neuen Debatten führte (§ 218) oder gar Gesetzesänderungen erbrachte (Fall des schlimmen § 175 erst im Jahre 1994).

Ein klassisches Beispiel für die rechtliche Liberalität war der Umgang mit der oralen Kontrazeption. Die Pille wurde vom Arzt verschrieben, und zwar schon 14jährigen im Bedarfsfall, und sie war kostenlos. Dagegen war das Kondom nicht kostenlos und das Intrauterinpessar wenig verbreitet.

10. Die sexuelle Liberalisierung in der DDR ging im übrigen nicht mit einer allgemeinen Sexualisierung, also dem Prozeß einher, allen möglichen und unmöglichen Dingen und Erscheinungen eine sexuelle Bedeutung beizumessen, wie er in den westlichen Industriegesellschaften zu beobachten ist. Eher ergab sich eine Entsexualisierung, z.B. in der Werbung, in den Symbolen, in den Beziehungen der Menschen untereinander und insbesondere in den Elter-Kind-Beziehungen, worunter nicht Entsinnlichung zu verstehen ist. Insofern war die DDR von einem übermächtigen, ständig präsenten Sex ziemlich frei, und auch der Leistungsgedanke und das Prestige- und Statusdenken spielte im Sexuellen eine untergeordnete Rolle.

11. Auf der anderen Seite hatte die DDR als Defizitgesellschaft auch in bezug auf Liebe und Sexualität ihre Lücken. Der Mangel an erotischer Literatur war empfindlich, das weitgehende Verbot von Literatur sexuellen Inhalts, verbunden mit der Anmaßung des Staates, über das zu befinden, was der einzelne Bürger lesen durfte, unerträglich. Der Zoll griff im wahrsten Sinn des Wortes in die privaten Sachen der Menschen ein. Das Vergnügungsgewerbe war kaum entwickelt und oft so primitiv wie der Endzeitsex im Fernsehen der DDR oder die Stripteaseversuche auf Betriebsfesten. Viele wichtige Themen wie sexuelle Gewalt und Schwangerschaftsabbruch waren nicht Gegenstand des öffentlichen Diskurses. In einer besonders schwierigen Situation befanden sich die sexuellen Minderheiten. Ihnen fehlte es weitgehend an Kontaktmöglichkeiten. Partneranzeigen von Homosexuellen waren erst Mitte der 80er Jahre zugelassen. Homosexuellen war es verwehrt, sich zu organisieren, erst gegen Ende der DDR gab es auch einen staatlichen Arbeitskreis Homosexueller. Bert Thinius und Eduard Stapel berichten in dem Buch „Schwuler Osten" (1994) davon. Legendäre Filme wie „Paul und Paula", „Sieben Sommersprossen" und „Coming out" wurden zum Ereignis, weil sie zum einen neues Lebensgefühl einschließlich erotischer Wünsche der DDR-Bürger artikulierten und zum anderen die geforderte Freiheit für Andersdenkende und Andersfühlende ins Bild setzten.

Der Umgang der DDR mit Sexualität war durchaus zwiespältig und widersprüchlich. Im Alltag entklemmten die DDR-Bürger aber nach und nach ihr Sexualleben und schufen damit eine neue sexuelle Wirklichkeit. Sie ist nicht wie die DDR einfach zu den Akten zu legen.

3. Partnerschaft und Sexualität Jugendlicher – Synoptische Aussagen

3.1 Geschlechtsreife

Jugendliche werden heute im Durchschnitt drei Jahre eher geschlechtsreif als zu Beginn des Jahrhunderts. Die *Menarche* liegt bei 12,8 Jahren, die *Ejakularche* bei 13,9 Jahren. Nichts allerdings deutet darauf hin, daß nunmehr eine weitere Vorverlegung erfolgt.

Zu dieser physischen Akzeleration gesellt sich eine psychische *Akzeleration* im Kontext der frühzeitigen Einbeziehung der Heranwachsenden in Konsum und Information. Die klassischen unteren wie auch die oberen Altersgrenzen der Jugendphase verwischen sich. Die Lebenssituation Jugendlicher weist eine hohe Dynamik auf. Die Lebensentwürfe werden vielfältiger und offener und zugleich kurzfristiger und unberechenbarer. Die Lebensperspektiven verbreitern sich, weil die Chancen und Alternativen, aber ebenso die Risiken und Unwägbarkeiten zunehmen.

Geschlechtsreife wird in unseren Breiten als markantes Ereignis der individuellen Lebensgeschichte betrachtet, wenngleich im schulischen und familialen Alltag darum kein großes Aufheben gemacht wird, insbesondere im Osten nicht, und die Regelblutung in den Klassen und Jugendgruppen kein Anlaß für Wertungen in bezug auf die Persönlichkeit ist. Möglicherweise ist die Menarche in der DDR sogar nicht genügend diskursiv reflektiert und gewürdigt worden. Doch finden sich keine Anzeichen dafür, daß nach der Wende ein anderer sozialer Umgang mit Menarche und Ejakularche entstanden ist oder in diese Richtung gehende Veränderungswünsche geweckt worden sind.

Die Geschlechtsreife wird in unserer kulturellen Tradition (die diesbezüglich auch in der DDR voll galt) als notwendige, aber nicht hinreichende Bedingung für Geschlechtsverkehr betrachtet. Geschlechtsverkehr mit nicht Geschlechtsreifen ist tabuiert und wird sozial abgelehnt. In bezug auf andere sexuelle Kontakte, insbesondere Küssen, ist diese Grenze jedoch – für die Jugendlichen untereinander, kaum für Ältere-mit-Jugendlichen – gelegentlich abgebaut. Es werden generell andere Kriterien an den erotisch-sexuellen Körperkontakt als das der biologischen Geschlechtsreife angelegt.

Die Geschlechtsreife und die Aufnahme sexueller Beziehungen stehen in keinem ursächlichen und keinem statistischen, sondern in einem soziokulturellen Zusammenhang. Körperlich weit entwickelte Jugendliche, insbesondere Mädchen, geraten häufig in andere Kontakt- und Werbekontexte; sie werden von Männern anders wahrgenommen. Dies führt manchmal, aber nicht regelhaft, zu erfolgreichen Annäherungsversuchen. Im statistischen Durchschnitt gesehen, warten früh Geschlechtsreife länger als spät Geschlechtsreife; bei ihnen ist die Zeit zwischen Menarche/Ejakularche und Kohabitarche länger. Sexuelle Frühstarter sind in den allermeisten Fällen keine biologisch-körperlich konstituierte, sondern eine sozial konstituierte Gruppe.

Das Liebes- und Sexualverhalten ist ein dynamisches Element des jugendlichen Gesamtverhaltens. Als integrierter Teil des Gesamtverhaltens einer Persönlichkeit ist Sexualverhalten Sozialverhalten und wird wie dieses erlernt. Es profiliert zum einen die Persönlichkeit. Verliebtheit, Liebe, Begehren sind mit starken Motiviationen für das Verhalten eines Menschen verbunden. Zum anderen trägt und prägt die Gesamtpersönlichkeit mit ihren bisherigen Erfahrungen, den erworbenen Einstellungen, den Basismotiviationen, der individuellen Wertestruktur nebst den charakterlichen Eigenheiten das Partner- und Sexualverhalten. Sexuelle Selbstfindung, Partnersuche und Partnerfindung sowie die Gestaltung der Partnerbeziehungen stellen wichtige Sozialisationsfaktoren dar und fördern die persönliche Entwicklung der Jugendlichen. Sie gehören zu den bedeutendsten (und schönsten) Entwicklungsaufgaben. Die Aufgabe beinhaltet bereits im jüngeren Jugendalter Entscheidungen von oft lebenslanger Bedeutung und ein oft hohes Maß an Verantwortung nicht nur für sich selbst, sondern auch für andere (und ein mögliches neues Leben). Sie ist mit starken Emotionen verbunden, in gewisser Weise und in manchen Fällen (die erste Liebe) mit den intensivsten und schönsten, zu denen ein Mensch fähig ist.

Zugleich kann das juvenile Partner- und Sexualverhalten – entgegen manchen dramatisierenden Theorien – keineswegs als der Verhaltensbereich bewertet werden, in dem regelhaft die Schwierigkeiten, Probleme, Erschütterungen, Sorgen, Konflikte am größten sind. Zum einen kann es in jedem Lebensalter in bezug auf Partnerschaft und Sexualität zu Konflikten und Störungen kommen (oftmals zu größeren als im Jugendalter), und zum zweiten würde man der heutigen Jugendsexualität grundsätzlich nicht gerecht, würde man sie in erster Linie als problematisch, widersprüchlich, negativ, fürchterlich und angstbesetzt konstruieren; sie ist vielmehr nach unseren Befunden für Jugendliche in erster Linie angenehm, interessant, positiv, zukunftsweisend, erlebnisreich und eine Aufforderung zur konstruktiven Gestaltung des eigenen Lebens.

3.2 Pubertät

Gunter Schmidt schreibt nach unserer gemeinsamen Interviewstudie: „Die klassische Pubertät der (bürgerlichen) Jungen gibt es nicht mehr. Das Erleben der Pubertät als plötzlichen Triebeinbruch, der Kampf gegen die sexuellen Impulse, das lust-, angst- und schuldvolle Sich-Überwältigen-Lassen von diesen Impulsen im masturbatorischen oder verbotenen heterosexuellen oder homosexuellen Akt, die differenzierten oder auch rührenden Sublimationsversuche – all diese Ausdrucksformen der Pubertät des bürgerlichen Jungen, wie sie von Eduard Spranger oder Siegfried Bernfeld wissenschaftlich und von Hermann Hesse in seinem Pubertätsroman literarisch beschrieben wurden, sind bei den von uns befragten Jungen so gut wie nicht mehr zu finden" (1993: 4).

Das ist gewiß eine provozierende Aussage. Aber nicht für die DDR-Jugendforschung. Zum einen reproduzierte sich dieser bürgerliche Junge in der DDR nicht, er verschwand nach und nach von der Bildfläche, und mit ihm auch seine eigenartige und verklemmte Pubertät. Zum anderen hatte die DDR-Jugendforschung das Thema Pubertät als soziales und psychologisches Phänomen (nicht als biologisch-medizinisches) bereits in den siebziger Jahren ausgiebig diskutiert und ad acta gelegt, allerdings nicht in erster Linie in bezug auf das Sexualverhalten, sondern in bezug auf das Gesamtverhalten Jugendlicher.[1] In unseren Partnerstudien 1972ff. (Starke 1980, Starke/Friedrich 1984, Weller 1991, PARTNER III 1993) bestätigte sich dann auch für das Partner- und Sexualverhalten die Verflüchtigung der klassischen Pubertät, genauso wie andere Phänomene nicht mehr als typisch und allgemeingültig nachzuweisen waren (Penisneid, Doktorspiele, passagere Homosexualität, Schwärmerei[2], pubertäre Nacktheitsscheu, Virginitätskult, retardierendes weibliches Lusterleben u.v.a.).

3.3 Verlieben, Lieben, Institutionalisieren

Mit 16 Jahren sind 90% der Jugendlichen schon einmal verliebt gewesen. Dieses *Verliebtsein* drängt bald auf Erwiderung und den Aufbau einer Paar-

1 Die klassischen Jugendtheorien, zum Beispiel die von Spranger 1924, erwiesen sich nämlich zur Erklärung unserer empirischen Befunde mehr und mehr als unzureichend, was nicht an Spranger, sondern an der veränderten Jugendwirklichkeit lag. Sie entsprach in keiner Weise den klassischen Jugendbildern und den vorgeblich natürlichen Phasen der Jugendentwicklung. Die klassischen Phasen ließen sich einfach nicht empirisch nachweisen, und im interdisziplinären Streit suchten wir nach anderen Erklärungen – und fanden sie im Soziokulturellen. Selbst das Alter verlor als An-sich-Größe an Bedeutung; es löste sich als Konstante auf. Es ist hier nicht der Ort, diese Forschungen zu referieren und im einzelnen die Quellen zu nennen. Ich verweise auf die Arbeiten insbesondere von Walter Friedrich, Harry Müller und Peter Förster.

2 Die „Schwärmerei als Phase der Reifezeit", wie die Psychologin Charlotte Bühler es 1928 aufgrund ihrer Analyse von Tagebüchern gutbürgerlicher Mädchen aus Wien ausdrückte. Aber auch der Jüngling habe, folgt man Eduard Spranger, eine Phase der „idealen Sehnsucht", in deren stillen Tiefen sich die seelische Zeugungskraft bilde und die den Jüngling vor dem „Hinabgleiten in den niederen Genuß" behüte (Spranger 1924: 99).

gruppe. Schwärmen ohne Kontaktstreben und ohne energische Anstrengung zur Interaktion ist heute nicht charakteristisch.[3] Das Verliebtsein wird nicht unterdrückt, versteckt, heimlich genossen, sondern unter der Voraussetzung gegenseitiger Induktion institutionalisiert.

In Deutschland gehen Jugendliche früh feste *Partnerbeziehungen* ein. Mit 16 Jahren sind rund 80% partnerschaftserfahren. Aktuell haben mit 16 Jahren ein Viertel der Jungen und die Hälfte der Mädchen eine feste Beziehung. Dieser Anteil war früher im Osten Deutschlands höher (rund zwei Drittel der 16jährigen und drei Viertel der 18jährigen). Jetzt wollen insbesondere männliche Jugendliche ohne feste Bindung leben und noch warten, um bezüglich ihrer beruflichen und Lebensgestaltung offen und flexibel zu sein. Sie träumen die Freuden der Zweisamkeit nicht unbedingt herbei und scheuen Risiken, Belastungen, Ärger.

Dennoch: Auch von denen, die gegenwärtig keinen festen Partner haben, sehnen sich die meisten nach Liebe und möchten einen festen Partner haben. Dies ist nicht nur bei jungen Menschen so, sondern auch bei schon älteren Singles. Als Hauptgrund für *ungewollte* Partnerlosigkeit wird in erster Linie angegeben: Der oder die Richtige wurde noch nicht gefunden. Ein anderer Grund liegt darin, daß die verflossene Beziehung noch nicht verarbeitet wurde. Die Schuld wird dabei weniger in den objektiven Lebensumständen als bei sich selbst gesucht: 25% West- gegenüber 9% der Ostmädchen meinten, einen zu hohen Anspruch zu haben; Kontaktprobleme artikulierten 34% der West- und 20% der Ostjungen (Interviewstudie). Hinter dem Warten auf den „richtigen" Partner oder auch der Suche nach ihm verbirgt sich eine kulturelle Ambivalenz: Zum einen wird nicht jeder beliebige genommen, nur um überhaupt einen Partner zu haben. Zum anderen wird zu wenig daran gedacht, daß aus dem Partner der richtige werden kann, auch wenn er zunächst nicht als Traumpartner erscheint. D.h. die eigene Positivkraft, die Fähigkeit, Stärken im Partner zu entdecken und zu fördern, wird genauso unterschätzt wie die Kraft und die Dynamik in einer lebendigen Partnerbeziehung.

Als Gründe für *gewollte* Partnerlosigkeit werden vor allem Zeitmangel, Leistungsdruck in der Schule und auf Arbeit angegeben. Reichlich ein Viertel der partnerlosen männlichen und knapp die Hälfte der partnerlosen weiblichen Jugendlichen sagen, daß sie ihre sexuelle oder überhaupt ihre Freiheit nicht aufgeben wollen. Das ist hüben wie drüben für Mädchen gleichermaßen ein größeres Problem als für Jungen, die sich durch eine Beziehung offenbar weniger gebunden fühlen. 34% der Westjungen betonen allerdings, einfach kein Bedürfnis nach einer Partnerbeziehung zu haben (nur

3 Ausgenommen davon sind der mediengestützte Starkult und das teils hysterische Fanverhalten, die zeitgenössische Variante von Schwarmhaltungen.

6% der Ostjungen); dieser Ost-West-Unterschied findet sich bei den Mädchen nicht (kein Bedürfnis: 21% West, 24% Ost).

Insgesamt ist zu beobachten, daß sich in Ostdeutschland nach der Wende der allgemeine Trend zu einer frühen Partnerbindung abgeschwächt hat.

Die emotionalen Bindungen in festen Beziehungen sind eng. Sie werden – selbst im stadium nascendi – fast niemals mit „ich weiß nicht" oder „Gleichgültigsein" – selten mit „Sichmögen", oft mit „Verliebtheit", noch häufiger mit „Liebe" beschrieben. Die meisten gehen eine Bindung nur dann ein und suchen Nähe und Intimität nur dann, wenn sie der Beziehung das Prädikat Liebe verleihen können. Jungen wie Mädchen haben die psychische Erwartungshaltung und dann das sichere Gefühl, daß auch ihr(e) Partner(in) engagiert ist, und zwar mindestens gleich stark. In unseren Ergebnissen spiegelt sich diese psychische Erwartungshaltung so wieder, daß von Jungen wie Mädchen in Ost wie in West a) die gefühlsmäßige Bindung häufig gleich stark und b) wenn nicht gleich stark, dann so eingeschätzt wird, daß der Partner stärker liebt. Sich lediglich aus Langeweile oder Einsamkeit, zur Stärkung des eigenen Selbstbewußtseins, aus Prestige- oder anderen (z. B. rein sexuellen) Gründen eine(n) Freund(in) zuzulegen, ist ganz und gar untypisch geworden. Dies ist eine bedeutende Veränderung, die älteren Jugendtheorien völlig widerspricht. Wenn schon eine Beziehung, dann eine mit Liebe. In den Ergebnissen drückt sich das so aus, daß die Jugendlichen in Ost wie in West ihre aktuelle Beziehung in fast extremer Weise als nah und harmonisch und fast nie als distanziert und disharmonisch beschreiben. Einer Faktoranalyse von 16 Items eines speziellen Partnerbogens zufolge, lädt auf dem positiven Pol das Item Vertrauen am höchsten, gefolgt von Geborgenheit und Kommunikationsintensität, auf dem negativen Pol finden sich sexuelles Bedrängen, Angsthaben, Streit.

Die jugendliche Partnerbeziehung ist im Regelfall eine Liebesbeziehung, und zwar eine mit hohem Anspruch und ganz bestimmten Qualitäten. Das dominierende und übergeordnete Kriterium und zugleich das Hauptmotiv des Aufbaus einer Paargruppe ist dabei das gegenseitige Vertrauen. Dazu gehören das Sichanvertrauenkönnen, gegenseitiges Einfühlungsvermögen, Gleichklang der Herzen, geistige und körperliche Kommunikation, Zärtlichkeit – alles verbunden mit der Achtung der eigenen Person, der Anerkennung der eigenen Individualität, der Akzeptanz von persönlichen Freiräumen. Dagegen werden Bedürfnisdiskordanzen, Streit, Furcht vor dem anderen, Herrschaft eines Partners, latente oder tatsächliche Übergriffe, eine überwiegend sexuell dominierte Liäson sofort negativ empfunden, als jenseits von Liebe erlebt und als unerträglich abgelehnt.

Nicht Beliebigkeit, sondern Liebe kennzeichnet die jugendliche Paargruppe. Die Liebe wird auch verbalisiert: Rund 90% haben ihrem Partner schon gesagt, daß sie ihn lieben und das „Ich liebe Dich" schon gehört. Im heutigen Deutschland, und zwar im Osten wie im Westen, ist Jugendliebe keine sprachlose, sondern eine kommunikative Beziehung.

Im Osten wie im Westen folgen die 16/17jährigen einem hohen Treue-Ideal: Man verspricht sich die Treue und ist sich auch treu. Dieser Aussage stimmen nur etwas weniger Jungen zu als Mädchen, wobei die Westdeutschen noch etwas strenger urteilen als die Ostdeutschen: 81% der Ost- und 89% der Westjungen und 91% der Ost- und 95% der Westmädchen. Erwartungsgemäß sieht die Realität etwas anders aus, aber immerhin: Von den Jugendlichen mit Partnererfahrung geben nur 16% der Ostdeutschen (männlich = weiblich) und 18% der Westdeutschen (männlich = weiblich) an, einmal untreu gewesen zu sein. Dabei handelt es sich meist um einen Kuß, ansonsten wird der Treueanspruch ernst und nur der feste Partner fest in die Arme genommen. Ein wildes und beliebiges Nebeneinander ist nicht habituell. Der öffentliche Diskurs und die medialen Äußerungen über Treue versus Untreue sind weitgehend von liberalistischem Erwachsenendenken bestimmt; sie werden dann auf Jugendliche übertragen, ohne die Jugendwirklichkeit wirklich zu treffen.

Die romantische Frage „Wünschen Sie sich, mit diesem Partner ein Leben lang zusammenzubleiben?“ beantworten in Ost und West die Hälfte der Jungen und Mädchen mit einem herzlichen „ja“. Die verbleibende Hälfte unterscheidet sich allerdings: Im Westen wird häufiger die Antwort „nein“ und im Osten die Antwort „unentschieden“ gegeben. Dies entspricht durchaus einem lebensstrategischen Konzept: Die meisten, rund 80%, möchten möglichst lange mit ein- und demselben Partner zusammen sein, die restlichen 20% planen Partnermobilität ein, fast niemand will von vornherein lebenslang auf Partnerschaft verzichten.

Gegenwärtig ist in Deutschland eine Renaissance der romantischen Liebe zu beobachten. Im Osten wie im Westen dominiert das Ideal der großen Liebe, die ausschließlich ist und ein Leben lang hält. Die Jugendlichen verlieben sich nicht auf Zeit, nicht vorläufig oder probehalber, sondern suchen die feste dauerhafte Liebesbeziehung und wenden sich voll und uneingeschränkt der geliebten Person zu. Dieser geliebten Person wollen sie auch treu sein. Das Ideal der ewigen Liebe wird durch das Ideal der aktuellen Treue ergänzt. Partnermobilität anstelle von simultanen Partnerschaften ist dann nicht ein Durchbrechen des Liebe- und Treue-Ideals, sondern die Folge davon. Ebenso kann die moderne Bindungsunlust nicht als Gegentendenz betrachtet werden, sie ist ebenfalls eine Folge des Ideals, sich (nur) mit einem bestimmten, einem geliebten und liebenden Partner einzulassen.

Diese Befunde verlangen drei Kommentare:

Erstens: Die Renaissance der romantischen Liebe ist ein Phänomen, das vor allem auf die alten Bundesländer zutrifft und dort auch als besonders bemerkenswert empfunden wurde und wird. Dies hängt vor allem mit dem Vergleich zur Nach-68er-Generation und der „sexuellen Befreiung" in jener Zeit zusammen. Die Hamburger Kollegen unserer gemeinsamen Untersuchung schreiben: „Jungen verbinden Sexualität heute stärker als 1970 mit Liebe... Im sexuellen Verhalten und in Partnerschaften betonen Jungen und Mädchen heute stärker die Bedeutung von Liebe und Bindung... Heute bewerten Jungen und Mädchen Treue positiver als 1970 und sind in festen Beziehungen auch tendenzweise treuer" (Schmidt/Klusmann/Zeitschel 1993: 29). Im Osten ist in den 70er Jahren – wie vorn bereits erwähnt – zwar ebenfalls eine sexuelle Liberalisierung zu verzeichnen, und sind erhebliche Veränderungen eingetreten (Weller/Starke 1993). Aber die romantische Liebe war schon in dieser Zeit bestimmend und dann nie out. Vielmehr ist ein Hauptergebnis aller unserer Partnerstudien seit 1972, daß die Jugendlichen an die große Liebe glauben, daß sie sich aus Liebe zusammenfinden, daß aus Liebe geheiratet wird, daß im Denken der Jugendlichen Liebe und Sexualität eng zusammengehören, daß Liebe nicht ohne Sexualität gedacht und Sexualität durch Liebe ihre große Dimension gewinnt, daß die Liebesbeziehung als idealer Ort für Sexualität betrachtet wird. Insofern kann in bezug auf die ostdeutschen Jugendlichen eigentlich nicht von einer Romantisierung der Sexualität oder einer Renaissance der romantischen Liebe gesprochen werden, sondern von einem Modell, das nun auch von den westdeutschen Jugendlichen (unter ganz anderen Voraussetzungen und in anderer Genese) entdeckt wird. Die Bedeutung der Liebe ist nun für ost- und westdeutsche Jugendliche eine Gemeinsamkeit geworden, und eben dieser Liebe-Habitus wird im geeinten Deutschland zu einer Generationstypik von weitreichender Wirkung werden.

Zweitens: Unsere Befunde über die Liebesbeziehungen Jugendlicher wären mit theoretischen Modellen zu konfrontieren, beispielsweise mit dem Ehemodell Hartmut Essers, der – auf der Tagung „Familie der Zukunft" April 1994 in Bonn – Ehen als Produktions- und Kontrollstätten von Ehegewinn bezeichnete. Vielleicht werden unsere Aussagen mit diesem Modell besser erklärbar. Möglicherweise zerschellt das Modell aber auch an diesen Aussagen und an der Jugendwirklichkeit, weil eine ökonomisierende Betrachtungsweise die Gefühlswelt junger Liebender nicht faßbar macht.

Drittens: Unsere Ergebnisse über das jugendliche Lieben (und die noch folgenden über Jugendsexualität) scheinen alle jenen Theorien über Partnerschaft und Familie recht zu geben, die von einer De-Institutionalisierung sprechen: Das Hauptkriterium ist immer die Liebe und nicht die Institution. Doch liegen die Verhältnisse offenbar ganz anders: Nicht eine Institution, so hoch ihr kultureller Wert auch sei, ist für sakrosankt oder für ablegbar zu erklären, sondern die Akteure und die emotionale Qualität ihrer Beziehungen sind in lebbaren Formen zu betrachten. Eindeutig findet eine Entinstitutionalisierung nicht statt, im Gegenteil, die jugendliche Liebe institutionalisiert sich in einer festen Beziehung (und oft auch in der Ehe und der Familie). Aber den Jugendlichen geht es dabei nicht um die Institution an sich, sondern um sich selber, um die konstituierenden Personen und deren emotionale Beziehungen.

3.4 Kohabitarche

In den Liebesbeziehungen kommt es schnell zu sexuellen Kontakten einschließlich Geschlechtsverkehr. Eine längere und sich verselbständigende Pettingphase ist nicht charakteristisch, insbesondere im Ostteil Deutschlands nicht. Im Osten lassen sich sowohl Jungen als auch Mädchen nach dem Kennenlernen mehr Zeit bis zum ersten Kuß und dem ersten Petting als im Westen. Dann aber gibt es kein Halten mehr. Im fließenden Übergang zum Geschlechtsverkehr wird rasch aufgeholt. Der erste Geschlechtsverkehr geschieht bei ungefähr der Hälfte der Jungen und Mädchen innerhalb der ersten drei Monate nach dem Kennenlernen.

So gut wie alle Jugendlichen tolerieren den vorehelichen Geschlechtsverkehr und praktizieren ihn auch. Die Akzeptanz des vorehelichen Geschlechtsverkehrs ist total; modische Strömungen aus den USA, die eine sexuelle Enthaltsamkeit bis zur Hochzeitsnacht feiern, finden bei ostdeutschen Jugendlichen keinerlei Anklang. Virginität wird weder als Makel noch als Erfolg noch als irgend etwas Besonderes bewertet, das es für sich genommen zu bewahren gelte. Die Sexualität hat sich von der Institution Ehe, nicht aber von der Liebesbeziehung gelöst. Der erste Geschlechtsverkehr ist bei der Mehrzahl von Liebe oder Verliebtsein getragen und findet zu 75-85% in einer fester Partnerschaft statt. Nur ausnahmsweise ist der erste Geschlechtsverkehr anonym, zufällig, beiläufig. Bei allgemeiner Tendenz zu Gleichaltrigkeit ist der erste Koituspartner (insbesondere bei den Mädchen im Osten, die auch früher starten) zwar meist etwas älter, aber in vielen Fällen sexuell ebenfalls unerfahren.

Die Annahme, daß in westlichen Gesellschaften junge Männer ihre ersten sexuellen Erfahrungen gewöhnlich mit Prostituierten sammelten, stimmt aus Sicht unserer Ergebnisse für die alte BRD genauso wenig wie die Unterstellung, in der DDR sei der Erstkontakt vorwiegend ein zufälliges, kulturloses Abbumsen in Parks und Hinterhöfen unter Alkoholeinfluß gewesen (Maaz 1990: 38). Trotz eines gerade in Hamburg und Frankfurt am Main reichen Angebots hatten 1990 nur 8% der (koituserfahrenen) Westjungen sexuelle Erfahrungen mit einer Prostituierten gemacht (0% der Ostjungen), aber fast nie die erste. Idealerweise ist der Intimpartner die geliebte

Person. Der erste Geschlechtsverkehr ist dann ein gemeinsam angestrebtes und beiderseits gewolltes Ereignis. Sind diese Bedingungen nicht gegeben, dann wird auf Geschlechtsverkehr lieber verzichtet.

Das *Kohabitarchealter* von männlichen und weiblichen Jugendlichen stimmt seit etwa zwei Jahrzehnten überein (erster Nachweis in unserer Studie PARTNER II 1980; Starke/Friedrich 1984: 136ff.). Frauen haben also genauso früh wie Männer, im Durchschnitt etwa mit 17 Jahren, den ersten Geschlechtsverkehr. Ein Drittel der Mädchen ist beim ersten Koitus noch nicht 16 Jahre alt. Früher begannen die Frauen erheblich später als die Männer, was biologisierend mit männlich-weiblichen Triebunterschieden erklärt wurde, in Wahrheit aber hauptsächlich mit der Norm zusammenhing, als Frau unberührt in die Ehe zu gehen, während es bei Männern eher geduldet wurde, schon vor der Hochzeit Erfahrungen zu sammeln. Die Annäherung und nunmehr die Übereinstimmung der Kohabitarchetermine der beiden Geschlechter ist ein überzeugender Beweis für die Wirkung von Lebensverhältnissen und sozio-kulturellen Normen.

Insbesondere im Westen Deutschlands startet die Unterschicht etwas früher, während sich die Oberschicht und künftige Intellektuelle noch etwas zurückhalten. Die sozialen Unterschiede hatten sich in der DDR vor allem in den siebziger Jahren verwischt. 1990 war der Unterschied zwischen den Abiturienten/Studenten und den Nichtintellektuellen auf ein halbes Jahr zusammengeschmolzen. Inwieweit er wieder größer werden wird, ist noch nicht abzusehen. Eine künftige größere Differenzierung in bezug auf das Kohabitarchealter ist jedoch aufgrund der größeren Differenziertheit der Jugend anzunehmen.

3.5 Verhäuslichung und Elternhaus

Die meisten Jugendlichen haben einen *Ort*, an dem sie ungestört zusammen sein, Zärtlichkeiten austauschen und miteinander schlafen können. Das ist in den allermeisten Fällen das eigene Zimmer in der elterlichen Wohnung oder das Zuhause des Partners. Diesbezüglich und in allen damit zusammenhängenden Ergebnissen finden sich keine oder nur geringe Ost-West-Unterschiede.

Zu den *Eltern* besteht eine meist enge emotionale Bindung. Insbesondere die Mutter, weniger der Vater, ist die erste Vertrauensperson und der bevorzugte Kommunikationspartner auch in Liebesangelegenheiten. Zwei Drittel der Jungen wie der Mädchen sagen, daß sie mit ihrer Mutter offen über Sexualität reden können. Dagegen ist die Kommunikation zwischen Vater und Tochter oftmals wenig intim oder gestört: Nur ein Viertel der Töchter kann mit dem Vater offen über Sexualität reden. Wenn sie sich schon als Väter und Kommunikationspartner fühlen (und nicht nur als Versorger), dann sind für sie die Barrieren traditionellen Vaterverhaltens hoch.

Die meisten Eltern akzeptieren die Partnerbeziehungen ihrer jugendlichen Kinder. Sie erlauben das Übernachten (16/17jährige Jungen Ost 82%, West 79%; Mädchen Ost 67%, West 59%). Sie wissen meist (zu etwa zwei Drittel bei 16/17jährigen) um die sexuellen Kontakte ihrer jugendlichen Kinder. Die Sexualität findet nicht heimlich irgendwo draußen, sondern gemütlich im eigenen Bett statt.

Gunter Schmidt hat dies wiederholt als „Familiarisierung der Jugendsexualität" beschrieben, damit, daß die Sexualität im Jugendalter „im Wortsinne ‚domestiziert'" werde, und er hat dabei vorsichtigerweise die Worte „familiarisiert" und „domestiziert" selbst in Gänsefüßchen gesetzt (1993: 30). Inwieweit diese Bezeichnungen treffen, sei dahingestellt; der Diskurs ist im Gange, vor allem auch darüber, was dieser Prozeß bedeute und wie er zu bewerten sei: positiv oder weniger positiv, dem sexuellen Erleben förderlich oder weniger förderlich, der Ablösung vom Elternhaus entsprechend oder weniger entsprechend, den Entscheidungsspielraum der jungen Liebenden erweiternd oder einengend, die Sexualität verfriedlichend, entaggresivierend, entwildernd und damit womöglich verflachend, vergemütlichend und ihr wesentliche Erregungszustände nehmend oder nicht.

Wesentlich für den beschriebenen Prozeß, der sich in den letzten zwei Jahrzehnten vollzogen hat, ist viererlei:

Erstens hat sich im Osten wie im Westen die Elterngeneration verändert, und zwar erheblich. Sie sind die Träger der erhofften und ersehnten Liberalisierung der 60er und 70er Jahre gewesen; sie hatten sich fest vorgenommen, es einmal bei ihren Kindern anders zu machen als ihre Eltern. Dies hat zu einer erheblichen Toleranz gegenüber Liebesbeziehungen und Sexualität generell und speziell in bezug auf die eigenen Kinder geführt. Dabei sind das Maß an Toleranz und die Auswirkungen des Elternhauses auf das Partner- und Sexualverhalten von verschiedenen Merkmalen des Elternhauses, insbesondere von Qualifikation, Bildung und beruflicher Tätigkeit des Vaters *und der Mutter* und auch davon bestimmt, welcher Altersgeneration die Eltern angehören. Gustav-Wilhelm Bathke hat dies ausführlich in unserer Studie PARTNER II untersucht (Bathke 1984: 248ff.). Hypertrophe Reaktionen, allzu große Neugier, Aufdringlichkeit, Einvernahme des Partners der Tochter bzw. der Partnerin des Sohnes, Vermutungen über sexuelle Aktivitäten der jungen Partner, die von erwachsenem Denken bestimmt sind und oftmals dem Stand der Beziehung noch gar nicht entsprechen, sind bei der neuen Haltung und größeren Aufgeschlossenheit der Eltern gewiß vorgekommen – und auch von den Jugendlichen abgewehrt worden. Extrem konverse Reaktionen (nach dem Modell: Gerieten früher die Eltern in Panik, wenn ihre Kinder masturbierten, so sind sie heute beunruhigt, wenn sie es nicht tun) sind jedoch insbesondere für den Osten nicht charakteristisch gewesen, unter anderem deshalb, weil der öffentliche Diskurs darüber nicht wie im Westen stattgefunden hat und weil die Elternhäuser hier sozial anders strukturiert waren als drüben und bestimmte Sorten von Elternhäusern und Erziehungsstilen ganz oder fast ganz fehlten: antiautoritäre Erziehung, feministische Haltungen, alternative Familienkulturen, doppelmoralische Sozialisationen. Obwohl sie zunehmend hochgebildet waren, verhielten sich die Eltern im Osten weniger diskursiv, reflektierend, künstlich. Ihre Haltung zur Sexualität ihrer Kinder ergab sich mehr aus dem veränderten Lebenszusammenhang, der Demokratisierung der Familie und der größeren Akzeptanz ihrer Kinder insgesamt, eingebettet in einen kulturellen Kontext und den allgemeinen Konsens, daß Liebesbeziehungen Jugendlicher Toleranz und Förderung verdienen. Dieser Konsens war insbesondere in den 60er und 70er Jahren entstanden (Starke 1980). Die Toleranz der Elternhäuser ist nach der Wende keineswegs weggebrochen, wenngleich nunmehr von den Eltern neue und andere Risiken gesehen werden, z.B. die einer frühen Familiengründung. Sie wird wahrscheinlich auch in der nachrückenden Elterngeneration anhalten, sofern dieser Prozeß der Liberalisierung der Elternhäuser nicht überhaupt irreversibel ist. Die „Domestizierung" wird aber kein Prozeß sein, der von den Eltern gesteuert ist, sondern er wird von den jungen Partnern selbst gestaltet werden.

Zweitens ist die Familiarisierung nicht nur ein familiales, sondern auch ein soziokulturelles Ereignis, das mit einer üblichen Lebensweise und einem bestimmten Lebensstandard verbunden ist. Wozu sich auf der Treppe lieben, wenn es im Bett bequemer ist. Wozu gymnastische Verrenkungen im Auto, wenn ein eigenes Zimmer vorhanden ist. Wozu in einer Pfütze baden, wenn zu Hause die Dusche wartet. Und andererseits (und DDR-typisch): Wozu um eine gemeinsame Übernachtung in einem tristen Hotel feilschen, wenn das Heim allen Komfort bietet, und zwar kostenlos. Das eigene Zimmer (und die bald gewünschte eigene Wohnung), der primäre Lebensraum des Jugendlichen stellen zudem in bezug auf das Sexuelle eine Privatheit, Intimität, Individualität, Nähe her, die anderswo so nicht alltäglich gegeben ist. Würden die ostdeutschen massenhaft aus ihren Wohnungen geworfen, hätten die Jugendlichen kein eigenes Zimmer mehr (und sei es so klein wie im Plattenbau), dann wäre es mit der häuslichen Liebesidylle vorbei, und das wäre durchaus kein Segen für die jungen Partner.

Drittens beinhaltet der genannte Prozeß eine Veränderung der Sexualkultur und eine Umstrukturierung der Funktionen der Sexualität. Im eigenen Zimmer sind die Möglichkeiten, eine erotische Gesamtform zu gestalten, anders und oft größer als irgenwo anders. Ein schneller Sexualkontakt zwecks Triebbefriedigung kann an allen möglichen Orten realisiert werden, ein langes intimes Zusammensein und das Miteinanderschlafen im echten Wortsinne schon nicht überall so bequem wie in den eigenen vier Wänden.

Viertens ist die Verhäuslichung der Jugendsexualität vor dem Hintergrund zu sehen, daß sich die Familienstrukturen und das Verhältnis der Familienmitglieder untereinander verändert haben. Das bezieht sich auf eine Demokratisierung zunächst zwischen Vater und Mutter und dann auch auf eine zwischen Eltern und Kindern und zwischen den Geschwistern. Die Beziehungen untereinander sind zwar einerseits zweckmäßige, praktische, dem Lebensalltag angemessen rationale, aber zugleich intensive, bindungsstarke und gefühlsreiche, im Idealfall liebevolle. Eine solche Konstellation läßt im Jugendalter und in der Zeit der Partnersuche und -findung einen anderen Umgang mit den neuen Gefühlen der individuellen Geschlechtsliebe und der Sexualität entstehen. Diese Gefühle werden nämlich nicht gegen die Elterngefühle (Elternliebe) gesetzt, sondern mit ihnen verbunden oder parallel gelebt. Voraussetzung ist eine gefühlsreiche Persönlichkeit, die genau diese verschiedenen Gefühlsebenen ertragen kann bzw. sucht, so wie später mit eigenen Kindern wiederum eine neue Gefühlsdimension entsteht, die die Partnerbeziehung keineswegs destabilisieren muß, sondern im Idealfall bereichert. Das heißt, diese Jugendlichen lieben ihre Eltern, ihre Geschwister *und* ihren Partner und suchen dies zu vereinbaren, ausstrahlen zu lassen, bei allen Präferenzen, die mit zunehmendem Alter in bezug auf den Liebespartner, den Aufbau einer Paargruppe und die Gründung einer eigenen Familie gesetzt werden. Daher ist das Muster „Ablösung vom Elternhaus als eine notwendige Entwicklungsaufgabe" bloß eine Fiktion, eine Konstruktion, die der Jugend- und Familienwirklichkeit nicht standhält, genauso wie die Autonomieentwicklung im Jugendalter nur dann als notwendig empfunden werden kann, wenn diesbezüglich Defizite bestanden. Viele dieser Theorien stammen aus einer Zeit, da patriarchale Strukturen den Familienalltag bestimmten und Familien Machtinstanzen waren. Viel wichtiger als eine abstrakte Philosophie über die Ablösung vom Elternhaus sind die genannten Umstände und Bedingungen, die sowohl das Selbständigkeitsstreben der Heranwachsenden als auch den Familienzusammenhalt begünstigen. Der Hauptgegner des Jugendlichen ist nicht die Familie an sich, sondern allenfalls ein bestimmter Typ von Familie. Vor allem ist es so, daß sich die Familienmitglieder gegen familienfeindliche Umstände gemeinsam zu wehren haben.

3.6 Begehren

Neben vielen Gemeinsamkeiten finden sich in unserem Material bemerkenswerte und aufregende Unterschiede zwischen den Jugendlichen aus Ost und

West. Diese Unterschiede liegen weniger auf der Ebene des Verhaltens als auf der Ebene der Antizipation des Sexuellen, der Wünsche, der Einstellung und des Erlebens der Sexualität. Ein besonders drastisches Beispiel ist das Ausmaß an *sexuellem Verlangen.*

Im Osten freuen sich mehr weibliche Jugendliche als im Westen auf den sexuellen Erstkontakt und starten auch etwas früher. Die koitusunerfahrenen Jungen und Mädchen wünschen sich im Osten eindeutig mehr sexuelle Kontakte als die im Westen. Der Ost-West-Unterschied ist insbesondere bei den Mädchen groß: 54% der koitusunerfahrenen Ostmädchen sehnen sich nach mehr Sex, darunter 32% auch nach Geschlechtsverkehr. Dagegen haben nur 25% der Westmädchen den Wunsch nach mehr Sex. Nur 10% von ihnen wünschen sich den ersten Koitus – und warten damit auch noch. Sie haben weder das Gefühl, etwas zu verpassen, noch möchten sie sich unter Druck gesetzt fühlen. Sie fürchten Enttäuschungen, haben Angst, nicht den Richtigen zu finden, der den eigenen Erwartungen gerecht wird, verspüren gelegentlich eine Abneigung gegen den Mann an sich, haben etwas gegen den allgegenwärtigen Sex an sich und mit sich und halten den ganzen Sex auch für so wichtig nicht.

Auch männliche Jugendliche, insbesondere die aus dem Westen, verzichten häufig auf sexuelle Kontakte. Ihr sexuelles Verlangen ist so groß nicht. Beim ersten Geschlechtsverkehr sagen nur 59% der Westjungen, aber 82% der Ostjungen, daß starkes sexuelles Verlangen ein Motiv war (Vergleichszahlen weiblich: 31% zu 46%).

Die Westjungen knüpfen einerseits Geschlechtsverkehr noch deutlicher als die Ostjungen an eine feste Liebesbeziehung und die treue Freundin, andererseits nehmen sie eher mit Gelegenheits- und Servicesex vorlieb. Sie wollen sich auf Unberechenbares, Einengendes, Belastendes nicht einlassen und verzichten daher eher auf die sexuelle Interaktion, vor allem, wenn daran eine aufwendige Beziehung hängt, die nicht oder noch nicht gewollt ist. Oder die Liebesbeziehung ist das eine, der Sex das andere. Bei den Ostjungen fließen Lust und Liebe anders und unproblematischer zusammen. Sie suchen und genießen deutlicher die sexuellen Freuden in der Liebesbeziehung und halten diese auch nicht frei von allerlei Lüsten. Ein sich verselbständigender Sex spaltet sich bei ihnen weniger als bei den Westjungen von der Person und der Beziehung und von dem Sexuellen in dieser Beziehung ab.

Beim Vergleich der Ergebnisse von 1970 und 1990 kommt Gunter Schmidt für die Jugendlichen der alten Bundesrepublik zu bemerkenswerten Feststellungen: „Jungen erleben ihre Sexualität heute weniger dranghaft und impulshaft als vor 20 Jahren ... Mädchen erleben Sexualität heute weniger lustvoll, aufregend und befriedigend als früher“ (1993: 2 und 6). Weiter schreibt er: „Jungen aus dem Westen leben häufiger sexuell enthaltsam als die aus dem Osten und geben seltener ein ‚starkes sexuelles Verlangen' als Beweggrund für Geschlechtsverkehr an; sie verbinden Sexualität stärker mit Liebe, Partnerschaft und Treue" (1993: 7). Der letzte Teilsatz wäre fehl gedeutet, wenn daraus geschlossen würde, daß die Jungen aus dem Osten generell den Geschlechtsverkehr nicht an die Liebesbeziehung, sondern nur an das sexuelle Verlangen bänden. Dem ist nicht so, sie verspüren – im Unterschied zu den Westjungen (bei denen dann die Partnerbindung absolut, aber vor allem relativ einen viel höheren Stellenwert erhält) – beides: Liebe und Verlangen. Es würde ihnen, genauso wie den Mädchen, ganz fremd und unlogisch erscheinen, Geschlechtsverkehr ohne großes sexuelles Verlangen aufzunehmen. Warum sollten sie es dann tun? Der Trieb als solcher ist bei ihnen weit weniger oder auch noch gar nicht verkümmert oder diskriminiert; sie sind sexuell unbefangener.

Die „‚Lustlosigkeit' von Frauen oder Mädchen und die ‚Trieblosigkeit' von Männern oder Jungen" sind für Gunter Schmidt „Ausdruck der Schwierigkeit, sexuelle Spannungen und Leidenschaft unter den Bedingungen der allgemeinen Bedürfnis- und Verbotslosigkeit zu entwickeln..." (1993: 7). Ist es aber nicht so, daß erst der Wegfall von äußeren Schranken und von sinnlosen Verboten, von Prüderie, Doppelmoral und verklärender Über- oder abwertender Unterschätzung des Sexuellen, eine freie, selbstbestimmte, selbstgestaltete, offene Lust ermöglichen? Der Reiz des Verbotenen, eine Leidenschaft, die aus dem Kontra wächst, eine Lust, die immer ein Dagegen einschließt, ein sexuelles Begehren, das sich aus latenter Unmoral, Tabuverletzungen, Gesetzesübertretung speist, bedeuten eine unfreie, reaktive Lust, und wenn eben diese Lust verlorengeht oder wegfällt, ist das wohl kein Verlust (zum Lustbegriff siehe Aresin/Starke 1996: 30ff.).

Ebenso ist es mit einer Lust, die aus dem Ungleichverhältnis von Mann und Frau erwächst, einer männlichen Lust, die der Unterdrückung und Abwertung der Frau bedarf, und einer weiblichen Lust, die allenfalls eine Funktion der männlichen Lust ist. Wenn infolge der Emanzipation und der sich wandelnden Geschlechterverhältnisse diese Lustquelle versiegt, dann mag ein Vakuum entstehen, aber eben bezogen auf eine bestimmte Sorte von Lust. Wer Lust an Macht hat, kommt in eine schwierige Situation, wenn seine Macht verschwindet. Aber das bedeutet doch nicht, daß jede Lust oder die große Lust an Macht und Unterdrückung gebunden ist. Die Ergebnisse empirischer Forschungen stehen solchen Generalisierungen insbesondere in bezug auf die männliche Lust entgegen.

Die amerikanische Feministin Andrea Dworkin stellte einst – zu Zeiten eines radikalfeministischen Sexismus – die „ernstzunehmende und aufregende" Frage: „Wenn Frauen nicht schmutzig sind, wenn Sex nicht schmutzig ist, könnten Männer dann noch ficken? Bis zu welchem Ausmaß ist Geschlechtsverkehr auf die Minderwertigkeit von Frauen angewiesen?" (1993:

223). Wen soll diese Frage aufregen, und wer soll sie ernst nehmen? Jedenfalls ist sie aus einer völlig anderen Welt. Mit der hiesigen Sexualität und dem Denken und Fühlen junger Menschen hat sie nichts zu tun. Und nichts spricht dafür, daß sie in absehbarer Zeit relevant wird. Der radikale Feminismus hat um den Osten einen Bogen gemacht und sich im Äther verflüchtigt.

Nicht zu vernachlässigen freilich ist die Lust, die mit sexueller Gewalt verbunden ist. Insofern Männer Täter sind, männlicher Sexualtrieb ein Gewaltpotential hat, Sexualität ohne Aggressivität nicht möglich ist, dann muß männliches Begehren vergehen, wenn die Gewalt- und Aggressionskomponente keine Realisierungsmöglichkeit mehr hat.

Zu erwähnen ist schließlich die Lust an einem tendenziell von der Person und der Partnerbeziehung getrennten Sex, an einem beliebigen, isolierten, austauschbaren, erwerbbaren Sex, der dem einen gefällt und den anderen störanfällig oder lustlos macht. Und gegen den sich Jugendliche durch Lustverweigerung in bezug auf eben diesen Sex schützen.

Also: Beim Nachdenken über *Lust und Begehren* ist nach deren Art zu fragen. Es bleibt die Frage, was mit dem Trieb, dem Begehren, dem Verlangen, der sexuellen Lust in der modernen Gesellschaft eigentlich geschieht? Stellt man das primär individuell-psychologische Geschehen in den gesellschaftlich-soziologischen Kontext, dann finden sich lustgefährdende, luststörende und lusttötende Momente die Fülle. Es wäre zu erforschen, inweit solche Momente in den nächsten Jahren bei Jugendlichen in den neuen Bundesländern eine Wirkung zeigen werden.

Solche Momente sind:

(1) Die Art und Weise der Präsenz des Sexuellen in der Öffentlichkeit.

„Schaut man in die Jugendzeitschriften und in die Illustrierten, wird alles so ummodelliert, daß einem die Lust auf Sexualität vergehen kann. Alles wird brutal und demütigend dargestellt" (Hörerfrage einer 17jährigen Leipzigerin 1996 an den Verfasser).

(2) Der allgegenwärtige Sex, auf den wie auf ein anderes überflüssiges Konsumgut verzichtet werden kann. Um diesen Sex zu haben, ist der (geliebte) Mensch gar nicht erforderlich oder gar störend. Am Menschen erscheint das Erotische und Sexuelle nicht mehr interessant, sondern eher belastend. Auswege werden im virtuellen Raum gesucht.

(3) Die Reizüberflutung in der Konsumgesellschaft. Der Erlebnispark Sexualität langweilt. Überreizt hat man auch das Sexuelle mit seinen Unbequemlichkeiten, seiner Mühe und den erforderlichen Aktivitäten satt.

„Stimmt es, daß der Partner spätestens nach 4 Jahren körperlich reizlos und nicht mehr erotisch ist?" (Hörerfrage eines jungen Mannes 1996 an den Verfasser).

Es ist schon erstaunlich, wie sich die Ideologie der Wegwerfgesellschaft auch auf Partnerbewertungen auswirkt, wie selbstverständlich die Weisheiten der Massenpresse angenommen werden, so als handle es sich nicht um einen lebendigen, entwicklungsfähigen Menschen, sondern um ein Schnäppchen, das man mitnimmt, einen Konsumartikel, der dem moralischen und unmoralischen Verschleiß unterliegt, und der nach Benutzung durch einen frischen zu ersetzen ist. Dieser konsumtive Erotikbegriff läßt freilich gegenüber einem produktiven das Begehren schnell altern und schal werden, zumal, wenn andere Drücke und Kulte der modernen Gesellschaft übermächtig sind: der Jugendlichkeitskult, der Zwang zur Schönheit, der Terror des herrschenden Schönheitsideals.

Zugleich verkehrt sich das Verhältnis Bedürfnis-Befriedigung. Nicht mehr: ein Bedürfnis und das Stillen des Bedürfnisses, sondern kein Bedürfnis und dessen Erweckung. Um Befriedigung oder doch wenigstens Lust zu finden, muß mit allerlei Tricks und Kicks ein Bedürfnis geschaffen werden.

(4) Die hemmungslose Sexualisierung des Nichtsexuellen, die zwangsläufig zu einer De-Sexualierung des Sexuellen führen muß. (Wenn alles sexuell ist, ist nichts mehr sexuell).

(5) Die uferlose Ent-Intimisierung von Privatem, das an die Öffentlichkeit gezerrt wird und damit seinen privaten, intimen Charakter verliert.

(6) Die Verknüpfung von Sex und Leistung, Sex und Prestige, Sex und Siegerlaune. Die Lust am Erfolg obsiegt über die sexuelle Lust. Und der Gegentrend: die Leistungsverweigerung, die Abscheu vor einem prestigegeladenen Run auf Sex und einem Leistungsorgasmus.

(7) Die Tendenz zur Vereinzelung in der Gesellschaft, die immer ja auch eine gewisse Isolierung bedeutet, die sexuelles Begehren gar nicht zustande kommen läßt, weil es den anderen gar nicht oder nicht greif-, riech- und fühlbar gibt. Sexuelles Verlangen wird in vielen Situationen nicht als diffus empfunden, Sehnsucht nicht als austauschbar erlebt. Das sexuelle Begehren bezieht sich im Regelfall auf einen bestimmten Menschen, das Verlangen, das er auslöst, soll idealerweise mit ihm gestillt werden.

Oder die erforderliche Nähe für Begehren kommt nicht zustande, weil die gegenseitige Entfremdung nicht aufhebbar ist. Die Lust des Partners wird dann tendenziell suspekt, sein Wunsch nach sexueller Befriedigung uninteressant bis verdächtig. Ein Partnertreff ist dann in (sol-)ipsistischer Weise nur die Fortsetzung der Selbstlust mit anderen Mitteln, der Partner nur Instrument und Spiegel der eigenen Lust. Der Dopplereffekt wechselseitiger, gemeinsamer Lust kommt nicht zustande.

(8) Der vielleicht bedeutendste Anti-Lustfaktor: die Angst und die Ängste. Die Angst vor der Zukunft, vor dem Abstieg, vor der Arbeitslosigkeit, vor

dem Alter, vor Krankheit, vor Aids, vor Krieg, Gewalt und Übergriffen, die Angst vor den anderen und dem anderen, vor der Bindung oder der Einsamkeit, vorm Ausgenutzwerden, vor Spott und Hohn, vor dem Mann oder der Frau. Und die diffusen, numinösen, im Plural vorhandenen „Ängste": Berührungs-, Versagens-, Mißerfolgsängste, die mit therapeutischer Hilfe *angenommen* oder *rausgelassen* werden, damit man mit ihnen *umgehen* kann. Auf der anderen Seite gerade die sexuelle Lust als vielleicht das einzige Mittel, um – wenigstens kurzzeitig – die Angst zu überwinden oder zu verdrängen.

Diese und viele andere luststörende Faktoren veranlassen die Menschen zu Reaktionen. Sie setzen ihnen – teils hilflos, teils souverän – etwas entgegen: die Lustlosigkeit – oder das Gefühl. Möglicherweise ist die Renaissance der romantischen Liebe, wie wir sie in unseren jugendsexuologischen Untersuchungen finden, als Antwort der jungen Generation auf die moderne Gesellschaft mit ihren Rationalismen, Gefühlsvermarktungen und Lustfeindlichkeiten zu verstehen.

3.7 Geschlechtsverkehr

22jährige haben etwa neunmal im Monat Geschlechtsverkehr (männlich = weiblich), 17jährige etwa sechs- bis siebenmal (Jungen sechsmal, Mädchen achtmal). Für die intra- und interpersonalen Unterschiede in der *Häufigkeit des Geschlechtsverkehrs* sind vor allem psychologische und soziale Faktoren verantwortlich, insbesondere der Charakter der Partnerbeziehung, und äußere Umstände, z.B. die Trennung vom Partner und die Wohnsituation. Glücklich Verliebte haben besonders häufig Geschlechtsverkehr, ebenfalls in fester Beziehung Lebende häufiger als Singles. Änderungen in bezug auf die Häufigkeit des Geschlechtsverkehrs sind in den letzten Jahren nicht nachzuweisen, sieht man einmal von veränderten Verhaltensweisen in bestimmten Untergruppen ab.

Bereits in den siebziger Jahren ist ein Abbau eines eng koituszentrierten Denkens und der Orientierung auf das Van-de-Veldesche Koitusmodell mit Vorspiel, Akt und Nachspiel zu beobachten. Bevorzugt wird eine erotische Gesamtform mit viel Zärtlichkeitsaustausch und einem möglichst langen intimen Zusammensein. Variationen in der sexuellen Interaktion und eine größere Aufgeschlossenheit gegenüber verschiedenen *Sexualtechniken* gingen damit einher.

Ipsistische Konzepte des Safer-Sex, wie sie insbesondere infolge von Aids in den öffentlichen Diskurs kamen, sind insbesondere bei Jugendlichen und insbesondere im Osten Deutschlands nicht in. Die Sexualität wird nicht idealerweise als aseptischer Sex möglichst ohne (Feind-)berührung oder als anonymer Service oder isolierte Lust gedacht, sondern ist am (geliebten) Partner festgemacht. Hetero- wie Homosexuelle lieben einen konkreten Menschen, gehen mit ihm eine Beziehung ein und haben mit ihm sexuellen Kontakt.

Die *Auslöseformen* des Orgasmus sind sehr verschieden, am häufigsten wird der Orgasmus beim Geschlechtsverkehr (Glied in der Scheide) erreicht. Etwa die Hälfte der weiblichen Jugendlichen sagen sogar, daß ihr erster Orgasmus beim Geschlechtsverkehr erlebt wurde, ein weiteres Drittel bei anderen Kontakten mit einem Partner (PARTNER III). Dieser Befund ist insofern erstaunlich, als nach landläufigen sexuologischen Theorien der Geschlechtsverkehr für die Frau durchaus nicht die günstigste Technik ist, um zu einem Orgasmus zu gelangen. Im allgemeinen wird davon ausgegangen, daß andere Formen des sexuellen Austauschs, bei der der Kitzler im Mittelpunkt steht und direkt stimuliert wird, und vor allem die Selbstbefriedigung für Frauen effektiver sind, zumal beim Geschlechtsverkehr immer mit dem Samenerguß zu rechnen ist, der zunächst ein gewisses Halt bedeutet. Offenbar ist es in der Realität jedoch so, daß Frauen generell und bestimmte Frauen bevorzugt Nicht-GV-Techniken nutzen, aber zugleich den Koitus mögen und auch durch ihn Befriedigung erreichen. Sie betrachten den Koitus nicht als ein männliches Relikt, sondern als ihr und als gemeinsames Vergnügen, das nicht suspekt ist, weil der andere, der Mann, ebenfalls Vergnügen daran hat.

Die Variabilitäten im Sexualverhalten sind eindeutig größer geworden. Die Allmacht der männlich dominierten und allein männlicher Lust dienenden Penetration ist gebrochen. Verhaltensweisen, die früher als pervers, minderwertig oder gar schädlich galten (wie Oralverkehr, Masturbation) gehören zum Repertoire der allermeisten Jugendlichen. Die Masturbationsraten allerdings sind niedrig. Masturbation wird zwar als sexuelle Aktivität akzeptiert und diesbezügliche Verklemmtheiten wurden abgebaut, doch wird überwiegend eine partnerschaftliche Sexualität vorgezogen.

Von einem „Niedergang des heterosexuellen Koitus“ (Borneman 1993: 18) kann bei den ostdeutschen Jugendlichen keineswegs die Rede sein, weder quantitativ noch qualitativ. Die Sexualität hat sich zwar von der Fortpflanzung gelöst, nicht aber vom Koitus. Dieser wird nach wie vor als besonders intime und intensive Form sexueller Aktion wahrgenommen und gewünscht. 92% der Männer (75% der Frauen) erleben den Geschlechtsverkehr immer oder meistens als sexuelle Entspannung, 92% bzw. 95% als Möglichkeit, ihrem Partner ganz nah zu sein, 89% bzw. 79% als Lebensfreude, 76% bzw. 75% als körperliches Vergnügen, 4% bzw. 3% als Pflicht dem Partner gegenüber, 1% als Entwürdigung.

Daß es der Frau nicht möglich sei – wie Margret Hauch annimmt (1995: 34) – „eigenständige Wünsche zu äußern“, „daß die Wünsche der Frauen ... abqualifiziert und als eher lästig beiseite geschoben werden“, daß „in der heterosexuellen Praxis Frauen als eigenständige, aktive begehrende Subjekte nicht vorgesehen sind", läßt sich in unseren empirischen Untersuchungen nicht belegen. Eher ist in zahlreichen jugendlichen Partnerschaften das Gegenteil der Fall, nämlich daß die Wünsche der Frau eine größere Rolle als die des Mannes spielen. Die Grundtendenz besteht allerdings in der Wechselseitigkeit des Begehrens und der durch die Liebe enstandenen Gemeinsamkeit der Lust.

Sofern Magret Hauch – bezugnehmend auf Marge Pierce und Cornelia Hauser – *bestimmte* „Arrangements" analysiert, nämliche solche, in denen die Lust der Frau nur eine Funktion der Lust des Mannes ist und „gleichsam bewiesen wird, daß das, was Man(n) will, für beide gut ist" (S. 33), und sofern eine bestimmte männliche Lust nicht die der Frau sein kann, ist ihre gedankliche Konsequenz gewiß nicht zu übertreffen, vor allem dann nicht, wenn machtmännliche Ansprüche und männliche Egoismen aufzudecken sind. Aber es gibt eben nicht nur diese *bestimmten* Arrangements, und nicht nur *Arrangements.* „Arrangierte Sexualität" ist für Jugendliche ziemlich furchtbar und ein schlechter Notbehelf.

Inwieweit in westlichen Subkulturen von Frauen generell oder von bestimmten Frauen die Penetration penetrant erlebt wird, sei dahin gestellt. Aber daß Frauen prinzipiell die immissio penis in einer Opferrolle erleben, den penetrierenden „Penis als Waffe im Verkehr mit einer unterlegenen Person" betrachten, ist aus Sicht der Frauen in unseren Untersuchungen absurd. Geschlechtsverkehr ist für sie nicht „eine wilde und äußerst grausame Gleichgültigkeit der menschlichen Individualität gegenüber ... nicht an Personen gebunden" (Dworkin 1993: 33 und 35). Das ganze Gegenteil ist der Fall. Ihr (und ihm) geht es eben um diese (geliebte) Person und um die gemeinsame Lust, eine Lust, die sich keineswegs auf Samenerguß und (arrangierten) Orgasmus reduziert, diesen aber auch nicht zwanghaft und gezielt ausspart. Es gibt keine Anzeichen dafür, daß sich dies nach der Wende geändert hat oder ändern wird, abgesehen von jenen Fällen, wo Frauen den alten/modernen Modellen marktwirtschaftlich folgen, z.B. sich in oder außerhalb der Ehe prostituieren.

3.8 Sexuelle Interaktion

Ostdeutsche (wie westdeutsche) Mädchen und Jungen haben *partnerschaftliche Vorstellungen* von sexuellen Beziehungen. Dies ist ein Grundelement emanzipatorischer Prozesse in der modernen Industriegesellschaft. Mann/frau will, wenn mann/frau will, daß auch der/die andere will. Sich gezwungen oder bedrängt zu fühlen, kommt bei Mädchen immer noch vor und wird als belastend empfunden; doch Drängelei oder Zwang widersprechen inzwischen der Moral der meisten Jungen. Daß beim jüngsten Geschlechtsverkehr die Initiative „von beiden" ausging, sagen 83% der Ost- und 72% der Westjungen, 86% der Ost- und 72% der Westmädchen. Fast nie geht die Initiative nur vom Jungen aus (auch wenn Jungen das manchmal nicht wahrhaben wollen). Nur 2% der Mädchen (Ost und West) sagen in unseren Interviews, daß der Partner die Initiative hatte. Dagegen kommt es häufiger vor, daß das Wollen des Mädchens ausschlaggebend ist. Das ist insbesondere im Westen so. In bezug auf den jüngsten Geschlechtsverkehr sagen immerhin 27% der Westmädchen, gegenüber 12% der Ostmädchen, daß sie die Initiative ergriffen hätten.

Die Ost-West-*Gemeinsamkeit* besteht hier darin, daß Mädchen bei der Aufnahme sexueller Beziehungen eigenaktiv oder sogar dominant sind. Das ist bemerkenswert, weil damit im Osten wie im Westen die Aussage, daß es „immer nach dem Mann" gehe und auf dessen sexuelle Wünsche ankomme, ins Reich der Legende verwiesen wird. Die sexuelle Interaktion in der Liebesbeziehung junger Partner ist selten männlich, recht oft aber weiblich kontrolliert. Bei PARTNER III sagen 63% der Männer, aber 54% der Frauen ohne jede Einschränkung (Pos. 1 im vierstufigen Antwortmodell), daß sie auf die sexuellen Wünsche ihres Partners eingehen. 41% der Männer, aber 78% der Frauen meinen, daß ihr Partner auf ihre sexuellen Wünsche eingeht. Das bedeutet zum einen, daß mehr Männer als Frauen vorbehaltlos auf die Wünsche des Partners eingehen, und zum anderen, daß weit mehr Männer als Frauen diesbezüglich selbstkritisch sind. Männer meinen oft, daß sie nicht genügend auf die Partnerin eingängen (was die Partnerin viel seltener so sieht), während Frauen nicht nur erheblich seltener auf die Wünsche ihres Partners eingehen, sondern auch noch häufiger annehmen, sie täten das. Die Defizite sind also häufiger bei den Männern zu finden; viele Frauen nehmen sich, was sie brauchen und wollen, ohne sich groß um den Mann zu kümmern. Frauen „lernen es, ihre erotischen Beziehungen zu Männern selbst zu gestalten. Eine sexuell emanzipierte Frau hat kapiert, daß sie sich im Grunde von jedem Mann, mit dem sie erotische Freundschaft geschlossen hat, jeden Wunsch erfüllen lassen kann" (Kebir 1990: 17). Die Steigerung, Extremisierung und Pervertierung wäre dann die sexuelle Ausbeutung des Mannes durch die Frau, die Benutzung des Mannes als Lustinstrument – ein Phänomen, das bisher nur umgekehrt, als männliche Domäne, galt.

Der Ost-West-*Unterschied* besteht darin, daß das, was unter einem partnerschaftlichen Grundverhältnis verstanden wird, durchaus verschieden ist. Dies hängt damit zusammen, daß in das Partner- und Sexualverhalten nicht nur unmittelbar sexuelle Elemente, Begierden, Wünsche, Gewohnheiten, sondern im Grunde das Insgesamt der Persönlichkeit und nichtsexuelle Habitualitäten und Verhaltensweisen eingehen. Im konkreten Falle ist a) das Geschlechterverhältnis und die Konstruktion von „Mann" versus „Frau" von besonderer Bedeutung. Ostdeutsche sehen in ihrem Partner viel weniger als Westdeutsche eine Person, die die Rolle eines Mannes bzw. einer Frau spielt und a priori in den Machtverhältnissen auf der anderen Seite der Barrikade steht, sondern mehr die Gesamtpersönlichkeit.

Außerdem sind sie b) in der sexuellen Interaktion weniger oder gar nicht auf marktwirtschaftliches Denken trainiert oder von diesem belastet. Es wird also weniger bilanziert, gerechnet, auf Transferleistungen insistiert, auf emotionale Defizite geachtet und der Gewinn bedacht, weniger darüber reflektiert, ob die emotionalen und sonstigen Investitionen sich lohnen, weniger verhandelt, weniger angestrebt, daß man möglichst mehr bekommt, als man gibt. Die Ostdeutschen sind diesbezüglich großzügiger, freigiebiger, „dümmer" – eben weil sie dahingehend sozialisisiert sind, Liebe und Sexualität auf einer nicht-marktwirtschaftlichen, nicht-profitablen Ebene ansiedeln. Für sie ist Liebe und Sexuelles kein Tausch-, Gebrauchs- oder Konsumgut, sondern ein Gefühl, eine Beziehung, etwas, das durch Geben reicher wird.

Nicht zuletzt sind sie c) – um Ansätze von William Simon 1995 zu verwenden – weniger zwischen Handlung und Reflexion einerseits und zwischen Identifikation mit sich selbst und mit anderen gespalten; sie besitzen zugleich noch starke soziokulturelle Muster des idealen sexuellen Verhaltens. Simon geht davon aus, daß nur wenige Verhaltensformen „so stark dialogisch strukturiert wie die moderne sexuelle Erfahrung" seien. Seine Folgerung: „Wenn die dialogischen Erfordernisse mit Verunsicherungen einher gehen, werden die Akteure gleichzeitig zu Zuschauern der sich entfaltenden Interaktion", verbunden mit der korrekten oder inkorrekten „Deutung von Gefühlsreaktionen der Sexualpartner". Eben diese Verunsicherungen und hypertrophen Deutungszwänge sind bei den Ostdeutschen weniger ausgeprägt. „Ebenso wie wir uns selbst deuten und ordnen, um unseren eigenen sozioemotionalen Anforderungen zu entsprechen, deuten wir notwendigerweise auch den anderen. Dieses Problem tritt immer häufiger auf, weil es durch den zunehmenden Verlust kultureller Vorgaben für die sexuelle Interaktion zu Situationen kommt, in denen jeder Beteiligte die Handlungsweise des anderen sabotieren oder in Verlegenheit bringen kann" (Simon 1995: 114). Genau das aber ist normalerweise keineswegs die Absicht ostdeutscher Jugendlicher bei sexuellen Kontakten (und eigentlich eine Gemeinheit). Der sexuelle Dialog ist für sie kein Stellungskrieg, kein potentielles und prospektiv-mißtrauisches Gegeneinander, sondern ein freies, partnerschaftliches, gleichberechtigtes, achtungs- und vertrauensvolles, positives Für- und Miteinander, und diese Partnerschaftlichkeit ist für sie eben die kulturelle Grundnorm, die ihnen gegenseitig Sicherheit gibt und leichter und freier auch einen Orgasmus beschert. Im intimen Zusammensein hat für die ostdeutschen Jugendlichen die Spontanität immer noch ihren Platz. Ob, inwieweit und wann diese durch die Vermarktwirtschaftung der personalen Beziehungen verloren geht, bleibt abzuwarten.

3.9 Familienmodelle

Bezüglich der späteren *Familie* wird von Jugendlichen in Ost und West das Modell präferiert: „Mann und Frau gehen beide ihrem Beruf nach und sind beide gleichermaßen für Haushalt und Kindererziehung verantwortlich, so daß jeder für seinen Beruf die gleiche Zeit hat" (Jungen: Ost 49%, West 56%; Mädchen: Ost 78% – West 75% – Interviewstudie 1990, Starke/Weller 1993: 84). Die Jungen urteilen hüben und drüben traditioneller als die Mädchen. Eine eigene Familie mit Kindern ist nach wie vor – wie vorn bereits beschrieben – ein hoher Lebenswert, gleichzeitig sind auch andere Formen denkbar geworden, und sie werden zunehmend auch gelebt.

Der Lebenswert Familie kann allerdings nicht als eine Blanko-Vollmacht für eine altehrwürdige Institution betrachtet werden. Vielmehr beinhaltet dieser Wert einige schwergewichtige Invarianzen, ohne die die Familie für Jugendliche nicht erstrebenswert wäre. Die Familie soll demokratisch sein; sie soll nur in bezug auf eine sinnvolle Arbeits- und Verantwortungsteilung hierarchisch sein; sie soll prinzipiell kein Hort der Ungleichstellung von männlichen und weiblichen, von älteren und jüngeren Familienmitgliedern sein; Mutter und Vater (sofern in der Familie lebend) sollen berufstätig sein oder sein können; sie sollen nicht bloß Funktion der Kinder sein; die Familie soll genügend Freiraum für die individuelle Entwicklung bieten und der Selbstverwirklichung dienen; das Grundverhältnis der Familienmitglieder soll nicht konkurrierend, sondern kooperativ, nicht aggressiv, sondern friedfertig, nicht ausgrenzend, sondern zuwendend sein, kurz die auf und aus Liebe gegründete Partnerschaft soll sich auf die Familie übertragen. Trotz allen ideologischen Druckes werden daher patriarchalische Familienmodelle zwar eine gewisse Bedeutung behalten oder gewinnen und von einigen auch aus opportunistischen oder praktischen Gründen gelebt werden oder gelebt werden müssen (infolge des Machtgewinns des Mannes, der Benachteiligung der Frauen auf dem Arbeitsmarkt und in der Öffentlichkeit, des Drucks von männerbestimmten Institutionen und Organisationen), aber sie werden nicht der Standard sein; im Grund haben sie – im Einklang mit emanzipatorischen Prozessen in den modernen Ländern – verspielt. Viel ernstzunehmender sind sozialpolitische Strategien und objektive Umstände, die die Familien belasten, benachteiligen, zerrütten, zerstören.

Die Zukunft der traditionellen Kleinfamilie ist seit längerem im öffentlichen Diskurs. Des öfteren ist vom Auslaufmodell Familie die Rede, oft verbunden mit einer Beschwörung konservativer Werte. Inwieweit die klassische bürgerliche Familie in den modernen Industriegesellschaften an Bedeutung verloren hat, kann hier nicht erörtert werden. In unseren Untersuchungen ist allerdings von einer Auflösung der Familie nichts zu spüren, nicht in Ost und nicht in West (Schmidt 1993). Vielmehr stellten wir in den meisten Familien enge Beziehungen zwischen den Eltern und den jugendlichen Kindern fest.

Die DDR-Familie hat sich über die Wende hinaus als sehr stabil erwiesen, vielleicht als das Stabilste aus der DDR. Die Beziehung zwischen den Familienmitgliedern werden als sehr eng beschrieben, die emotionale Intensität zwischen den Eltern als sehr hoch, höher als in den alten Bundesländern (Brähler/Richter 1995). Dies wird, trotz aller Erschütterungen und zukünftigen Gefährdungen, vermutlich anhalten, jedenfalls noch für einen längeren Zeitraum, nämlich für den, in dem die DDR-Sozialisation nachwirkt bzw. in dem intakte Familien existentiell notwendig und erstrebenswert sind und als Faktor des eigenen Lebensglücks betrachtet werden. Ginge die Familie zugrunde, würde eine Reihe von Gefahren heraufbeschworen, die sich jetzt aufgrund intakter Familienstrukturen noch in Grenzen halten (Kriminalität, Isolationismus, Runawayismus, Verelendung, Drogensucht, psychosomatische Beschwerden u.a.).

Wenn Hans-Joachim Hoffmann-Novotny Rosemarie Nave-Herz rät, statt von Bedeutungs*wandel* der Familie von Bedeutungs*verlust* zu sprechen (1995: 328), dann ist das mit Blick auf die ostdeutsche Situation überhaupt nicht nachzuvollziehen. Vielmehr ist von einem Bedeutungs*gewinn* von Paargruppe und Familie in der Jetztzeit zu sprechen.

3.10 Sexuelles Erleben

Der Anteil orgasmischer Frauen hatte sich insbesondere in den siebziger Jahren erhöht (PARTNER II, Starke/Friedrich 1984). Etwa 75% der 16jährigen, 90% der 18jährigen, 95% der 22jährigen und 99% der 27jährigen geben *Orgasmuserfahrung* an. Auch die Orgasmusraten bei Geschlechtsverkehr und intimem Zusammensein waren gestiegen. Die sexuelle Befriedigung des Mannes wie der Frau gilt als invariantes Element partnerschaftlicher Sexualität. Zärtlichkeit ist die häufigste Assoziation bei Liebe und Sexualität. Sexuelle Empfindungsfähigkeit wird erwartet und geschätzt. Sexuelle Kontakte ohne Lust werden von den Frauen im allgemeinen gar nicht erst realisiert.

Zieht man die Ergebnisse der Hamburg-Leipziger-Interviewstudie unter 16/17jährigen heran (Starke/Weller 1993: 86f.), dann empfinden mehr Ostmädchen als Westmädchen ihre sexuellen Aktivitäten als angenehm und schön. Das bezieht sich auf die Masturbation, die sie lustvoller erleben, vor allem aber auf das intime Zusammensein mit dem geliebten Partner und auf den Geschlechtsverkehr. Jeweils etwa 30% mehr Ostmädchen sagen, daß der jüngste Geschlechtsverkehr Spaß gemacht hat, sexuell befriedigend und ein ganz großes Erlebnis war, daß sie glücklich waren (Ost 82%, West 52%). Doppelt so viele aus dem Osten sagen, daß sie es bald wieder machen wollten – und das tun sie dann auch: Ostmädchen haben häufiger Geschlechtsverkehr als Westmädchen.

Dagegen empfinden weit mehr Mädchen aus dem Westen als aus dem Osten ihre sexuellen Aktivitäten nicht als angenehm. 54% waren nach dem letzten Geschlechtsverkehr sexuell nicht befriedigt, 44% hat es keinen Spaß gemacht, nur für 27% war es ein ganz großes Erlebnis, und ebenfalls nur 27% wollten es bald wieder machen. Die Faktoranalyse bestätigt diese Differenzierung. Zudem zeigt sich, daß – vor allem im Vergleich von erstem und letztem Geschlechtsverkehr – für Ostjugendliche die Geschlechtsunterschiede im Erleben praktisch aufgehoben sind, während sie bei den Westjugendlichen weiter bestehen.

Daß Ostmädchen häufiger als Westmädchen einen Orgasmus haben – wie Ulrich Clement und ich vor über 10 Jahren am Beispiel von Studentinnen belegten (Clement/Starke 1988) – läßt sich bei den von uns interviewten 16-17jährigen nicht nachweisen.

Nicht die Häufigkeit des Orgasmus, sondern das sexuelle Erleben, die Freude an der sexuellen Erregung, die subjektive Qualität der erotischen Gesamtform und die Glücksgefühle beim intimen Zusammensein machen also die Unterschiede aus.

Bringt man in den Ost-West-Vergleich die Variable Orgasmus ja – Orgasmus nein ein, so zeigt sich: Im Osten wie im Westen wird zwar das jüngste Zusammensein ohne Orgasmus nicht so erfreulich eingeschätzt als das mit Orgasmus (vor allem das Urteil der Westmädchen ist dann vernichtend), doch ist das Erleben der Ostmädchen ohne Orgasmus kaum weniger positiv als das der Westmädchen mit Orgasmus. Vergleicht man die Orgasmusrate mit den anderen Einschätzungen des Geschlechtsverkehrs, so sind gravierende Ost-West-Unterschiede zu entdecken. Von den Westmädchen sagen 46%, daß der letzte GV sexuell befriedigend war, aber 59%, also 13% mehr, hatten einen Orgasmus. Dagegen waren 75% der Ostmädchen sexuell zufrieden, aber 69%, also 6% weniger, hatten einen Orgasmus. Im Westen fühlt sich also ein Teil der Frauen beim Geschlechtsverkehr sexuell unbefriedigt und nicht glücklich, obwohl sie einen Orgasmus hatten. Im Osten dagegen sind auch Frauen sexuell zufrieden und glücklich, obwohl sie diesmal keinen Orgasmus hatten. Sie sind offenbar weniger orgasmusfixiert, obwohl sie keineswegs anorgasmischer reagieren.

Bei gleicher Orgasmuserfahrung sind die Auslöseformen des ersten Orgasmus recht unterschiedlich. Besonders gravierend sind die Unterschiede bei den 17jährigen Mädchen: Im Osten haben 63% ihren ersten Orgasmus beim Geschlechtsverkehr und nur 13% bei der Selbstbefriedigung erlebt, im Westen nur 29% beim GV, aber 34% bei der Selbstbefriedigung.

Damit erscheinen auch hier die ostdeutschen Mädchen einerseits „konservativer" in dem Sinne, als sie (ohne andere Formen zu mißachten) stärker auf den Geschlechtsverkehr und den Orgasmus mit dem Liebespartner, dagegen nicht so sehr auf den „autonomen" Orgasmus aus sind, andererseits „liberaler", als sie damit unverzagt früher als ihre westdeutschen Altersgenossinnen beginnen.

Die Häufigkeit des Orgasmus hat sich seit den 70er Jahren nicht verändert, wohl aber die Einstellung zu ihm, dessen Erleben und dessen Funktion in der Partnerbeziehung. Das sexistisch legitimierte Qualitätssiegel für männliche und weibliche Potenz ist brüchig geworden, eine Orgasmuspflicht wird abgewehrt. Abneigung besteht gegen den mit allerlei Tricks herbeigeführten Leistungsorgasmus, als Sieg im gemeinsamen Gegeneinander gefeiert und als streßbesetztes Prestigeereignis gefürchtet. Statt dessen wird die individuelle Qualität einer gestalteten Beziehung gesucht, verbunden mit Nähe, Vertrautheit, Wärme, unbeschwerter Lust und unberechenbarer, nicht berechnender, unberechneter Zärtlichkeit in der erotischen Gesamtform. Wird dies nicht gefunden, dann lassen sich die meisten Mädchen auf gar nichts ein, die einen, weil es ihnen keinen Spaß macht (typisch für den Osten), und die anderen, weil sie die Kontrolle über sich und die Situation erhalten wollen (typisch für den Westen). Für Ost und West gilt: Schmusen ist in, zwanghafter oder billiger Allerweltssex out. Diese Tendenz hält an.

Nachsatz: Die Ost-West-Unterschiede gerade im sexuellen Erleben, die immer wieder besonders gern, teils vergröbernd und sensationslüstern, von den Medien aufgegriffen werden, führen zu beträchtlichen Irritationen und heftigen Diskussionen – weniger in der Fachliteratur als anläßlich von Vorträgen und in persönlichen Gesprächen. Durchaus nicht allen ist es gegeben, diese Unterschiede erst einmal hinzunehmen und wertfrei zu betrachten. Schnell sind Deutungsmuster mit pejorativen oder dithyrambischen Rastern zur Hand. Die einen sehen den Westen diskriminiert, weil er „schlechter" als der Osten abschneidet – die anderen den Osten, weil er zurückgeblieben erscheint. Die einen loben die Unbefangenheit und Vitalität der Ostlust – die anderen die feministisch geschulte, kritische Westunlust. Die einen lächeln über das Lustempfinden der ostdeutschen Frauen, das ihnen allzu genügsam, anspruchslos, hinterwäldlerisch, hinterweltlich, provinziell, primitiv erscheint – die anderen bedauern die westdeutschen Frauen ob ihres geringeren Vergnügens bei einem sexuellen Zusammensein mit einem Mann oder beklagen dies als Ver-Lust. Die einen (wenigen) würden es für gut befinden, wenn die Westlust Ostniveau erreichte – die anderen sehen im Osten ein Modernisierungsdefizit, insbesondere in bezug auf die sexuelle Selbstbestimmtheit der Frau und deren Kontrolle beim sexuellen Zusammensein sowie die kritische Wahrnehmung männlichen Sexualverhaltens und überhaupt einer differenzierten und differenzierenden Reflexion in der sexuellen Interaktion. So frustrierend manche Wertung wirkt und so sinnlos es ist, das eine Verhalten zum Maßstab und zum Ziel für das andere zu machen und dabei die unterschiedlichen Determinationen und Kontexte zu vernachlässigen, so erfreulich, erfrischend und zusammenführend ist der Diskurs um ein bemerkenswertes Phänomen. Eine wissenschaftlich schlüssige Erklärung ist freilich noch nicht gefunden, auch das gemeinsame Buch „Jugendsexualität" (Schmidt 1993) kommt über Ansätze nicht hinaus. Wahrscheinlich reichen die vorhandenen Theorien, die in je unterschiedlichen Kulturen entstanden sind, zur Erklärung solcher Befunde nicht aus; neue müssen erarbeitet werden. Die wissenschaftliche Herausforderung bleibt – und läßt Lust aufkommen.

3.11 Partnermobilität

Jeder siebte bis neunte Koitus findet nicht in einer festen Partnerbeziehung statt. 4 von 10 Erwachsenen hatten während der jetzigen Partnerbeziehung Geschlechtsverkehr mit einer anderen Person. In den 80er Jahren waren sexuelle Kontakte neben der festen Partnerschaft häufiger geworden. Die Zunahme betraf insbesondere die Frauen. Bei ihnen hatte sich der Anteil der Seitensprungerfahrenen in diesem Zeitraum fast vervierfacht, bei den Männern nur verdoppelt. Verheiratete und Unverheiratete gingen damals gleich häufig fremd. Männer hatten bisher im Durchschnitt 7, Frauen 5 Koituspartner, ein Fünftel bisher einen, ein Fünftel mehr als 5. Neben dem Geschlecht streut die Anzahl der Sexualpartner nach den Herkunfts- und Entwicklungsbedingungen und nach dem Alter. In der Stadt ist die Partnermobilität etwas höher als auf dem Dorf.

Insgesamt erreichen die meisten im Jugendalter keine astronomisch hohen Partnerzahlen. Daran hat sich wenig geändert.

Bezüglich der Partnermobilität lassen sich vier Tendenzen qualitativ unterscheiden:

(1) Die „serielle Monogamie", das Nacheinander fester Partnerschaften vor allem im Jugendalter. Sie ist Lernprinzip der Jugendlichen. Mit ihr verbindet sich das Einüben partnerschaftlicher und sexueller Verhaltensweisen, die Suche nach optimaler Partnerschaft mit hohem Anspruch an die Qualität der Beziehung, der oft auch zu ihrer Beendigung und dann zum Aufbau einer neuen Partnerschaft führt. Dieses Nacheinander ist Ausdruck gewachsener Souveränität im Umgang mit Sexualität auf Grund gesellschaftlicher Ent-

wicklungen, die zu einer Liberalisierung sexueller Normen geführt haben. Mit dem ein- oder mehrmaligen Partnerwechsel im Laufe des Lebens verbindet sich das Ideal der Einheit von Liebe und Sexualität. Eine solche romantische Liebesmoral folgt immer weniger dem traditionellen Leitbild der lebenslangen ehelichen Monogamie, obwohl oder gerade weil innerhalb der jeweiligen Liebesbeziehung nach wie vor großer Wert auf Treue gelegt wird.

(2) Das Fremdgehen. Gelegentlich oder dauerhaft werden Sexualbeziehungen neben einer festen Partnerschaft bzw. der Ehe eingegangen. Ein Grund dafür (neben Abenteuertum, Erlebnisdrang, Neugier und vielem anderen) ist ein unbefriedigtes Sexual- und Gefühlsleben in der Primärbeziehung. Fast immer werden sexuelle Seitensprünge mit gut bekannten Partnern vollführt. Spontankontakte mit kaum oder gänzlich unbekannten Partnern, anonyme Sexualkontakte, sind die große Ausnahme und werden meist abgelehnt.

Generell kann sowohl in bezug auf (1) als auch auf (2) eine moralische Bewertung nicht gegeben werden, die an der Zahl der Partner festgemacht ist. Weder hohe noch niedrige Partnerzahlen sind generell ein Ausdruck von Qualität, Leistung, Stabilität, Befriedigung, Glück, Moral, Charakterstärke. Dazu sind die Persönlichkeiten und ihre Lebensaktivität in den vielfältigen Situationen des Lebens zu verschieden.

(3) Der bezahlte Sex. Neue Partner sind leicht und ohne Übernahme wechselseitiger Verantwortung als Wegwerfartikel zu bekommen. Die Lust kann schnell und problemlos befriedigt werden. Obwohl es auch Formen der Prostitution von Männern (vorwiegend für Schwule, aber auch für Frauen) gibt, dominiert die weibliche Prostitution. Der gesamte damit verbundene Amüsierbetrieb einschließlich der Pornographie ist hauptsächlich für Männer bestimmt. Daher sind diese sexuellen Kontakte (einschließlich längerer Beziehungen und Stammkunden) bei Männern weitaus häufiger als bei Frauen. Unter den Männern lassen sich in bezug auf Prostitution habituell drei Gruppen unterscheiden: die einen leben völlig ohne prostitutive Kontakte, die anderen nehmen gelegentlich solche sexuellen Dienstleistungen in Anspruch, und die dritten haben Prostitution fest in ihr Leben integriert. In ihrem soziologischen und psychologischen Profil sind diese Gruppen klar von einander abgehoben, die Grenzen zwischen ihnen sind nicht fließend. Die Größe der Gruppen ist in den sozialen Untergruppen und Territorien verschieden. Die dritte Gruppe ist vorerst in den neuen Bundesländern noch klein.

(4) Die Promiskuität. Damit wird der sehr häufige Wechsel von Sexualpartnern ohne feste Bindungen bezeichnet. Weitere Formen der Partnermobilität sind Partneraustausch und Gruppensex. Alle diese Formen sind bei ostdeutschen Jugendlichen noch selten, sie gehören nicht zum Grundhabitus.

3.12 Kontrazeption

Kontrazeption wird nach wie vor positiv bewertet und überwiegend korrekt praktiziert. Ohne Unterschied nach Alter, Geschlecht, Herkunft, Qualifikation, Beruf akzeptieren 99% die Verhütung einer ungewollten Schwangerschaft. Rund 80% der Frauen haben beim ersten, mindestens 90% beim letzten Geschlechtsverkehr verhütet. Drei Viertel der 16jährigen und neun Zehntel der 18jährigen haben Pillenerfahrung. Ein Teil der koitusunerfahrenen Mädchen nimmt die Pille vorsorglich, andere verzichten, da sie die Pille nicht nehmen, lieber auf Geschlechtsverkehr; ebenso vermeiden viele Jungen Geschlechtsverkehr, wenn kein Kondom dabei ist. Nur 5% der Koituserfahrenen haben noch nie verhütet.

Nahezu alle betrachten die Schwangerschaftsverhütung als gemeinsame Verantwortung. Die gängigen Mittel und Methoden der Kontrazeption sind bereits unter Jugendlichen gut bekannt. Am populärsten ist mit 99% die Pille, weniger präferiert werden IUP und Diaphragma. Von den 30-44jährigen (ostdeutschen) Frauen haben 94% die Pille genommen, oftmals über einen längeren Zeitraum, 52% ständig. Zwei Drittel haben Kondomerfahrung. Ein Fünftel gehört zu den Nutzern des IUP. Ebenfalls ein Fünftel bevorzugt die empfängnisfreien Tage, fast die Hälfte der Frauen hat jedoch noch nie davon Gebrauch gemacht (Starke/Visser 1994).

Ohne daß die hormonelle Kontrazeption an Bedeutung verloren hätte – die Akzeptanz der Pille hat sich noch verstärkt, und zwar in beiden Geschlechtergruppen – ist infolge von Aids das Kondom wiederentdeckt worden, das insbesondere im Osten völlig aus der Mode war. Das Kondom ist kein Konkurrent der Pille oder des IUD geworden. Es wird meist zusätzlich als Verhütungsmittel, daneben auch als Schutzmittel verwendet. Vor allem in bestimmten Situationen ist das Kondom das Mittel der Wahl. Dauernutzer sind selten. An Bedeutung verloren haben die sogenannten natürlichen Methoden wie die Nutzung der empfängnisfreien Tage. Weitgehend abgelehnt wird der Koitus interruptus.

Sichere Kontrazeption wird heute – deutlicher noch als vor einem Jahrzehnt – als unabdingbare Bedingung für Geschlechtsverkehr betrachtet. Die Sorgfalt ist in jüngster Zeit infolge der Werteveränderungen und sozialer Risiken insbesondere im Osten sogar noch größer geworden. Ein beachtlicher Teil ostdeutscher Männer und Frauen nutzt die erst nach der Einheit gegebene Möglichkeit der Sterilisation. Die Zahl der Schwangerschaftsabbrüche ging zurück, weil weniger Gravitationen eintraten. Die Abbruch*quote* erhöhte sich allerdings: seit 1989 von 3:1 auf 2:1 (früher drei, jetzt zwei Austragungen auf einen Abbruch). Relativ gesehen, hat es also früher mehr Austragungen gegeben als heute. Dahinter könnte sich eine Zunahme des

Anteils unerwünschter (abgebrochener: ein Drittel vs. ein Viertel) an allen Gravitationen verbergen.

Die Akzeptanz der Kontrazeption beinhaltet eine kritische und ablehnende Bewertung der *Abruptio* als Mittel der Geburtenregelung. Prinzipiell aber wird die legale Möglichkeit des Schwangerschaftsabbruchs befürwortet. Nur 2% der Jugendlichen sind für ein grundsätzliches Verbot des Schwangerschaftsabbruchs. Die Mehrheit der Ostdeutschen sind mindestens für eine Fristenregelung. Ein Viertel der ostdeutschen und ein Zehntel der westdeutschen Jugendlichen sind überhaupt gegen eine strafrechtliche Regelung. Der Gedanke selbstbestimmter Schwangerschaft und die Befürwortung liberaler Regelungen ist den meisten deutschen Jugendlichen eigen. Das Ideal sind Wunschkinder.

3.13 Ängste

Den idealen Freuden der jugendlichen Liebe stehen reale Ängste gegenüber.

Die häufigste Befürchtung in Zusammenhang mit Sexualität ist in Ost und West und in beiden Geschlechtergruppen die ungewollte Schwangerschaft. Geschlechtskrankheiten und AIDS sind demgegenüber als Angstfaktor von geringerer bis völlig untergeordneter Bedeutung.

Während bei ostdeutschen Jugendlichen die Realängste dominieren, kommen insbesondere bei den westdeutschen jungen Männern psychische Probleme hinzu, die mit *sexueller Kompetenz*, sexueller Leistungsfähigkeit, eigener Attraktivität, Frustrationen in Liebe und Sexualität und damit zusammenhängen, dem Normendruck nicht zu entsprechen oder als Person nicht unvoreingenommen angenommen zu werden, sondern sich als Mann erst einmal durch ein Dickicht von Mißtrauen und Vorurteilen kämpfen zu müssen. Etwa doppelt so viele west- als ostdeutsche Jugendliche fürchten negative Folgen von Beziehungen.

3.14 Sexuelle Gewalt

Viele Jugendliche fürchten *sexuelle Gewalt*. Bereits ein Viertel der 16-17-jährigen Westjungen (ein Zehntel der Ostjungen) und mehr als die Hälfte der Westmädchen (ein Drittel der Ostmädchen) berichten in unseren Interviews, daß sie selbst sexuelle Gewalt, sexuelle Belästigungen und sexuelle Übergriffe erlebt haben. Im Osten sagen 4% der Frauen, daß sie gegen ihren Willen zum ersten Geschlechtsverkehr gezwungen wurden (von den homosexuellen Männern 2%). Fast ein Fünftel der ostdeutschen Frauen hat eine Vergewaltigung oder den Versuch einer Vergewaltigung erlebt, die meisten in jüngeren Jahren (Starke 1995a,b).

3.15 Wahrnehmung der Geschlechterrollen

Ein bedeutender Angstfaktor ist insbesondere bei männlichen und insbesondere bei westdeutschen Jugendlichen das *Geschlechterverhältnis.*

Die westdeutschen Jugendlichen verbringen ihrer Freizeit häufiger unter Angehörigen des gleichen Geschlechts und fühlen sich diesen auch emotional stärker verbunden. Bei gemeinsamen Unternehmungen mit dem festen Partner zahlt im Westen häufiger jeder für sich und im Osten häufiger einer um den anderen. Im Westen sehen sich die Mädchen weit häufiger als im Osten als künftige Hausfrau (55% zu 23%). Andererseits können sich Hamburger und Frankfurter Jungen häufiger als Leipziger Jungen vorstellen, später einmal unübliche Rollen in der Familie zu übernehmen (wenigstens vorübergehend Hausmann zu sein und die Kinder zu betreuen).

Mehr Westdeutsche als Ostdeutsche meinen, daß das jeweils eigene Geschlecht benachteiligt sei. Das ist insbesondere bei den Mädchen so: 61% der westdeutschen, aber 30% der ostdeutschen sehen Mädchen gegenüber Jungen benachteiligt. Aufschlußreich ist hier der Bildungsunterschied. Besonders kritisch sehen die höher gebildeten Mädchen das gegenwärtige Geschlechterverhältnis in bezug auf die Benachteiligung von Mädchen (hohe Bildung Ost 36%, West 66%, niedrige Bildung Ost 27%, West 48%), und zwar auch dann, wenn sie sich selber nicht betroffen fühlen. Bezogen auf sich selbst sagen 19% der Ostjungen, aber 32% der Westjungen und 26% der Ostmädchen, aber 55% der Westmädchen (57% der mit hoher und 54% der mit niedriger Bildung), daß sie sich selbst schon als Junge bzw. als Mädchen benachteiligt gefühlt haben.

Die Wahrnehmung der marktwirtschaftlich sanktionierten Geschlechterrollen war (und ist) für viele Jugendlichen im Osten, aber auch im Westen, frustrierend und irritierend. Sie halten die Fixierung gerade auf diese Rolle unter Vernachlässigung anderer Merkmale und vor allem ihrer Individualität für einseitig.

Das tatsächliche oder konstruierte Verhältnis zwischen Männern und Frauen wird teilweise als bedrohlich empfunden, insbesondere im Westen. Der Teil der Mädchen, bei dem sich ein Benachteiligungsgefühl infolge der Zugehörigkeit zur Geschlechergruppe habitualisiert hat, ist im Westen deutlich größer. Zugleich – und das ist nur ein scheinbarer Widerspruch – reflektieren die Westmädchen stärker als Ostmädchen auch Vorteile ihrer Geschlechterposition. Die Jugendlichen im Osten sehen sich weniger stark als im Westen als Mann oder Frau und erleben die Geschlechterverhältnisse weniger konflikthaft. Sie sehen mehr die Gemeinsamkeiten zwischen den beiden Geschlechtergruppen und suchen die Brücken zwischen ihnen, während die Jugendlichen im Westen mehr die Unterschiede beobachten und

Gräben sehen. Feministisches Denken war im Osten kaum verbreitet und beeinflußte die heranwachsenden Mädchen nicht in der kritischen Wahrnehmung des Mannes, dieser wiederum erfuhr damit zusammenhängende Verunsicherungen nicht. Ereignisse ihres Lebens, Erfolge und Mißerfolge, attribuieren sie weniger auf ihre Zugehörigkeit zu einer der beiden Geschlechtergruppen und mehr mit ihrer Gesamtpersönlichkeit.

Als dieses Gesamt und nicht bloß als Mann oder Frau bzw. als das gestanzte Muster davon, nicht als Gegenentwurf zum Mann oder zur Frau, als das jeweilige andere Geschlecht, sondern als ihr unverwechselbares Ich wollen sie bewertet werden und bringen sie sich auch in die Partnerbeziehung ein.

Entgegen allen Erwartungen und trotz (oder wegen?) der Bildung von Frauengruppen und der Konstituierung einer Frauenbewegung hat feministisches Denken bei Ostdeutschen nach der Wende keinen großen Anklang gefunden. Einzelne Fragestellungen und Themen sind zwar in den öffentlichen Diskurs gekommen und vielfältig angenommen worden (zum Beispiel das Thema sexuelle Gewalt). Aber generell neigen die ostdeutschen Frauen nach wie vor nicht zum Feminismus westlicher Prägung, vor allem nicht zu radikalfeministischen Männerfeindlichkeiten. Dafür ist sozial und psychologisch der Boden nicht vorhanden, und es fehlt auch der sozialpsychologische Kontext, sich feministisch zu geben, um modern und fortgeschritten zu sein. Vor allem ist jene subkulturell formierte bürgerliche Mittelschicht nicht vorhanden, die Träger feministischen Gedankenguts war. Es ist auch nicht damit zu rechnen, daß die nachwachsenden Frauengenerationen erheblich stärker feministisch sozialisiert werden. Die Jugendlichen im Osten, aber auch die im Westen, werden – feministische Erfahrungen durchaus nutzend – in bezug auf das Geschlechterverhältnis und die Emanzipation ihre eigenen Antworten finden, und es werden gemeinsame Antworten sein, die gemeinsamen von Frauen und Männern und von ostdeutschen und westdeutschen Liebenden.

4. Ausblick

4.1 Konsistenz und Inkonsistenz

Einerseits: Das Sexualverhalten der ostdeutschen Jugendlichen (und der Älteren) hat sich in den letzten Jahren nicht grundlegend verändert. Weder ist die Partnermobilität größer, noch die sexuelle Aktivität geringer geworden. 82% der Befragten mit Geschlechtsverkehr im vergangenen Jahr hatten ihn mit nur einem Partner. Anonyme Sexualpartner sind nach wie vor die große Ausnahme und werden nur von einem sehr kleinen Personenkreis bevorzugt. Nach wie vor pflegen die Ostdeutschen ihre sexuelle Befriedigung mit dem festen Partner zu haben. Ist ein solcher Partner nicht vorhanden, dann verzichten sie sehr oft ganz auf Sexualkontakte. Dies ist insbesondere bei Frauen so: 43% der derzeit partnerlosen Frauen, aber 27% der partnerlosen Männer hatten im vergangenen Jahr keinen Geschlechtsverkehr. Aktuell Partnerlose sind zwar auf der anderen Seite partnermobiler, insbesondere junge Männer, und sie haben Geschlechtsverkehr auch häufiger mit einem weniger bekannten oder unbekannten Partner (bei 7% von ihnen war der letzte GV-Partner wenig oder nicht bekannt, gegenüber 1% bei den Partnergebundenen), aber sie haben zugleich viel seltener sexuelle Kontakte und Geschlechtsverkehr als Partnergebundene. Auch die meisten von ihnen präferieren eine an Liebe gebundene Sexualität.

Es ist also nicht die Institution Paargruppe an sich, sondern die Art und Weise der Realisierung von Sexualität, die relevant ist. Die Qualität der Beziehung ist das Entscheidende und nicht ihre bloße Existenz. Gesucht (und gefunden) werden von den meisten Ostdeutschen erregende, intensive, anspruchsadäquate, integrier- und verarbeitbare Sexualerlebnisse typischerweise mit dem vertrauten Liebespartner, nicht im isolierten, austauschbaren, erwerbbaren, von der Person und der Beziehung getrennten Sex. Dieses Verhalten der Ostdeutschen rührt aus der engen Verbindung von Liebe, Partnerschaft, Sexualität, Lust und Glück im Denken und Fühlen, es entspricht einer bestimmten familiären Alltagsgestaltung und ist von einem Eingebundensein in personale Netzwerke getragen.

Während ein Problem der festen Partnerbindung und der Langzeitpartnerschaft darin besteht, daß die sexuellen Kontakte allzu routiniert absolviert werden und das Begehren leicht ermüdet oder aussetzt, besteht bei Singles und Partnerlosen die Gefahr, daß das sexuelle Begehren niemanden hat, auf den es sich richten kann, daß die partnerschaftliche Interaktion verlernt wird, daß gemeinsame Lust nicht zustande kommt, sich die partnerschaftliche Orgasmusfähigkeit verliert und speziell der Koitus unnormal wird. Der Lustverlust wird dann auf den Koitus und generell die partnerschaftliche Sexualität geschoben, statt sie in der Partnerlosigkeit und zunehmenden Unfähigkeit und Unlust zur Gestaltung von Partnerbeziehungen zu suchen. Sofern die einsame Sexualität sich selber nicht genügt, werden Reize jenseits des klassischen Geschlechtsverkehrs gesucht. Der vaginale Geschlechtsverkehr ist an zwei Menschen, an Mann und Frau, gebunden und nur schwer, unzureichend oder gar nicht zu kopieren. Daher muß er an Stellenwert und Bedeutung verlieren, wenn keine solche Zweierbeziehung gelebt werden kann.

Eine Attraktion des Singledaseins besteht darin, mit einem Partner nur dann zusammenzusein, wenn beide es wollen. Nicht selten aber verläuft das beiderseits gewollte Zusammensein nicht so glücklich wie ersehnt, z.B. weil erst einmal Kommunikationsdefizite aufgearbeitet und Nähe wieder hergestellt werden muß oder weil mannigfaltige Partnerschaftsfunktionen und Partnerwünsche, darunter auch wesentliche nichtsexuelle, nicht gleichzeitig und sofort erfüllbar sind. Leben hingegen Partner zusammen, dann ist es weder möglich noch sinnvoll, ständig nur sexuell zu leben und eine Interaktion zu gestalten, sondern man ist eben einfach da. Zusammenleben ist gewiß kompliziert, aber in gewisser Weise weniger anstrengend als gelegentliche Treffs mit einem Partner, mit dem man nicht zusammenlebt, das Living apart together, das manchmal zu einem rauschhaften Erlebnis, machmal zu keinem Zusammen führt. In unseren Untersuchungen beobachten wir schon bei jungen Menschen, daß eine große Partnermobilität, das zögernde Eingehen von und die schnelle Aufgabe von Bindungen nicht selten zu einer frustrierenden Hatz von Partner zu Partner führt, die nicht glücklich macht und in Resignation und Vereinsamung endet.

Abstrakt gesagt: Der vereinzelte Mensch hat die Tendenz, immer mehr zu vereinzeln und partnerschaftliche Fähigkeiten zu verlieren, und der partnerschaftliche Mensch die Tendenz, immer mehr zu verpartnerschaftlichen und den Alleingenuß oder die Offenheit für Partnermobilität und Anderes zu verlernen. Beides kann belastend und lusttötend sein, aber beides hat auch die Chance zu einer Lust, die eben nur durch die gewählte Lebensform möglich ist.

Es wird zu erforschen sein, wie sich diesbezüglich die nachrückenden Generationen verhalten.

Andererseits: Für das gewöhnliche ostdeutsche Sexual- und Partnerverhalten, das nun unter anderen sozialen Bedingungen und mit anderen Möglichkeiten stattfindet, sind bei aller Konstanz der Ergebnisse Veränderungen nicht auszuschließen. Die Übernahme westlicher Konsumgewohnheiten wird auch den sexuellen Bereich betreffen. Das Pornovideo wird so manches eheliche Schlafzimmer teils bereichern, teils verderben. Pornographie (Starke/Weller 1994a,b), die ständige Präsenz des Sexuellen in der Öffentlichkeit, die allgemeine Sexualisierung werden die Schamschwelle nicht senken, sondern erhöhen. Die Frauen werden sich vor dem pornographisch geschulten Blick der Männer zu schützen wissen und sich wehren. In Frauen- und Selbsthilfegruppen werden sie über sexuelle Übergriffe an ihren (hoffentlich vorhandenen) Arbeitsplätzen debattieren – oder auch nicht. Fremdgehen wird schwieriger werden, Bordellgehen leichter fallen. Verbunden mit konservativen Leitbildern wird die Doppelmoral der Besserverdienenden aufleben. Ehemalige Jungpioniere werden den Segen der Kirche bei ihrer Eheschließung wünschen. Die Ehen gestreßter Erfolgsmänner und Workaholics werden emotional vertrocknen, und arbeitslose Ehepaare und Vorruheständler werden auch sexuell nichts mehr mit sich anzufangen vermögen. Lesben und Schwule werden wieder vorsichtiger werden, um nicht Opfer antischwuler Gewalt zu werden oder ihren Arbeitsplatz zu verlieren und sich in Szenen zurückziehen. Teenager werden den Lebenstraum einer Modelkarriere träumen oder sich tothungern, um so schlank zu werden, wie es das Schönheitsideal vorschreibt.

Die nachrückenden Generationen verhalten sich schon heute etwas anders als die früher jungen. Sie gehen durchschnittlich später (oder gar nicht) feste Partnerbindungen ein, heiraten später und bekommen später und weniger Kinder. Das trifft insbesondere auf junge Männer zu, deren Sexualleben damit teilweise variabler wird oder sich auf andere Befriedigungsformen (darunter auch sexuelle Dienstleistungen) einstellt. Insbesondere durch ungleiche Chancen auf dem Arbeitsmarkt, durch die Dominanz des Jobs und eine arbeitsbedingte territoriale Mobilität ändern sich die Partnerschaften. Sie werden teilweise unsymmetrisch. Die Möglichkeiten individueller und alternativer Lebensgestaltung nehmen zu. Der Einzelne bekommt als Einzelner einen anderen Stellenwert und andere Chancen und wird es vielleicht vorziehen, einzeln zu leben.

Inwieweit sich die damit verbundenen sozialen Grundprozesse und familialen Umstrukturierungen auf das Sexual- und Partnerverhalten der nachwachsenden Generationen auswirken, wird sich noch zeigen. Vorerst pflegen die meisten Ostdeutschen das Leben in Partnerschaft und Familie. Eine allgemeine De-Institutionalisierung des primärpersonalen Verkehrs ist nicht massenhaft eingetreten, eher läßt sich ein Bedeutungsgewinn von Paargruppe und Familie in der Jetztzeit annehmen. Die Liebe höret nimmer auf, und sie wird – wenigstens im Osten – nicht als eine neue Variante sexueller Enthaltsamkeit und Lustvermeidung daher herkommen.

4.2 Faktor Arbeit

Das Partner- und Sexualverhalten Jugendlicher ist von ihrer bisherigen Sozialisation insgesamt und speziell von ihrer sexuellen Sozialisation und sexuellen Selbstfindung bestimmt. Diese führt zu bestimmten Einstellungen, Verhaltensweisen, Fähigkeiten und Fertigkeiten. Die Habitualisationen aktualisieren sich in der Tätigkeit der Jugendlichen, die bestimmte Inhalte hat, unter bestimmten Bedingungen stattfindet und bestimmte Gestaltungsmöglichkeiten und Freiräume bietet. Das Augenmerk ist dabei vor allem auf die Haupt- und Primärtätigkeiten zu richten, speziell auf das Lernen und Arbeiten. Doch spielen auch die mannigfaltigen anderen Beschäftigungen eine Rolle, vor allem die durch die jugendliche Subkultur bestimmten Freizeittätigkeiten. Durch die Aktivität der Jugendlichen entwickeln sich ihre Gesamtpersönlichkeit und auch ihr Partner- und Sexualverhalten. Von herausragender Bedeutung sind dabei die interpersonellen Netzwerke, in die die Jugendlichen eingebunden sind, vor allem die Familie. Hervorzuheben sind Lebensstil und Lebensstandard der Jugend insgesamt und des jeweiligen einzelnen Jugendlichen. Von spezieller Wichtigkeit ist das sich wandelnde Verhältnis zwischen den beiden Geschlechtergruppen und der Grad der Emanzipation insbesondere der Frau, die zugleich immer auch ein freiheitliches Aufbrechen tradierter Männerrollen bedeutet. In die Umwelt der nachrückenden Generationen geraten auch neue Momente der modernen Gesellschaft wie die Computerisierung, auf die unter 4. 3 noch eingegangen wird.

In diesem Artikel sind diese und andere Faktoren erwähnt worden. Ein Faktor, ein besonders wichtiger, soll gesondert dargestellt werden: die Arbeit. Wiewohl sich die Kinder und Jugendlichen zunächst nicht in einem Arbeitsverhältnis befinden, sondern in der Schule lernen, hat der Faktor Arbeit für sie grundlegende Bedeutung für das Jetzt und für ihre eigene Zukunft. Die nachfolgenden Beziehungen zwischen Arbeit und Partner- und Sexualverhalten lassen sich zudem mutatis mutandis auch auf die Bildungstätigkeit übertragen.

Arbeit ist zweckgerichtete und bewußte Tätigkeit des Menschen unter Einsatz physischer und psychischer Kraft. Die nützliche, gebrauchswertschaffende Arbeit ist Auseinandersetzung des Menschen mit der Natur und der gesellschaftlichen Wirklichkeit und Existenzbedingung des Menschen. Sie ist Grundlage des menschlichen Lebens. Der jeweilige Charakter der Arbeit und das Verhältnis der Menschen zu den Arbeitsgegenständen und Arbeitsmitteln bestimmen Inhalt und Formen des Zusammenlebens der Menschen einschließlich der Beziehungen zwischen den Geschlechtern und der Sexualverhältnisse. Die Arbeit macht im Verein mit den spezifischen sozialen Bedingungen den jeweiligen Menschen zu dem, was er ist, und bestimmt auch seine Sexualität. „Die Arbeit ist die erste Kategorie der Sexualwissenschaft“ (Sigusch 1984: 72).

Infolge der Entwicklung der Produktivkräfte, der unterschiedlichen Verteilung der Produktionsmittel und allen Reichtums und verbunden mit Arbeitsteilung und Differenzierung der Tauschprozesse entstehen verschiedene Schichten der Gesellschaft. Diese haben ihr je spezifisches Verhältnis zur Arbeit. In bestimmten Gesellschaften, zum Beispiel der Sklaverei und der Feudalgesellschaft, wurde Arbeit zur Angelegenheit der unteren Schichten, die herrschenden und besitzenden Schichten arbeiteten nicht. In der Antike war Arbeit etwas Niedriges. Dagegen brachte das Christentum eine positive Bewertung der Arbeit. Insbesondere die protestantische Ethik betrachtet die Arbeit als hohen und zentralen Wert. Davon ist bis auf den heutigen Tag in den Industriegesellschaften die Haltung der meisten Menschen bestimmt.

Auch in den sozialistischen Ländern wurde Arbeit als die Grundlage und der zentrale Wert der Gesellschaft betrachtet, jeder hatte das Recht auf und die Pflicht zur Arbeit. Von diesen Traditionen her ist die Haltung der Jugend zur Arbeit und der Stellenwert der Arbeit in ihrem Leben zu verstehen.

Die meisten Menschen definieren sich in erster Linie über die Arbeit. Sie betrachten die Arbeit aber nicht bloß als unerläßliches oder leidiges Mittel der Existenzsicherung und als Möglichkeit zum Erwerb von Geld, das ihnen Verhaltensvarianten und den Zugriff auf Freizeit- und Konsumgüter, Ansehen, Einfluß und Macht erschließt, sondern in ihrer eigenen produktiven Leistung und der Einbezogenheit in gesellschaftliche Primärprozesse sehen sie den Sinn ihres Lebens und die Basis ihrer individuellen Selbstverwirklichung. Arbeit ist für sie nicht nur Mittel zum Leben, sondern Leben selbst. In welchem Maße diese Einstellung vorhanden ist, hängt freilich von den konkreten Arbeitsinhalten, Arbeitsbedingungen, den Entscheidungsspielräumen und vielen anderen Faktoren ab.

Aus diesen grundlegenden Zusammenhängen ergeben sich vielfältige Bezüge zum Partner- und Sexualverhalten:

1. Insofern Arbeit ein (hoher oder niedriger) Lebenswert ist, geht er in das gesellschaftliche Persönlichkeitsbild und die individuellen Vorstellungen vom idealen Partner ein. Sofern die Arbeit ungleich zwischen den Geschlechtern verteilt ist, wird das jeweilige Männer- und Frauenleitbild beeinflußt. Analysen von dem, was als typisch weiblich bzw. typisch männlich gilt und was Frauen bzw. Männer als künftige Ehepartner interessant oder erotisch anziehend macht, verweisen immer wieder auf die je unterschiedlichen Zusammenhänge zur Arbeit. Ist für den einen Mann, in der einen Schicht und zu der einen Zeit das Model verlockend, das sich niemals die Hände mit einfacher Arbeit schmutzig macht, so ist es ein andermal die tüchtige Hausfrau und treusorgende Mutter und wieder ein andermal die beruflich engagierte, qualifizierte, gleichberechtigte Partnerin.

2. Sofern auch die Frau sich über die Arbeit definiert und ökonomische Unabhängigkeit vom Manne anstrebt (und anstreben kann), sofern für sie zugleich Liebe und Familie hohe Lebenswerte sind, wird sie versuchen, Partnerschaft/Liebe/Familie und Arbeit/Beruf zu vereinbaren. Dieses Denken ist heute in vielen modernen Gesellschaften charakteristisch und war auch für die DDR typisch, in der die Frau meist berufstätig war und dies nicht mehr missen möchte. Die Berufstätigkeit verändert im Verein mit anderen Faktoren, vor allem von Bildung und Qualifikation, die Stellung der Frau in der Paargruppe, in der Familie und das Selbstbewußtsein der Frau sowie die gesamte Familien- und Gesellschaftsatmosphäre. Speziell ist davon auch das Liebes- und Sexualverhalten bestimmt. Die konkrete Gestalt von Liebe und Sexualität läßt sich ohne den Faktor Arbeit nicht hinreichend erklären.

3. So differenziert wie die Arbeit, so differenziert ist auch das Gesamtverhalten der Menschen einschließlich des Partner- und Sexualverhaltens. Psychologische Untersuchungen beweisen, wie die Primärtätigkeiten Lernen und Arbeiten den Lebenslauf und das Verhalten in der Familie beeinflussen. Aus soziologischen Untersuchungen ist bekannt, daß sich das Sexualverhalten verschiedener sozialer, Qualifikations- und Berufsgruppen voneinander unterscheidet. So war zum Beispiel lange zu beobachten, daß Angehörige der sogenannten Unterschicht im Durchschnitt eher als künftige Intellektuelle Geschlechtsverkehr aufnahmen (siehe 3.4 Kohabitarche). Diese gründeten auch später als „Arbeiter" eine Familie und hatten weniger Kinder. Nicht nur der eigene Arbeits- und Berufsstatus, sondern insbesondere der der Eltern (nicht nur des Vaters, sondern auch der Mutter) sind ausschlaggebend für die Entwicklung des einzelnen einschließlich seiner Liebes- und Bindungsfähigkeit und seiner Sexualität. Besonders dramatisch auf die bisherige und künftige Partnerbeziehung wirkt es sich aus, wenn infolge Krankheit, Alter oder aus anderen Gründen keiner Arbeit mehr nachgegangen werden kann. Arbeitslosigkeit ist ein ernsthaftes Problem auch für die Partnerbeziehungen, viele scheitern daran. Arbeitslose finden auch schwerer einen neuen oder überhaupt einen Partner und können sich, sofern sie das wollen, Sex nur begrenzt oder gar nicht kaufen. Die Formel lautet: partnerlos + arbeitslos = chancenlos. Die damit zusammenhängende Bedrohung kann als die mit Abstand größte betrachtet werden, von der die Jugendlichen in Ostdeutschland (und nicht nur diese und nicht nur hier) betroffen sind.

4. Sofern in der Gesellschaft die Menschen von ihrer Arbeit und deren Produkten entfremdet sind, besteht auch die Gefahr, daß sie sich untereinander entfremden. „In der warenproduzierenden Tauschgesellschaft treten zwischen die Menschen Ware und Tausch. Die gesellschaftlichen Beziehungen der Menschen sind wie Beziehungen und Bewegungen von Sachen. Das setzt Psychologie außer Kraft. Die Menschen können umstandslos weder *sich in der Gesellschaft* noch *diese in sich* erkennen, weil sie zueinander und zur gesellschaftlichen Gesamtheit in einem entfremdeten Verhältnis stehen... Die Lust aber, die wir kennen, gründet auf der Entfremdung, ist auf Verbote, Versagung und Angst verwiesen. Natürlich ist sie nicht." (Sigusch 1984: 40). Wenn dem so wäre, dann würde sich das Lusterleben der ostdeutschen Jugendlichen verändern (siehe 3.6 Begehren).

5. Der Arbeitsalltag, die Arbeitssorgen und -erfolge beeinflussen den Liebesalltag, so wie dieser sich auf die Arbeit auswirkt. Liebesglückliche Menschen werden beflügelt, gehen mit einem anderen Elan an Arbeitsaufgaben heran. Andere sind von der Arbeit so geschafft, daß sie zu Hause nicht mehr können, oder sie sind von der Liebe so erschöpft, daß sie auf Arbeit müde sind.

Eines der bedeutendsten Modelle zum Verhältnis von Arbeit/Produktivität und Sexualität ist die psychoanalytische Sublimierungstheorie Siegmund Freuds. Sie geht davon aus, daß sich der unterdrückte Sexualtrieb in produktiven Leistungen auf anderen Gebieten entäußert. Andere Auffassungen beruhen mehr auf Alltagserfahrungen: der Arbeitsbesessene, der Streber, der Karrierist, der über der Arbeit die Liebe vergißt und zu Sex unfähig ist. Oder der Sexbesessene, der seine beruflichen Verpflichtungen vernachlässigt, die Sexorgie, die am nächsten Morgen Ausschuß zur Folge hat.

Sexuologische Untersuchungen zeigen allerdings, daß dies eher Ausnahmen und Extreme sind und daß – statistisch gesagt – eine positive Korrelation zwischen Arbeit und Liebe zu finden ist (PARTNER II und PARTNER III). Bei den meisten Menschen besteht ein enger Zusammenhang zwischen ihrem Verhalten in der Arbeit und in Liebe und Sexualität. Sie sind diesbezüglich keine gespaltenen Persönlichkeiten, sondern agieren ganzheitlich. Sind sie im Beruf aktiv, dann sind sie es meist auch in der Liebe. Sind sie im Bett faul und phantasielos, dann sind sie auch im Betrieb nicht plötzlich fleißig und kreativ. Sind sie einfach glücklich, dann sind sie es auf Arbeit und zu Hause auch.

6. Der Ort der Arbeit kann zum Ort der Liebe werden. Viele Partner finden sich bei gemeinsamen Tätigkeiten, beim Lernen und Arbeiten oder im Umfeld des eigenen Arbeitsplatzes. Der (potentielle) Partner, der Mann oder die Frau, werden auf Arbeit anders wahrgenommen als zu Hause, nämlich nicht als Mutter/Vater oder Ehefrau/Ehemann, sondern als mehr oder weniger erfolgreiche Kollegen mit fachlichen und sozialen Qualitäten. Daher bleibt es ein frommer Wunsch, alles Erotisch-Sexuelle aus der Arbeit und der Arbeitsplatzsituation heraushalten zu wollen. Insofern die Arbeit wesentlicher Lebensinhalt ist, ergeben sich in der beruflichen Sphäre zwischen Mann und Frau oft bedeutsamere und inhaltsreichere Kommunikationen als zu Hause. Manche Arbeitsplätze bieten häufigen Kontakt mit anderen Menschen (z.B. im Dienstleistungsgewerbe). Dort, wo Menschen zusammen sind, gedeiht immer auch Erotik, während der Arbeit, nach der Arbeit, auf Betriebsfesten. Ein bedeutender Teil von sogenannten Seitensprüngen werden mit Arbeitskollegen realisiert. Insofern hierarchische Beziehungen, verklemmtes Verhalten und Abhängigkeitsverhältnisse bestehen, kommt es auch zu sexuellen Übergriffen am Arbeitsplatz. Dies ist Ende der 80er Jahre in westlichen Ländern zu einem öffentlichen Thema geworden, nicht zuletzt dank der Frauenbewegung: Da Frauen häufig auch im Betrieb die Unterlegenen und Abhängigen sind, werden sie auch häufiger Opfer solcher Übergriffe. Die weiblichen Jugendlichen im Osten reflektieren jetzt viel mehr als früher sexuelle Übergriffe am Arbeitsplatz und stellen sich wohl auch darauf ein.

7. Sexuelles und sexuell Relevantes kann selbst zum Arbeitsinhalt oder zum Beruf werden (sexuelle Dienstleistungen, Prostitution, Pornographie, Striptease, Kommerzialisierung der Sexualität, Sex-Business und alles damit zusammenhängende, aber auch Werbung, Mode, Medien, Kunst, Medizin, Psychotherapie, Wissenschaft und Forschung und vieles andere).

Aus allen diesen Gründen ist eine Prognose über das künftige Partner- und Sexualverhalten der ostdeutschen Jugendlichen nur möglich, wenn der Faktor Arbeit einbezogen wird.

4.3 Die virtuelle Verführung durch Computer

Zu den neuen Erscheinungen, mit denen auch die ostdeutsche Jugend mehr und mehr konfrontiert wird, gehört ganz allgemein die Computertechnik und speziell die Sexrelevanz des virtuellen Raums. Am Beispiel von Cybersex sollen einige Trends und Möglichkeiten aufgezeigt werden.

Zum Cybersex, was soviel wie elektronisch gesteuerter Sex am und mit Computer bedeutet, zählen:

1. Computerspiele erotisch-sexuellen Inhalts, Abenteuerspiele (Sex-Adventures), Strip-Poker-Spiele, bei denen eine Frau entkleidet wird.
2. Erotika und Soft- oder Hardcore-Pornos per (Schwarzmarkt-) Disketten, aus Mailboxen, via Telefonleitung per Modem in den PC-Arbeitsspeicher geholt, Pin-ups und animierende Bildfolgen.
3. Erotisch-pornographische CD-Rom, d.h. speicherstarke Daten-Disks, die den Computerschirm zur räumlich wirkenden Bühne für Multimedia-Shows werden lassen.
4. Bildschirmtexte (Btx) erotisch-sexuellen Inhalts, Btx-Peepshows, elektronische Informationsdienste als Kontaktanzeigen, Partnerbörsen, Kontaktbörsen, Dialogforen, Online-Treffs. Der Btx-Nutzer erhält ein Pseudonym und kann mit anderen anonymen Btx-Nutzern, die gerade Online sind, Nachrichten austauschen. Die Teilnehmer können ihr Inkognito auch lüften, beispielsweise durch das platzsparende Bildschirmkürzel F2F (Face-to-Face) und sich leibhaftig im Diesseits verabreden. Diese computergesteuerten Kontaktformen sind eine Weiterentwicklung der St. Pauli-Presse einerseits und des Telefonsex andererseits. Der Kontakt erfolgt meist über den Heimcomputer. Es gibt aber auch spezielle Räumlichkeiten (Darkrooms) in Amüsierbetrieben, in denen man Online gehen kann. Freilich hat das Techtelmechtel übers Datennetz auch seine Gefahren. Computerhacker können sich einmischen, Gespeichertes klauen und ausnutzen. Multikontakte können bleibende Verwirrungen schaffen. Daher sind in den USA schon sexualpsychologische Dienste eingerichtet worden die (per Computer) Ratschläge erteilen.

5. Sexuelle Interaktion zwischen zwei räumlich entfernten Personen per Computer, sogenannte Online-Rendezvous. Die Partner können sich stimulierende Textbotschaften senden oder über Manschetten mit Elektroden körperlich animieren.
6. Sexualkontakte mit dem Computer, Computerliebe. Dabei werden a) Impulse des Computers auf den Benutzer übertragen oder b) Manipulationen des Benutzers an Computerpuppen vorgenommen. Dem dienen Datenhelme (Sicht und Hörgeräte), sogenannte Cybernautenhelme; Datenhandschuhe zur Bewegung im digitalen Raum; Fingerlinge, die ein taktiles Feedback ermöglichen; sogenannte Magic Hands, die Brust oder Po umgreifen und stimulieren; sogenannte Genital Units für die äußeren Geschlechtsorgane, stoßfest und waschbar, Vibratoren (Cyberdildos), Kunstscheiden für den Mann mit Saug- und Knetwirkung, sogenannte Cyber-Kondome. Die Weiterentwicklung solcher Sexmaschinen ist in vollem Gange. Ganzkörperanzüge (Cybersex-Anzüge) entstehen. Den individuellen Wünschen anpassbare Geräte bis hin zu Computerpuppen in Fleischqualität sind denkbar.
7. Verliebtsein in den Computer, Computersucht statt leibhaftiger Erotik. Diese Abhängigkeit ergibt sich aus der scheinbaren Fähigkeit des Computers, auf den Benutzer einzugehen. Sie beruht auf der suggestiven Wirkung des Computers zum Dialog und zur Gestaltungsfähigkeit.

Beim Cybersex taucht der jugendliche Benutzer in eine künstliche, elektronische Welt ein, in die Cyberwelt. Der Ort, in dem dies geschieht, ist der Cyberspace. Insbesondere die modernen Techniken bei den CD-Rom schaffen einen gegenständlich wirkenden Illusionsraum, eine Sinnestäuschung für Auge und Ohr. Cybersex bietet eine synthetische Lustwelt, ein Phantasialand. In dieser künstlichen Welt ist der Benutzer mit sich (und dem Computer) allein, aber er ist zugleich interaktiv, die Kommunikation findet mit dem Medium Technik statt. In dieser Computerwelt, virtuelle Realität (VR) genannt, findet die Verführung durch Computer statt.

Die Gründe und die Folgen von Cybersex sind umstritten. Vieles entwickelt sich im Stillen, auch wenn Medien gelegentlich das Thema spektakulär aufgreifen. In das Kulturgut und die Lebensweise der meisten ostdeutschen Jugendlichen ist Cybersex noch nicht eingegangen. In Schulbüchern ist davon genauso wenig die Rede wie in Gesetzestexten oder Lexika. Eine ernsthafte wissenschaftliche Diskussion ist noch kaum zustandegekommen. Die einen Auffassungen zum Cybersex betonen den Spieltrieb des Menschen, der immer neue Möglichkeiten und Formen sucht, personalisiert in dem Spieler. Andere weisen auf die Zwangsläufigkeit der technischen Entwicklung hin, die auch das Sexuelle nicht ausklammert und entsprechende Bedürfnisse schafft, personalisiert im Technikfreak. (Was möglich ist, wird auch gemacht.) Die Kombination von beiden Typen ist der spiellaunige (überwiegend männliche) Technik-Freak, ein digital und pornographisch sozialisierter Mann, der seine Wollust am Computer auslebt. Die meisten Auffassungen betonen die soziale Adäquatheit des Cybersex in einer zerfallenden, atomisierten Gesellschaft. Er habe eine autoerotische Komponente bis hin zum Autismus, entspräche der Angst vor Nähe und vor Bindung, der Vereinsamung und Vereinzelung der Menschen. „Zerfällt die Gesellschaft in einen Haufen masturbierender Monaden?" fragte der „Spiegel" 1993 (Heft 46: 223).

Tatsächlich hat der Ich-bezogene Computersex eine Reihe von Reizen und Vorteilen. Der Benutzer muß keinerlei Verpflichtungen eingehen. Er kann sich völlig gehen lassen und muß keine sexuelle und partnerschaftliche Leistung erbringen. Das Computerspiel ist jederzeit abbrechbar und einschaltbar, Rücksichten müssen nicht genommen werden. Der Computer nimmt nichts übel. Cybersex schmutzt nicht, ist nicht ansteckend und macht nicht schwanger. Cybersex ist höchst effizienter Sex in der eiligen, zeitnoten Welt. Cybersex unterliegt keiner Kontrolle und Zensur. Altersgrenzen müssen nicht eingehalten, alle Tabus können straflos gebrochen werden. Prozesse wegen Untreue, sexuellem Mißbrauch, Vergewaltigung sind gegenstandslos. Alles ist möglich, und alles ist erlaubt. Der Computer folgt der Phantasie des Benutzers ins Uferlose und läßt diese virtuell real werden. Noch weiter gehende Theorien meinen, mit Cybersex werde das Dogma partnerschaftlicher Sexualität gebrochen. Eine Trennung von Liebe und Sexualität sei endlich möglich. Cybersex entlaste die Partnerbeziehung vom Sex zugunsten der Liebe. Mit einem Sex, der den (noch dazu geliebten) Partner zum depersonalisierten Sexualobjekt mache, sei es dann gottlob vorbei. Der Cybersex verschaffe zudem Lust und Superorgasmen, die keine Liebesbeziehung bieten kann, wodurch diese Beziehung heute sexuell defizitär sei. Cybersex ergänze sich also hervorragend mit einer neuen Form der partnerschaftlichen Liebe, „die nicht mehr den Anspruch auf regelmäßigen Sex erhebt", wie es der Trendforscher Gerd Gerken (1994: 71f.) sieht. „Der High-Tech-Sex wird uns Orgasmen bescheren, für die wir uns jetzt noch mühsam abrackern müssen."

Vielleicht wird die Vision E.T.A. Hoffmanns in seiner Erzählung 1816, in der ein Student einer tanzenden Puppe aus der Werkstatt eines Uhrmachers verfällt, doch Alltag. Die schwitzenden, rackernden, leibhaftigen Liebespaare wären dann technische Anachronismen. Im Moment spricht allerdings nichts dafür, daß ostdeutsche Jugendliche auf leibhaftige Sexualität verzichten.

5. Übersicht über die Untersuchungen und die zugehörigen Quellen

Der Artikel stützt sich vor allem auf die folgenden empirischen Studien. Sie sind in den nachfolgend aufgeführten Quellen näher beschrieben.

Studie	Jahr	N=
PARTNER I (Starke 1980)	1972	2.741
Studenten-Intervallstudie SIS 3 (Starke 1979)	1973	1.628
PARTNER II (Starke/Friedrich 1984)	1980	5.469
PARTNER III (Starke/Weller 1991a,b)	1990	3.103
Studentensexualität Ost-West (Starke/Weller 1991a,b)	1990	2.654
Jugendsexualität und AIDS Ost-West (Schmidt 1993)	1990	689
Homosexuelle Männer (Starke 1994)	1991	546
Jugend in der Stadt Leipzig (Starke U. 1993)	1991	1.630
Jugend in Görlitz (Chitralla/Starke 1992)	1992	848
Jugend in Borna/Geithain (Starke/Starke 1993)	1992	1.672
Assoziationsstudien (Breuer 1994)	1993	716
Bürgerbefragung Sachsen (Starke/Starke 1994)	1993	976
Jugend in Chemnitz (Starke/Starke 1995)	1994	1.439
Jugend in Leipzig (Starke/Starke/Rochlitz 1994)	1994	776
Jugend in Dresden (Starke/Starke/Rochlitz 1994)	1994	459

Die Quellen dieser Studien sind:

Breuer, R: Zur Befindlichkeit von Ostdeutschen im Jahr 1993. Textband. Leipzig: Forschungsstelle Partner- und Sexualforschung 1994 (unveröff.)

Chitralla, B./Starke, U.: Jugend in Görlitz. Forschungsbericht. Leipzig: Gesellschaft für Jugend- und Sozialforschung e.V.; Leipzig: Universität Leipzig/Institut für Soziologie 1992 (unveröff.)

Schmidt, G./Dietrich Klusmann/Zeitschel, U: Veränderungen 1970-1990 (BRD). In: G. Schmidt (Hrsg.): Jugendsexualität. Beiträge zur Sexualforschung 69. Stuttgart: Enke 1993

Starke, K: Jugend im Studium. Berlin: Deutscher Verlag der Wissenschaften 1979

Starke, K.: Junge Partner. Tatsachen über Liebesbeziehungen im Jugendalter. Leipzig/Jena/Berlin: Urania 1980

Starke, K. (Hrsg.): Schwuler Osten. Homosexuelle Männer in der DDR. Berlin: Ch. Links 1994

Starke, K./Friedrich, W.: Liebe und Sexualität bis 30. Berlin: Deutscher Verlag der Wissenschaften 1984

Starke, K./Weller, K.: PARTNER III. Sexualität und Partnerschaft der Ostdeutschen unter besonderer Berücksichtigung von Aids. Teil 1: Bericht. Leipzig: Forschungsstelle Partner- und Sexualforschung 1991a (unveröff.)

Starke, K./Weller, K.: Aids im öffentlichen Bewußtsein der Ostdeutschen. Ein Vergleich. Leipzig: Forschungsstelle Partner- und Sexualforschung 1991b (unveröff.)

Starke, U: Jugend in Leipzig 1991. Zur Situation Jugendlicher in einer ostdeutschen Großstadt. Berlin: trafo verlag dr. wolfgang weist 1993

Starke, U./Starke, K.: Jugend in Borna/Geithain. Tabellenmaterial. Leipzig 1993 (unveröff.)

Starke, U./Starke, K.: Bürgerbefragung Sachsen 1993. Befindlichkeit sächsischer Bürger im Jahre 3 der deutschen Einheit. Berlin: trafo verlag dr. wolfgang weist 1994

Starke, U./Starke, K.: Jugend in Chemnitz. Tabellenmaterial. Leipzig 1995 (unveröff.)

Starke, U./Starke, K./Rochlitz, M: Jugend in Sachsen 1994. Forschungsbericht. Leipzig und Dresden: Gesellschaft für Jugend- und Sozialforschung e.V.; Leipzig: Universität Leipzig/Institut für Soziologie 1994 (unveröff.)

6. Literatur

Aresin, L./Starke, K : Lexikon der Erotik. München: Knaur 1996

Bathke, G.-W. : Herkunftsbedingungen und Liebes- und Sexualverhalten. In: Starke, K./Friedrich, W.: Liebe und Sexualität bis 30. Berlin: Deutscher Verlag der Wissenschaften, 1984, 248ff.

Bornemann, E.: Sexuelle Marktwirtschaft. Vom Waren- und Geschlechtsverkehr in der bürgerlichen Gesellschaft. Wien: Promedia 1993

Brähler, E./Richter, H.-E.: Deutsche Befindlichkeiten im Ost-West-Vergleich. psychosozial 1995, Heft I, Nr. 59

Bühler, Ch.: Kindheit und Jugend. Leipzig 1928

Clement, U./Starke, K.: Sexualverhalten und Einstellungen zur Sexualität bei Studenten in der BRD und in der DDR. Ein Vergleich. Zeitschrift für Sexualforschung (Stuttgart) 1/1988, S. 30-44

Dworkin, A.: Geschlechtsverkehr. Hamburg: KleinVerlag 1993

Gerken, G.: Das Jahr des Orgasmus. Tango (Berlin), 17.1.1994

Hauch, M.: Lust als Machtfrage: Geschlechtsspezifische Akzente. In: Paare, Liebe, Jahresheft 1, München: Pro Familia 1995, S. 28-38

Hoffmann-Nowotny, H.J.: Die Zukunft der Familie – Die Familie der Zukunft. In: Gerhard, U. u.a. (Hrsg.): Familie der Zukunft. Opladen: Leske+Budrich 1995

Kebir, S.: friedliche koexistenz statt geschlechterfrieden? In: Geschlechter-Verhältnis. konkursbuch 24. Tübingen: Claudia Gehrke 1990

Maaz, H.J.: Gefühlsstau. Berlin: Argon 1990

Neubauer, G./Emmerich, I./Starke, K./Weller, K.: Trauscheinehe Ost oder „wilde" Ehe West? Lebenslaufplanung, Partnerschaft und Sexualität von Studierenden. In: Neubauer, G./Melzer, W./Hurrelmann, K. (Hrsg.).Jugend im deutsch-deutschen Vergleich: die Lebenslage der jungen Generation im Jahr der Vereinigung. Berlin, Neuwied, Kriftel: Luchterhand 1992, S. 141- 177

PARTNER III. Gesamttabellen. Leipzig: Gesellschaft für Sexualwissenschaft e.V. Forschungsstelle Partner- und Sexualforschung 1993 (unveröff.)

Roski, G./Starke, U./Winkler, K.: Jugend in Leipzig vor und nach der Wende. Berlin: trafo verlag dr. wolfgang weist 1994

Schmidt, G. (Hrsg.): Jugendsexualität. Sozialer Wandel, Gruppenunterschiede, Konfliktfelder. Beiträge zur Sexualforschung 69. Stuttgart: Enke 1993

Sigusch,V: Vom Trieb und von der Liebe. Frankfurt/New York: Campus 1984
Simon, W.: Devianz als Geschichte: Die Zukunft der Perversionen. Zeitschrift für Sexualforschung (Stuttgart:), Heft 2, Enke 1995
Spranger, E.: Psychologie des Jugendalters. Leipzig 1924
Stapel, E.: Schwulenbewegung in der DDR. In: Starke, K.: Schwuler Osten. Berlin: Ch. Links 1994, S. 91-110
Starke, K.: DDR-Jugendsexualität im Umbruch? In: Kluge, N. (Hrsg.).: Jugendsexualität. Frankfurt am Main: dipa-Verlag 1990
Starke, K.: Jugend und Sexualität. In: Friedrich, W./Griese, H. (Hrsg.): Jugend und Jugendforschung in der DDR. Opladen: Leske + Budrich 1991
Starke, K.: Unterschiede im Partner- und Sexualverhalten männlicher und weiblicher Jugendlicher. In: Wessel, K. F./Bosinski, H.A.G. (Hrsg.): Interdisziplinäre Aspekte der Geschlechterverhältnisse in einer sich wandelnden Zeit. Bielefeld: Kleine 1992a, S. 177-190
Starke, K.: Jugendforschung: Beispiel Partnerbeziehungen. Berliner Journal für Soziologie (Berlin) 3/1992b, S. 349-366
Starke, K.: Schwuler Osten. Homosexuelle Männer in der DDR. Berlin: Ch. Links, 1994
Starke, K.: Sexueller Mißbrauch und Persönlichkeitsfindung. In: Leipziger Texte zur Sexualität (Leipzig). Heft 5. Gesellschaft für Sexualwissenschaft 1995a, S. 27-50
Starke, K.: Sex hoch drei. 216 Fragen und Antworten zum Liebesleben. Berlin: Neues Leben 1995b
Starke, K./Visser, A. PH: Sexuality, sexual behavior and contraception in East Germany. Patient Education und Counseling (Elsevier Science Ireland Ltd.) 23/ 1994, S. 217-226
Starke, K./Weller, K.: West- und ostdeutsche Jugendliche (2). Eine östliche Sicht. In: G. Schmidt (Hrsg.): Jugendsexualität. Beiträge zur Sexualforschung 69. Stuttgart: Enke 1993, S. 80-101
Starke, K./Weller, K.: Bedürfnis nach Normalität. Die Bedeutung von Pornographie für die Entwicklung der Sexualität. In: Pornografie. Landesstelle Jugendschutz Niedersachsen und Pro Familia Landesverband Niedersachsen e.V. Hannover 1994a, S. 25-45
Starke, K./Weller, K.: Jugendsexualität und AIDS. In: Heckmann, W. /Koch, M.A.: (Hrsg.) Sexualverhalten in Zeiten von Aids. Berlin: edition sigma 1994b, S. 131-151
Starke, K./Weller, K. (Hrsg.): Sexuelle Identitäten. Leipziger Texte zur Sexualität (Leipzig). Heft 5. Gesellschaft für Sexualwissenschaft 1995
Starke, U./Starke, K.: Jugendliche in Ostdeutschland – Entwicklungsperspektiven und Gefährdungen. In: Hundsalz, A./Klug, H.P./Schilling, H. (Hrsg.): Beratung für Jugendliche, Weinheim und München: Juventa 1995
Stumpe, H./Weller, K.: Familienplanung und Sexualpädagogik in den neuen Bundesländern. Bundeszentrale für gesundheitliche Aufklärung, Köln 1995
Thinius, B.: Vom grauen Versteck ins bunte Ghetto. Ansichten zur Geschichte ostdeutscher Schwuler. In: Starke, K.: Schwuler Osten. Berlin: Ch. Links 1994, S. 11-90

Weller, K.: Das Sexuelle in der deutsch-deutschen Vereinigung. Leipzig: Forum 1991a

Weller, K.: Der PARTNER III – Report. Jugendsexualität. Leipzig: Forschungsstelle Partner- und Sexualforschung 1991b (unveröff.)

Weller, K.: Sexualität und Partnerschaft der 16- bis 18jährigen Ostdeutschen im Vergleich 1980-1990. Leipzig: Forschungsstelle Partner- und Sexualforschung 1992 (unveröff.)

Weller, K./Starke, K.: Veränderungen 1970-1990 (DDR). In: G. Schmidt (Hrsg.): Jugendsexualität. Beiträge zur Sexualforschung 69. Stuttgart: Enke 1993, S. 49-65

Die Autoren dieses Bandes

Fischer, Catrin, geb. 1965, Dipl.-Slaw.; 1983-1988 Philologiestudium an der Staatlichen Universität Kazan, 1988-1994 wissenschaftliche Assistentin an der Pädagogischen Hochschule Neubrandenburg und Ernst-Moritz-Arndt-Universität Greifswald, seit 1994 wissenschaftliche Mitarbeiterin der Gesellschaft für Wirtschafts- und Strukturforschung e.V. Neubrandenburg mit dem Arbeitsschwerpunkt Jugendforschung.

Förster, Peter, geb. 1932, Prof. Dr. sc.; Erziehungswissenschaftler. 1966 bis 1990 Abteilungsleiter am Zentralinstitut für Jugendforschung in Leipzig, seit 1991 Mitarbeit in Projekten der Jugendforschung. Zahlreiche Veröffentlichungen zur Jugend- und Meinungsforschung sowie zu methodologischen und methodischen Fragen der Sozialforschung.

Friedrich, Walter, geb. 1929, Prof. Dr. habil.; Psychologe. 1966 bis 1990 Direktor des Zentralinstituts für Jugendforschung in Leipzig, seit 1991 Mitarbeit in Projekten der Jugendforschung. Zahlreiche Veröffentlichungen zur Jugendforschung, zur Sozialpsychologie sowie zum sozialwissenschaftlichen Forschungsprozeß.

Heller, Peter, geb. 1954, Dr. phil.; 1976 bis 1981 Studium der Philosophie an der Martin-Luther-Universität Halle-Wittenberg; 1983 Promotion auf dem Gebiet der Geschichte der Philosophie; anschließend wissenschaftlicher Assistent und Lehrtätigkeit an der Martin-Luther-Universität und an der Pädagogischen Hochschule Neubrandenburg; seit 1991 wissenschaftlicher Mitarbeiter der Gesellschaft für Wirtschafts- und Strukturforschung e.V. Neubrandenburg mit den Schwerpunkten Jugend- und Sozialforschung.

Kuhnke, Ralf, geb. 1952, Dipl.-Psych.;1975-1981 Studium der Psychologie an der Karl-Marx-Universität Leipzig; 1981-1990 wiss. Mitarbeiter am Zentralinstitut für Jugendforschung in Leipzig, Arbeitsschwerpunkte: Forschungsmethodik und Umfrageforschung (Mitarbeit bei den 9 repräsentativen Umfragen des ZIJ 1990); seit 1991 wissenschaftlicher Mitarbeiter am Deutschen Jugendinstitut, Regionale Arbeitsstelle Leipzig im Längsschnittprojekt „Risikolagen und Risikoverhalten Jugendlicher in den östlichen Bundesländern" bzw. Anschlußprojekt „Chancen und Risiken des Erwachsenwerdens", Arbeitsschwerpunkte: Verhaltensorientierung und Problemverhalten Jugendlicher.

Starke, Kurt, geb. 1938, Prof. Dr. sc. Pol.; Soziologe, Sexualwissenchaftler, Jugendforscher. Leiter der Forschungsstelle Partner- und Sexualforschung Leipzig. Vorsitzender der Gesellschaft für Sexualwissenschaft e.V. Leipzig. Sprecher der Gesellschaft für Jugend- und Sozialforschung e.V. Leipzig. Seit 1995 freiberuflich tätig.

Sydow, Hubert, geb. 1940, Prof. Dr. habil.; Studium 1957-1962 Humboldt-Universität, Forschungsarbeiten in Gebieten der Allgemeinen Psychologie und der Entwicklungspsychologie (1962-1969 Institut für Psychologie der Humboldt-Universität, 1969-1978 Zentralinstitut für Kybernetik und Informationsprozesse der Akademie der Wissenschaften der DDR, seit 1978 Institut für Psychologie der Humboldt-Universität), Lehrstuhl für Entwicklungspsychologie seit 1992.